職業としての
建築家の社会学

建築家として生きる

Life as an Architect : Sociology of Professional Architects

松村 淳
Jun Matsumura

関西学院大学研究叢書 第222編

晃洋書房

本書は「一般財団法人住総研」の二〇二〇年度出版助成を得て出版されたものである。

はじめに

本書は建築家という職能を対象にした書物である。建築家を対象にした書物と聞けば、どのような中身を思い浮かべるだろうか。やはり、有名建築家の作品集や、自伝、評論などではないだろうか。筆者の書棚に納まっている本の背表紙を見ても、タイトルに有名建築家の固有名を並べた書物が少なくない。

このように、従来の建築家研究は有名建築家に限られてきた。彼らは、国家や大企業をクライアントに持ち、社会的なインパクトの大きい建築物を設計する建築家である。しかし、建築家という職業は、かつてのような少数のエリートによって担われた時代は去り、現在は、誰もが目指しうる一つの職業として大衆化したようにみえる。

しかし、本当にそうなのだろうか。筆者もかつて建築家を目指した時期があった。通信制の芸術大学に入り直し、直線の引き方から建築デザインを学んだ。生計を立てるための仕事をしながら、夜間や休日を使って課題に取り組んだ。スケッチブックを常に携帯し建物をスケッチしたり、模型を作ったり、図面を描いたりする濃密な日々を過ごした。卒業に六年を要したが、卒業後は資格学校に通い二級建築士の資格を取得した。しかし、建築家になることはできなかった。三〇歳近くになってくると、徐々に若手として同世代の建築家が建築雑誌に登場し始める。日課のように通っていた書店の建築コーナーに並べられた建築雑誌に掲載された彼らの作品やインタビューを立ち読みしながら、いつも思うことがあった。それは、彼らはどうやって今の地位を手に入れたのか、ということである。

建築家として活動する彼らと、建築家になれなかった筆者との違いは何か。才能か、学歴か、あるいは血の滲むような努力の有無の差か。どういう道を、どのように歩いて行けば建築家になれるのか。こうした疑問には誰も答えてくれず、納得のいく説明が書かれている本も見つけることはできなかった。それならば自分で調べればいい。建築家になるのではなく、建築家を研究のテーマとして設定するのも面白いのではないか。そう考えた筆者は、大学院の社会学研究科に入学した。社会学研究科を選択した理由は、学部が社会学部だったということもあるが、こうした疑問を明らかにできる手法や知見が学べるのは社会学であろうと直感したからである。

研究したいテーマが明確だったので、研究はスムーズに進んでいくかに思えた。しかし、予想に反して研究は思うように進まなかった。その一番の要因は、建築家を定義することが難しかったからである。理工系の大学院を出て一級建築士を持ち、建設会社で働いている人は建築家なのか。あるいは、建築のデザインを仕事にしていても、建築士の資格を持っていなければ建築家ではないのか。このように、建築の仕事に取り組む人々の属性は多様であり、建築家を対象にした研究をしようとしても、対象の定義が難しいという大きな壁に直面した。

そこで、一旦、建築士の有資格者に絞って研究をすすめることにした。当初は、主として労働社会学の知見を参照し、研究を進めていた。過剰労働の実態についての聞き取りを行ったり、過剰労働と低賃金の間にある搾取の構造を析出しようとしたりしていた。住宅会社に勤務する建築士を対象にこうした観点から研究をまとめ、論文化することができた。しかし、筆者が研究したい建築家という対象からは遠くなってしまった。

やはり、建築士ではなく建築家を対象にしたいと思い、次に専門職研究を参照することにした。本書でもその知見は盛り込まれているが、専門職研究を全面的に参照することは、やはり困難であった。専門職研究は医師や弁護士といった古典的専門職研究から、教員、そして医療・ケア従事者へとその主たる研究対象が移ってきている。こうした専門職は、仕事の範囲が把握しやすく、資格と制度が過渡期のものも含めて相当程度整っている。しかし、建築家の場合は、資格が必ずしも必須条件ではないという点がネックであった。

隘路を彷徨い始めた研究に一筋の光明が見えたのは、自分自身の芸術大学での学修経験を一本の論文にするべく、卒業した大学に出向き参与観察やインタビューを実施した時だった。講評会を見学するうちに、当時は見えてこなかったものがいろいろと見えてきた。講評会にはたくさんの現役の建築家も招かれていたが、彼らの発言や学生の取り組みを見ているうちに、建築家とは、建築家に特有の信念を共有する人たちであること、また、学生はそうした信念を内面化することを求められていることに気がついた。この、建築家に特有の信念の実態と内面化、そして共有の構造が描ければ、資格の有無や勤務先、雇用形態の違いにかかわらず建築家という職業の実態を明らかにできるのではないかと考えた。そこで、本書では、労働社会学的な知見、専門職研究の知見に加えて、文化社会学的な知見を導入することにした。具体的にはP・ブルデューの提出した一連の知見である。ブルデューの知見は数十年に渡って徐々に練り上げられ、いくつものパラフレーズを含みながら膨大な著作にまとめられている。そのため精確に理解し、応用していくことは簡単ではない。しかし、それでも、建築家という対象を記述分析するには、このブルデューの知見を応用するのがベストであると考えた。本書はその試みの実践であるが、それがどの程度うまくいったのかについては、読者諸賢の判断を仰ぐしかない。

また、本書が調査の対象とした建築家は人数も属性も限られているし、質的な調査を実施し、事例として取り上げた大学は一校のみである。そのため、本書だけで現代日本の建築家の実相を全て明らかにできるものではない。それでも、これまでにない社会学的アプローチで、建築家の実態に迫ることができたのではないかと考える。

序章

建築家の分析枠組み

1 問題の所在

1-1 建築家とは誰か?

本書の目的は社会学の観点から日本の建築家について検討し、その実態を明らかにすることである。建築家は、その職能名が人口に膾炙している状況とは裏腹に、ごく一部の有名建築家を除き、職業としての建築家の実態については、ほとんど明らかになっていないのが現状である。建築家の職業実践の解明を試みた、実証的な調査に基づく先行研究は皆無に等しく、これは世界的にみても同様のことが言える。イギリスで四二名の建築家に対してインタビュー調査を実施した経営学者のL・コーエンらは、建築家は職業研究の文脈では軽視、ないしは無視され続けていると述べている (Cohen et al 2005)。

その理由については、明言はされていないが、建築家が、芸術家でもなく技術者でもなく、あるいは芸術家でもあり、技術者でもあるという、曖昧で一義的に定まりにくいという性質や、医師や弁護士のように資格に規定されていない、という特徴が社会科学の視角からの研究を遠ざけてきた一因であろう。とはいえ、社会科学の研究者が彼らを対象とした研究に手を焼いている一方で、建築家に対する一般的な認知度は決して低いものではない。

安藤忠雄や隈研吾といった建築家は、作品も本人も、頻繁にマスメディアを賑わせているし、近年ではテレビドラマの主人公の職業として建築家が選ばれることもある(1)。こうした状況を鑑みれば、建築家に対するおおよその職業イメージは、公共建築物や企業のオフィスビルなどを設計し、作品を専門誌に発表するという職業実践を行い、ときにはマスメディアに登場し、流暢に自説を語る、さながら「作って・語れるスーパー文化人」といったところであろう。

また、建築家とは一級建築士のことであると理解している人も少なくないだろう。たしかに建築家＝建築士という図式は決して間違いではない。一級建築士は二〇一九年現在、三七万三四九〇人が登録されている。ちなみに二級建築士は七七万一二四六人であり、二級建築士も建築家に含めれば、実に一〇〇万人以上の建築家が日本に存在していることになる。この人数は、医師三二万七二一〇人、弁護士四万二〇九四人、公認会計士三万二六九七人と比較すると(2)、改めてその規模の大きさがわかる。建築家＝安藤忠雄、隈研吾と頭に思い浮かべていれば、「安藤忠雄や隈研吾と同じような仕事をしている人が一〇〇万人以上もいるのか？」と驚嘆するかもしれない。それでは、少なくとも一級建築士が建築家であるという見立ては実態を反映したものであると言えるのだろうか。これについて、現代日本を代表する建築家の一人である磯崎新は、以下のように語っている。

> 一級建築士の大部分は、建築家としての仕事をしていない。いっぽう、この資格なしで建築家として仕事をしている何人ものひとを私はしっている（中略）（建築士の資格は）たんに人に迷惑をかけない最低基準を理解しているという証明にすぎない。運転免許証のようなものだ（磯崎［1996］2005: 28）

磯崎は、一級建築士の大部分は建築家としての仕事をしていないという。この「建築家としての仕事」とは、どのような仕事なのだろうか。これについては、本書を通じた大きな問いとも関わってくるので、後ほど詳細に検討する。ここでは、ひとまず建築士と建築家との違いについてもう少し話を進めていきたい。上記の引用で磯崎が述べるように、建築士という国家資格は建築家という職能を満たすための十分条件ではなく、まして必要条件ですらない、ということが暴露されている。建築士という資格と建築家という職能について、南後由和は「建築士が建築士法にもとづく国家資格と定義できるのに対して、建築家は説明根拠となる最終審級が不在」であることを指摘している（南後 2007）。この、建築家は説明根拠となる最終審級が不在であるという状況が、建築家という職能の明確な定義や一義的な理解を阻んでいる要因であると考えられる。また、冒頭でも示したように、芸術家でもあり、技術者でもある（あるいはそのどちらでもない）という曖昧さも、建築家を「わかりにくく」している要因の一つである。こうした建築家をめぐる定義の混乱は建築界にも及んでいる。布野修司は「『建築家』とは何かについて、明確な意見などないのである。建築に関わる全員が、『建築家』を自称しうるし、また、定義によってはひとりも『建築家』などいないともいえる」（布野 2000: 87）と述べている。布野がこのように述べる理由は、建築家とは何かを定義づけるための指標に対する一般的な合意が存在しないためであると考えられる。

1-2　伝統的専門職としての建築家

このように、解像度を上げて建築家の定義を突き詰めていけば、定義の混乱は避けられない。そこで一旦、専門職（プロフェッション）として建築家を捉え、専門職研究の文脈に位置づけてみたい。専門職研究は古典的、伝統的専門職についての研究が蓄積されてきた。伝統的専門職とは簡潔に述べれば、倫理にかなった不正のない職業活動への期待が込められた存在である。また、M・ウェーバーが説いたように職業倫理は禁欲的な宗教倫理と結びつくことで職業に「使命」という性格を与えるものとして考えられてきたが、こうした使命を帯びた職業として伝統的専門職は位置付けられてきた。そうした伝統的専門職を対象とした研究において、エートスが説明概念として参照されてきた。尾高邦雄は伝統的専門職が有する職業倫理としての「エートス」をラテン語のモーレスに近いものとし

表序－1　モーレスとエートス

	性質	制裁	定義
モーレス	拘束的・他律的	あり	明文化・規範化された行動基準
エートス	感情的・道徳的	なし	自己啓発によって内面化される道徳的気風

出所：尾高（1970: 25-26）.

て、また、内面的な道徳的気風をエートスとして整理している（表序－1）。

上述したように、尾高が念頭においているのは医師や弁護士といった伝統的専門職である。このような伝統的専門職の説明概念としてモーレスは適合的であるといえる。建築家も、自らの職業を伝統的専門職として位置づけてきた。戦後、日本の建築界をリードした丹下健三は、「私たちが、漠然とではあるが、建築家というものについて感じている、自由職業としての建築家、そこからくる職分意識は、ヨーロッパの近代市民社会のなかで醸成されたものであるとみてよいだろう。西欧社会では医者、弁護士、建築家はながく、自由職業つまり専門職として認められてきた」（丹下［1970］2011: 13）。と述べる。また、同時代の建築家である菊竹清訓は「社会における人間的職分としてつねに、建築家、弁護士、医師の三つがあげられる。人間的職分とは、自由の職業であり、市民社会に奉仕する職業である」（菊竹 1970: 222）と定義している。こうした議論を鑑みれば、建築家の「最終審級」を伝統的専門職の「モーレス」として定義することができるだろう。たしかに、明治から大正、昭和にかけての建築家はいわば「エリート」であり、伝統的専門職としての性格を有していた。そして当時の建築家は丹下や菊竹の発言からわかるように、それを自覚していた。

このように、伝統的専門職の性格も持つ建築家は、尾高の述べる「モーレス」の影響を受けているはずである。それでは建築家にとっての「モーレス」とはどのようなものか、それは建築家の団体である日本建築家協会（以下ＪＩＡ）が定めている憲章や綱領において確認することができる。「建築家憲章」には「建築家は、自らの業務を通じて先人が築いてきた社会的・文化的な資産を継承発展させ、地球環境をまもり安全で安心できる快適な生活と文化の形成に貢献します。」と書かれており、四つのテーゼ(3)を掲げている。そして、ＪＩＡに所属する建築家は「自らの業務を通じて先人が築いてきた社会的・文化的な資産を継承発展させ、地球環境をまもり安全で安心できる快適な生活と文化の形成に貢献します。」と謳っており、建築家はそれを遵守することが求められている。しかし、日本における専門職研究のパイオニアである石村善助は、古典的専門職以外にも近代化に付随して様々な職業が専門職化している状況であるにもかかわらず、利益追求を第一義とするビジネスの世界と利他主義、社会奉仕の精神が中心に据えられる専門職とが互いに相容れないものとして考えられている点を指摘する（石村 1969）。この指摘は建築家研究において示唆的である。専門職である建築家は、モーレスである利他的な奉仕の精神を持っている。しかし、その一方で職業として営利を追求する必要もある。モーレスを「最終審級」として前景化すると、こうした現代社会における専門職としての建築家の位置づけの説明が困難になるのである。

1-3　専門職の大衆化とその研究視角

進藤雄三は、一九七〇年代以降の専門職モデルはそれまで専門職が希少性を自動的に確保できたのとは異なり、市場モデルを前提とせざるを得ない状況への移行等により、その権威が失墜しているという（進藤 1994）。橋本紘市は専門職の権威の失墜をめぐる議論を、脱専門職化（Deprofessionalisation）、階層降下化（Proleterrianization）、ポスト専門職主義（Post-professionalanalism）といった三つの文脈に整理している[4]。このように、従来の専門職の権威が失墜していく一方で、医療や介護、教育を担う職種を中心に、専門職化の波が押し寄せている（阿部 2008）。こうした状況下において、高い倫理性と利他的な性質を有する伝統的専門職を念頭においた「モーレス」という概念だけでは専門職を理解・説明することが難しくなってきた。

建築家も人口が増え、大衆化していくにしたがって、伝統的専門職としての特権的な性格は後景に退いている。こうした状況において、専門職研究においては、職業倫理的な要素の強いモーレスに代わって、エートスが注目されている。R・K・マートンは科学者が内面化している道徳的気風を科学のエトス（エートス）と呼んでいる。

> 科学のエトスとは科学者を拘束しているとおもわれるいろいろな価値と規範から成る感情的に色彩づけられた、例の複合体であって、感情に色どられたものである。この規範は、「すべし」「すべからず」「望ましい」「して可なり」という形で表現され、制度的価値として正当化されている。訓令や事例によって伝達され、制裁によって強化されたこの至上命令はいろいろな程度で科学によって内面化せられ、かくして彼の科学的良心、或は現代風に言いたければ彼の超自我をつくり上げるのである。科学のエトスは別に綱領化されてはいないけれど、学者仲間の慣習や、科学的精神に関する無数の書物や、このエトスの違反に対する道徳的弾劾などに表現された科学者の道徳的一致からこれを推察することができる。(Merton 1949=1961: 504–505)

マートンが述べる科学のエートスとは、科学者の慣習や書物などによって涵養されていく、感情的なものである。それらは綱領化されたり明文化されたりしているものではなく、あくまでも科学者の道徳的一致から推測されうるものである。[5] 主として企業内専門職の研究を行ってきた藤本昌代は「伝統的専門職の倫理だけでなく、確立されていない専門職の専門分野に没頭する姿勢にも注目したい」と述べ、「エートスのような内面的な自己啓発によるものが彼らの価値意識に大きく影響を与えていると考える」(藤本 2005: 124) と述べている。定義が確立しているモーレスと違って、エートスは経験的調査から推測され得る性質を持っている。それゆえ、エートスは伝統的専門職ではない、新しい専門職の行動原理を説明する概念となりうる。

しかし、問題もある。それは、マートンがとりあげた科学者や、藤本が対象としている企業内専門職と異なり、建築家は多様性の度合いが大きいという特徴に由来する。建築家は学歴、収入の高低、資格の有無、雇用形態や経営形態の違いなど多様なバリエーションがある。しかし、個々の建築家のエートスそれ自体をみるだけでは、そうした多様性や建築家の集団(建築家界)内における相対的な位置づけが見えてこない。このような事実は本書においては致命的である。

なぜなら、本書は主たる研究対象をメインストリームに属する建築家ではなく、「周辺」の建築家としているからである。建築家界の中心部に位置づけられているエリート建築家とは異なり、「周辺」の建築家にとって建築家の集団（建築家界）内における相対的な位置づけは極めて重要であるからである。

本書が「周辺」の建築家を対象としている理由は、大衆化した建築家の実態に迫るためである。大衆化した建築家像のリアルに迫らなければ、現代の専門職としての建築家の実態を明らかにすることはできないと考える。

2　分析視角

2-1　エートスを相対化する視角

前節で確認したように、「周辺」の建築家という対象を記述分析するには、個々の建築家が内面化しているエートスを析出していくだけでは極めて難しい。そこで、それぞれの建築家が、建築家の集団（建築家界）のどこに位置づけられているのか、なぜそこに位置づけられているのか、といった、調査対象となった建築家を個々に相対化していく視角が必要になる。そこで、本書では、そうした分析視角として、P・ブルデューの提出した社会学理論を参照する。まず、ブルデューは、客観主義か主観主義かといった二項対立を否定し、「関係論的パースペクティブ」(Bourdieu and Wacquant 1992=2007: 35) を、その視座の核としている。

ブルデューは方法論的一元論のあらゆる形態、構造もしくは行為主体、システムもしくは行為者、集団もしくは個人のいずれかに存在論的優先性を主張する考え方に反対し、関係というものの優先性を主張する。彼によれば、二項対立のどちらかを選ばせる考え方は社会的リアリティについて常識レベルの見方を反映しており、社会学はそうした見方を取り除かなければならない。(Bourdieu and Wacquant 1992=2007: 34)

社会は個人が組み込まれている諸関係の総体であり、それは二つの中心的な概念である、ハビトゥスと界がこれらの諸関係の結び目を読み解くための鍵概念となる。（Bourdieu and Wacquant 1992=2007: 36）。それでは次に、ハビトゥスと界について検討していく。

ブルデューは、「ハビトゥスとは、持続性を持ち移調が可能な心的諸傾向のシステムであり、構造化する構造（strucutres structurantes）、として、つまり実践と表象の産出・組織の原理として機能する素性をもった構造化された構造（strucutres structuranteees）である」（Bourdieu 1980=1988: 83）と定義している。ハビトゥスはわれわれの、日常生活におけるあらゆる実践や政治的・社会的な見解や倫理観、審美観として現象している。それらは、われわれの行動を組織的に生み出す構造（構造化する構造）であり、またそれは、われわれの生活諸条件から生み出される（構造化される構造）なのである（加藤 2015）。

また、ハビトゥスは、単独で援用できる概念ではなく、「界」や「資本」といった他の重要な概念と組み合わせて考えるべきものである。ハビトゥスとその他の概念の関係性については、磯直樹による整理を確認してみたい。

> ハビトゥスは特定の界の中において、その規則と特性の作用を受け続ける。一方で、ある界において行為者がどのように振る舞うかは、ハビトゥスの作用に大きく依存するのである。界における行為者の客観的な位置関係は資本の種類と総量によって規定されるが、実際に界の中でどのように闘争やゲームを行えるかは、どのようなハビトゥスを有しているかによって異なる。これが、界の内部とハビトゥスの関係である。（磯 2020: 223）

こうした概念を参照しつつ、本書では、建築家に対するインタビューや参与観察といった定質的調査を実施し、観察可能な彼らの実践（プラクティス）を検討する。[6] そこで、次に、本書でいう職業実践や日常の諸実践（プラクティス）について検討を加えておきたい。ブルデューはプラクティスを「［ハビトゥス、資本］＋界＝プラクティス」[7]であると定式化しているが、N・クロスリーは、ブルデューのプラクティス概念を以下のように整理している。

> プラクティスは、さまざまな習慣的図式や傾向性（ハビトゥス）の帰結であって、諸資源（資本）と結び付き、ある特定の構造化された社会的諸条件（界）によって活性化させられていること、そしてその界にはハビトゥスと資本とが属し、その界をさまざまなかたちで再生産していることを示している。（Crossley 2001=2012: 181）

本書は、質的調査から析出した建築家のプラクティスの検討を試みているが、それを、建築家個人に還元するのではなく、ハビトゥスや「資本」、「界」という諸概念について検討を加え、その関わりの中に位置づけていく。プラクティスは、ブルデューが論じるように、単にハビトゥスからの帰結ではなく、同時に、彼が「資本」や「界」として言及するものの帰結でもある（Crossley 2001=2012）ことに留意する。ブルデューは、「界」を「市場」や「ゲーム」に例えている。もっとも、クロスリーは「市場」よりも「ゲーム」のメタファーのほうが、「界」に関するより正確な定義であるし、以下のように界をゲームのメタファーで語っている。

> 高等教育界、あるいは科学界、ホッケー界、テレビ界のような、他と区別できる社会空間は、プレイヤーが特定のゴールと目的を追い求めるゲームにすぎない。（中略）科学者、聖職者、芸術家、サッカープレイヤーも同様に、使用料をともなって「活動場」をめぐるが、しかし多くは部外者にはほとんど理解できない関心や因習への無意識の敬意をともなっている。それぞれの界には、別々のゲームのように、それ自体の規範と論理がある。すなわち、各界には特定の「得点」と賭け金があるのであり、プレイヤーはプレイをすることになるならば、その身体図式の内部にそれらを内自化しなければならない。（Crossly 2001=2012: 188–189）

近代社会は歴史的な分化の過程で、政治界、経済界など様々な「界」を生み出した。そこからさらに下位分化して、経済界に対する金融界、工業界、サービス業界、などを生み出した（加藤 2015）。「界は部分や構成要素を持たない」(Bourdieu and Wacquant 1992=2007: 140) のであり、「すべての下位界は独自の仕組み、規則と規則性を有して」

(Bourdieu and Wacquant 1992=2007: 140) いるのである。つまり、建築界の一部ではなく、建築界の下位界としての建築家による「界」すなわち、建築家界が存在しているのである。こうした下位「界」も含めて「界」は相対的な自律性を備えており、他の「界」から他律的な影響を受けることのない固有の諸規則をつくることができる（加藤 2015)。

例えば、筆者も属している高等教育界であれば、まず大学院試験を受けて高等教育界に参入する。その位置は高等教育界の末端である。駆け出しの大学院生が目指す当面のゴールは、修士や博士の学位である。学位を取得した後は、非常勤講師や研究員のポストを得ながら、業績を積み上げ、少しずつ高等教育界における位置を上げていく。そして、最終的に彼らが目指すゴールは大学の専任教員のポストである。また、高等教育界では、分かりやすく書かれた一般向けの、売れ行きの良い書籍を出版するよりも、少部数の難解な専門書を書いたほうが高く評価される傾向があるが、こうした「独自の規範」も少なくない。このように、高等教育界には「独特の形態の規範、賭け金、パターン、論理」(Crossly 2001=2012: 188–189) が存在する。大学院生はこうした「ゲームのルール」を指導教員や、先輩の辿った軌跡を追認することで体得していくのである。つづいて、資本について、クロスリーの以下の説明を参照してみたい。

> 文化資本、象徴資本、社会資本は、かなり「界特有」のかたちをとりうるのであり、そのようなものとして、これらの資本の価値は、特有の社会的「世界」に結び付けられている。たとえば、学界において価値あるものとして勘定に入れられるものは、演劇の世界、スポーツの世界、芸術の世界と比較すると、より価値が低いかもしれないし、人生の活躍の場において人びとに力をもたらす「コネ」地位は、別の場所においてはそうではないかもしれない。(Crossley 2001=2012: 183)

本書では、学歴が見劣りする建築家が、それを埋め合わせるために長期の海外視察旅行に出掛けた、というエピソードを紹介しているが、それは「旅の経験」が、建築家界特有の「資本」として機能していることの証左でもある。つまり、建築家であれば、建築家界において、何が「資本」になり得るのかという「ゲームの勘」を身につけておく必要がある。また、第Ⅱ部で具体的な事例として記述しているが、建築家は、採算を度外視しても仕事を請け、赤字を出しながらも、そのプロジェクトに取り組むことがある。こうした事例からは建築家界において何が「賭け金」(stake)として賭けられているのかがわかる。この場合「賭け金」は「作品」である。クライアントの資金を使って「作品」を作れるチャンスはそうはない。だからこそ、採算の取れる「地味な建物」の設計よりも、たとえ赤字を出しても「作品」を作れるチャンスを優先するのである。その仕事が完成すれば、それが「作品」として評価の対象となり、作品に対する評価が「建築家界」における建築家の「資本」となるのである。

2-2　建築家とは卓越化のゲームに参加するプレイヤーである

ここで改めてエートスについて検討してみたい。マートンの定義に習えば、「建築家のエートス」とは、慣習や書物などによって涵養されていく、感情的なものである。それらは綱領化されたり明文化されたりしているものではなく、あくまでも建築家の道徳的一致から推測されうるものである。しかし、すでに確認したように、エートスそれ自体をみるだけでは、建築家のような多様なバリエーションを有する専門職の記述分析を行うことは困難である。そうした困難を乗り越えるための分析視角として、ブルデューが提示するハビトゥス・界・資本といった概念を援用し、その帰結である建築家の観察可能な実践(プラクティス)を検討していく。さらに、こうした諸概念に加えて、ブルデューの提示するイリュージオという概念を参照したい。ブルデューによれば、「イリュージオとはすなわち、深く根を下ろした『ゲームへの信用』あるいは『ゲームへの信用』との『魔術的関係』のことである」(Crossley 2001=2012: 193)。

すでにみてきたように、ここで述べられているゲームとは、「界」内部で繰り広げられる卓越化のための競争である。「界」の成員の全ては、自分たちが参加している「界」固有の賭け金＝争点や資本は価値のあるもの、と固く信じており、それをめざして競争することにも意味があると固く信じているのである。ブルデューはこうした全員が一致して持っている強い信念をイリュージオと呼び、その信念の内容をドクサと呼んだのである（加藤 2015）。

ある建築家を例に考えてみよう。建築家にとっての資本は自分の学歴や職歴、受賞歴といったものであり、賭け金は建築作品である。彼はこれらを携えて、建築家界に参入しようとしている。このとき、資本の多寡や質によって、彼が建築家界の中のどこに位置づけられるかは異なってくる。建築家界に参入してくる建築家は、皆、作品としての建築にこそ価値があると固く信じている。建築家界においては建売住宅や、ありきたりなテナントビルは賭け金にはならない。ならば、いくつも部屋がある豪邸はどうだろうか。しかし、豪邸というだけでは賭け金にはならない。それどころか、むしろ、建築面積が一〇坪に満たないような狭小住宅のほうが、デザインによってはレートの高い賭け金となったりする。コストも同様である。中世の王族貴族の邸宅であれば、高額な総工費も権威の象徴の一つであるが、現代の建築家界において総工費の高低は賭け金のレートに影響しない。ローコストでも意外性のあるデザイン、挑戦的なデザインに取り組んだ住宅は高いレートの賭け金となる。

したがって、建築家は前衛的なデザイン、意外な建材などを使って作品をつくり、それを賭け金としてゲームに挑戦する。成功すれば称賛され建築家界内の地位が上がる。しかし、失敗すれば評判を落とし、建築家界内の地位が下がる。

ここで安藤忠雄を例に考えてみたい。大学に進学せず独学で建築を学んだ安藤は、建築界における資本は極めて乏しかった。彼は、打ち放しコンクリートという意匠を追求し、無機質なコンクリート製の建築作品を賭け金として建築家界のゲームに挑戦した。彼の作品は建築家界で徐々に注目され、様々な建築賞の候補に名前が上がるようになった。その後も彼はゲームに勝ち続け、三八歳で権威のある建築学会賞を受賞した。その結果、建築家界内における彼の地位は一気に上がったのである。その後の活躍ぶりは広く一般にも知られるところになっている。

ここで、エートスについて、再び安藤を例に考えてみたい。安藤はコンクリートという建材を、仕上げをしない打ち放しという状態で用い、それを自らの建築の表現としたが、「なぜコンクリートを選んだかというと、最初はやはりコストの問題でしたね」(安藤 2011: 80) と述べているように、コンクリートを選んだ理由はコストや合理性であった。当時の彼のクライアントは、近年のクライアントとなっている著名人や経営者といった富裕層ではなく、友人や近所の商店主などであった。それゆえ、必要に迫られて、コストパフォーマンスの優れた建材であったコンクリートを選択したのであった。次善の策で導入したコンクリートであったが、安藤は「コンクリートをいかに滑らかで美しい表面に仕上げ、かつ硬く打設するか」(安藤 2005: 35-37) という課題を追求していくことで、オリジナリティの高い表現へと昇華させていった。また、建築学会賞を受賞した住吉の長屋は、コンクリートの打ち放しという表現に加えて、屋根のない中庭を設け、その両サイドに居室を配置するという一見すると不便な設計になっているが、その理由について、「狭くとも、自然が感じられる家にしたい」(安藤 2011: 71) と述べている[8]。

エートスとは、賭け金としての建築作品に込められた哲学や、それをつくる姿勢や態度などであることを鑑みれば、こうした言動を安藤のエートスの表現として見なすことは可能だろう。さらに、こうしたエートスは安藤の持つ資本とも関連している。次章でも検討するが、大学卒の学歴を持たない (つまり資本の少ない) 安藤が、建築家界における卓越化のゲームに勝つには、賭け金を大きく張る必要がある。ありきたりな作品はレートの低い賭け金に過ぎない。そうした勝負で勝っても (評価されても) 僅かなリターンしか得ることができない。そうしたゲームをいくら繰り返しても、建築家界における地位 (position) は、わずかしか上がらない。そこで、当時は住宅にはほとんど使われなかったコンクリートの打ち放しという表現を選択し、そのスタイルで作品を発表し続けたのである。さらにこうした思い切ったチャレンジを可能にしたものとしてハビトゥスも重要である。安藤の育った環境、受けてきた教育などが彼のハビトゥスを形成した。それについては第2章で改めて検討したい。

このように、ブルデューの研究視角を援用することで、建築家を相対化する視角を得ることができるのである。

3　本書の課題、対象・研究方法

3‐1　本書の課題

本書の課題は以下のようなものである。建築家の職能の生成と変容を、文献調査と「周辺の」建築家を対象にした質的調査を通じて、後期近代と呼ばれる現代の日本社会のなかに建築家という職能がどのように位置づけられているのか、また、クライアントとの信頼構造がどのように変質しているのかといった問いについて、その職業実践（プラクティス）を調査することで明らかにすることである。そうした彼らの実践（プラクティス）を立体的に把握し、理解するためにハビトゥス・界・資本といった概念を参照し、そうした彼らの実践（プラクティス）の多面的で立体的な解明を行っていく。

このように、本書では労働社会学や専門職研究の知見に加えて、文化社会学的な知見も取り入れることで、これまで明らかにされてこなかった、現代日本における職業としての建築家の実態を明らかにしていくことを目指す。

ここまでみてきたように、建築家の仕事とは、ゲームの賭け金となる建築作品をつくることである。建築家は「建築」と「建物」を分けて考えている。前者はゲームの賭け金となるが、後者はならない。しかし、建築家の仕事を実践するのは簡単ではない。建築家はクライアントからの注文があってはじめて成立する仕事である。クライアントは必ずしも「建築」を作って欲しいと期待しているわけではない。できるだけ安く機能的な倉庫を建てたいというクライアントの要求に対して、凝ったデザインの倉庫を提案しても却下されるだろう。しかし、建築家界の大多数を占める「周辺」の建築家の場合、こうした倉庫や工場といった、「建物」の設計依頼はあっても、ゲームの賭け金となる「建築」の依頼を受けることはそれほど多くない。建築家は「建築」をつくることで建築家界のゲームに参入する。そうであるならば、「建築」をつくる機会に乏しい彼らはどのようにしてゲームに参加しているのだろうか。あるいはゲームにほとんど参加できない状況で、どのように建築家としての承認を調達しているのだろうか。いつか「建築」を作る機会をうかがいながら、賭け金とはならない「建物」の設計をこなしながら日々の糧を得ているのだろうか。

また、設備設計者や構造設計者は自らを建築家であると自認しているのだろうか。建築家といえば、独立自営の業態で、設計事務所を主催しているというイメージが強いが、住宅会社や工務店で働いている建築家はいないのだろうか。

このように、研究の対象を有名建築家から、「周辺」の建築家へスライドさせただけで、様々な問いが浮上してくるのである。「周辺」の建築家を対象とした場合、建築家はどのようにして建築家として生きているのかという問いが浮上する。つまり**「職業としての建築家」**のあり方を問うていくことが本書の中心的な課題となる。

3-2　「周辺の建築家」という対象

すでに何度も繰り返してきたように、本書の研究対象は、いわゆる有名建築家ではない。フィリピンの貧困地区のボクサーを対象にした研究を行った石岡丈昇は、「このような研究を行う理由は、スポーツの社会学的研究が第三世界のローカルアスリートのリアリティと向き合ってこなかった点にある」と述べる（石岡 2012: 3）。また、自身もサーファーである社会学者の水野英莉は、自らのサーフィン経験を元にしたオートエスノグラフィーの中で、これまでのサーフィン研究が「白人、男性、中産階級、アスリート」によって構成される「正統的」なサーフィンの担い手に限定的されてきたことに違和感を表明している。つまり、サーフィンが成り立つためには必ず「周辺」を必要とするにもかかわらず、「研究は後者を取りこぼし、辺境でこれを下支えする人たちについてはほとんど把握していなかった」（水野 2020: iii）ことを鋭く指摘している。そして、こうした人々を研究することで「男性中心的な集団、競技性やセクシズムの限界を指摘し、オルタナティブなゴールを模索することを焦点としている」（水野 2020:

Ⅲ）と自らの研究目的を述べている。筆者の研究においても、石岡や水野と同様の問題意識から建築家界のメインストリームの動向よりも、「周辺」へのまなざしを常に大切にしてきた。本書でいう「周辺」とは、地理的な含意もあるが、基本的には建築家界における相対的な位置づけにおける「周辺」という意味である。ここで位置（position）について界との関連の中で詳しくみておきたい。

> 界は「位置」position の場である。つまり、それぞれの行為者（個人ないし集団）がそれぞれの資本の総量と構成、それが規定する性向に応じて空間に位置を占めている。界はまた、「位置取り」prises de position の場である。位置取りとは行為者がそれぞれの位置に適応するかたちでとる諸行動と諸表現の構造化された総体である。
>
> （加藤 2015：225）

「界」における位置取りで重要なのは、行為者それぞれの「資本」の総量と構成である。ここでいう「資本」とは、先程も述べたように、基本的に建築家界内部で機能する「資本」である。それは本書の記述の中で示されていくが、キャリア初期の建築家にとってのそれは、学歴、受賞歴、職歴である。具体的にいえば、東京大学工学部建築学科卒という学歴や、卒業設計の優秀賞の受賞、各種コンペの入賞歴、または、有名建築家の設計事務所や大手ゼネコン設計部や大手設計会社の勤務歴などが「資本」にあたる。やがて経験を積んでいけば、自らが設計に関わった「作品」が「資本」となっていく。その「作品」が建築学会賞をはじめとする賞を取れば建築家界における彼の位置（position）は上昇していく。

ところが、建築家界はこうした豊富に「資本」を持った建築家ばかりではない。「資本」の総量が少なければ、相対的に「周辺」へと位置づけられていく。ここで述べた「周辺」とは、東京（中心）に対する地方（周辺）という図式とも重なり合う。地方の建築家は相対的に「周辺」に位置づけられやすいのである。その理由については本書で詳しく読み解いていくことになるが、例えば、建築家のクライアントとなり得る人が少ない、といった要因が挙げられる。

3-3　調査対象地と調査方法

すでに述べてきたように、建築家について記述・分析してきた多くの研究が、日本の建築界をリードする建築家にばかり焦点化してきた一方で、文化的・階層的・地理的に中心から外れた周縁部に位置する建築家の業績や職業実践について等閑視してきた。こうした理由から本書はメインストリームに連なる建築家ではなく、「周辺」の建築家を研究対象としている。そのため首都圏を調査対象地から除外した。調査地として、西日本のX県を主たる調査地とし、西日本を中心としたフィールドを設定した。X県は、かつて筆者も建築士として働いた経験もある場所であるため、建築家の知人も多く、調査を行うに相応しい環境が整っていたというのが大きな理由である。

第3章の大学教育をめぐるインタビューや、第3〜6章のインタビュー調査の対象者は基本的に筆者の大学時代（社会人入学した芸術大学）の同級生とその友人からスタートして、彼らの紹介を繰り返していくスノーボールサンプリングを基本にしてアクセスした。X県におけるインタビュー対象も同様に、スノーボールサンプリングを基本にしている。

インタビュー調査は、二〇一一年七月から開始し、追加インタビューを含めて二〇一六年にかけて実施した。インタビュー対象者は三九名である（巻末にインフォーマント一覧を付している）。大学教育をめぐるインタビュー、X県におけるインタビューの双方ともに、語りの語彙がかなりの程度重複した頃を見計らって理論的飽和に達したと判断し、インタビュー調査を終了した。

本書においては、聞き取り調査において得られた全ての語りを詳細に吟味し、記述・分析にあたって最も典型的な語りを採用している。インタビューは、ライフヒストリーについて語ってもらう半構造化インタビューを採用し、一時間半から二時間にわたって実施した。インタビュー内容は全てICレコーダーに録音し、録音された音声データをもとにして逐語記録を作成した。

4　後期近代という視点

4-1　後期近代という社会空間、それはどのような時代か

ここで、さらにもう一つの視点を付け加えたい。それは時代性という視点である。言い換えれば、社会（空間）と建築家界との関連性である。建築家は近代国家の中枢施設をつくることを使命とした黎明期から、膨大な建築需要に応えた高度経済成長期、デザインや差異化が問われた高度消費社会等、それぞれの時代に応じた建築スタイルを生み出し、それぞれの時代の要請に応えてきた。しかし、そうした時代の要請に対して、建築スタイルで応えていく建築家の仕事は一九七〇年代までに終わりを迎える。

第7章で詳しく検討するが、一九七〇年を境に、建築にモニュメンタルな意味付けが期待されなくなり、シンボルやモニュメントとしての建築のあり方が問い直されていくのである。一九八〇年代以降は、建築がハコモノと呼ばれるようになることも増え[9]、とりわけ公共建築物において、建築を建てる必然性が厳しく問われる風潮が広まっていった。建築を発注するクライアントだけでなく、建築家自身も建築を建てることの是非や必然性について、またリスクへの対応の仕方、専門家としての社会的責任などを巡って、活発な議論を展開した。このように建築家に反省的・再帰的な態度を促していく時代枠組みは後期近代という時代設定と響き合うのである。

それでは後期近代とはどのような時代なのだろうか。A・ギデンズは「二〇世紀末の今日、多くの人びとが論じるように、われわれは新たな時代の幕開けに立ち会っている」と述べ、その時代の転換を指称するための多様な名称の登場に言及しながら、その多くが「ポスト・モダニティ」「ポスト工業社会」などといった既存の社会のあり方との間の断絶を意識させる概念であると指摘する。それはJ－F・リオタールの「大きな物語の終焉論」に極まる

が、ギデンズはリオタールに代表されるような、全てを包摂する大きな物語の消散を主張する議論を否定的に論じながら、自らの立場については以下のように述べている。

社会組織について体系的認識を得ることができないという感情のなかに表出する方向感覚の喪失は、自分たちには完全に理解できない、大部分統制が不可能に思える事象世界のなかに自分たちが巻き込まれているという、われわれの多くがいだく意識に主に起因している、と私は主張したい。なぜそうなったのかを分析するためには、ただポスト・モダニティ等々の新語を創作するだけでは不十分である。むしろ、ある明らかな理由から従来の社会科学では十分に解明がなされてこなかったモダニティそのものの本質について、もう一度考察し直す必要がある。われわれは、ポスト・モダニティという時代に突入しているのではなく、モダニティのもたらした帰結がこれまで以上に徹底化し、普遍化していく時代に移行しようとしている。(Giddens 1990=1993: 15)

ギデンズはこのように述べ、現代をポスト・モダンではなく再帰的近代や後期近代と呼び、それまでの時代が完全に終わって、全く新しい次の時代に突入するという見立てを退け、むしろ近代化が徹底していく時代であると説くのである。本書第Ⅲ部において、このような問題意識を踏まえた上で、建築家が、脱埋め込み／再埋め込みの亢進、リスク社会化の進行、新自由主義的な権力の氾濫といった社会の変化にどのように対応しようとしてきたのかについて記述分析を行っていく。

4-2　後期近代と専門職

先述したように、後期近代における専門職は、特権的な地位の喪失や、コモディティ化や下層降下が見られる。このように、専門職をめぐる議論が一九七〇年代以降、専門職の信頼や権威、自律性などが軒並み低下していくとされる論調が大勢を占めていたなかで、石村善助は「プラスの専門職」という興味深い視角を提出した。石村は医師や弁護士、聖職者といった古典的な専門職を、人生や社会の消極的な側面の治癒や紛争の解決を目的とした「マイナスの専門職」であると定義する。それに対して、積極的な社会の生産活動、創造的活動といった、社会的分業の大きな機構の一翼を担う者たちを「プラスの専門職」と定義している（石村 1969: 58–59）。中野秀一郎は、それについて積極的な社会の生産活動、創造的活動の一端を担っている職能であるとし、具体的な職種として、技師や会計士、看護婦、ソーシャルワーカー、そして建築士をあげている（中野 1981）。藤本昌代はそのような「プラスの専門職」を人々の利益や役に立つクリエイティブな役割を担う者であるとし、彼らについての研究を進めることで専門職を強者、支配者という視点以外の捉え方で分析できるメリットがあると主張している（藤本 2005）。

これらの利点に加えて、「プラスの専門職」という視角には後期近代という時代との関連を論じるうえで大変重要な要素が含まれている。それは中野が弁護士の新しい職能として指摘する「ことが起こってから『法廷で争う』よりは、事件が起こる以前に『事務所で調整する』こと」であるとして対象化した職能である。つまり事後の対処から事前の予防へと力点が移動していることを示唆しており、こうした視角は後期近代における専門職を検討していく上で、非常に重要なものである。

このように、事後の対処から事前の予防へという専門職の職能の力点の移動は、リスク社会と呼ばれる後期近代社会の様相を照射する。三上剛史はリスク社会の特徴について「安全／危険が、リスク／危険という対概念へと変わったことを、単に危険という概念が二つに分けられただけではなく、もはや安全はないという基底的な事実が明らかになった」（三上 2013: 70）ことであると論じている。その結果「病気という災厄がリスクに変わり、健康という安全が『フィットネス』（fitness：適合性）という終わりなきプロセスに変わった」（三上 2013: 70）のである。

そこで問題になるのは「安全が客観的・普遍的状況を表しているのに比べて、安心は主観的・個別的かつ状況主義的な可変性を持った概念である」（三上 2008: 3）ということである。このようなリスク社会において、医療現場では病気の治療から予防へ、福祉の現場では要介護を回避するための生活習慣が指導される。教育現場においては、いじめや非行の指導や処罰から、非行を防止し、いじめの芽を摘むことに力点が置かれる。その過程において、様々な専門職が誕生し、既存の職業が専門職化しているのである。それだけではない、「安心」とは安全なき社会において不安を和らげる概念となっているため、現在の専門職にはクライアントの主観的な「安心」をケアするという職能も期待されはじめている。

ここで大学教育を例に取ってみよう。従来、大学教員に期待される職能は研究であったが、やがて教育にも比重が置かれるようになり、現在では一部の研究大学を除いてその職能は学生のケアまでも幅広く包括するものになっている。そこでは「指導」は「アドバイス」に変わり、学生を放任することは許されず、学生に寄り添うことが求められていく。学生の「安心」を手当てする機能は大学教員の職能の拡大だけでは到底間に合わず、そのための施設や要員が次々と派生していくのである。大学には進路相談から生活上の悩みまでを引き受けるカウンセリングルームが設置され、専門の資格を持ったカウンセラーが常駐している。就職を世話するためのキャリアセンターが設置され、学生の就職活動に精通した専門家が学生の相談に対して適切なアドバイスを与える。あるいは生活上のトラブルに助言を与える弁護士相談制度を設置している大学、さらには「保健室」を備え養護教員を常駐させている大学もある。[10]

このように後期近代、とりわけリスク社会と呼ばれる現代において専門職は「プラスの専門職」と化し、クライアントの主観的な安心に奉仕することが期待されている。その方向性は、一つには職能の拡大であり、もう一つは新たな専門職の創出であった。第9章で検討するように、建築家においては職能の拡大という方向でそうした時代の要請に対応しようとしている。しかし、それは建築家界の機序を乱すものでもあるが、当事者たちは意に介さない。その背景には、とりわけ三〇代以下の若い世代の建築家が建築家界における卓越化のゲームに関心を示さなくなってきているという状況がある。

このように後期近代において、専門職をめぐって生じているのは権威の失墜や信頼の低下、つまり下方に向かって一方向に向かう動きではない。むしろそれは、専門職の信頼構造の変容、専門職サービスの多様化、さらには新しい専門職の誕生といった、生成と変容を繰り返すダイナミズムの只中にある。第Ⅲ部では後期近代における専門職の変容について、すでに述べてきたような知見を援用しながら分析していく。

5　本書の構成

さいごに本書の構成について述べておきたい。本書は三部構成をとっている。第Ⅰ部は、建築家という職能の輪郭を際立たせていくために、明治時代から書き起こし、高度経済成長期を経て、現代に至るまでの建築家の辿った歩みについて記述している。

第1章と第2章では、明治時代の黎明期に遡り、その職能が確立されるまでの紆余曲折を描き出し、戦後復興期から高度成長期を経て、成熟社会へ向かう日本の建築家像の変容を、各種の建築雑誌や関連文献を資料として読み解いていく。明治期から戦前期において、建築家という職能に国家資格が設定されなかったことは、現在に至るまでの混乱した状況を生んでいる。また高度経済成長期以降、マス・メディアに建築家が登場し、スター文化人という新たな建築家像が生まれていったことを建築家界と資本・ハビトゥスとの関係の中で明らかにする。

第Ⅱ部では、西日本のX県、とりわけ県庁所在地であるY市とその近郊で活動している中堅・若手建築家（計三九名）へのインタビュー調査を通じて、建築家界の状況と、その内部での彼らの仕事の実態と課題について明らかにしていく。

彼らの資本や賭け金と建築家界における位置づけについて検討しながら、「周辺」の建築家の実態に迫っていく。第3章では、大学教育の現場に焦点を当て、そこがスキルや学術を教える建築教育の場であると同時に、建築家界におけるゲームのルールを教える場所であり、そこで繰り広げられる卓越化のためのゲームが、価値があるもの、職業人生を賭けるに値するものであること、つまりそうしたイリュージオを学生に教え込んでいくための場でもある。大学教育が有するこうした役割について、教育現場への参与観察を通して明らかにしていく。

第4章では、「周辺」の建築家が、建築家にとっての「条件不利地域」といえる地方において「建築家としての仕事」が極めて少ないなかで、どのように建築家として職業を成り立たせているか、という問いを検証する。特に建築家のスタートアップ期に着目し、彼らが、何を資本とし、どのような賭け金を持って建築家界と切り結ぼうとしているのか。そうした視点から「周辺」の建築家の実践を検討していく。

第5章では建築家としてどのように仕事を獲得し生計を成り立たせていくのか、マネタイズできる仕事と、「建築家の仕事」の齟齬をめぐる状況について検討する。「周辺」の建築家が、賭け金として取り組む仕事は、ローコスト住宅が多い。必然的に受け取れる設計料は低いが、それは建築家界における賭け金でもあるため、手を抜くわけにはいかない。こうしたジレンマに苛まれているのが「周辺」の建築家である。一方で、地方にあってもコンスタントにクライアントを獲得し、順調な経営を実現できている者もいる。彼らは、数は多くないが、確実に訴求できるクライアント像を絞り込んでおり、そうしたクライアントに親和性が高いブランディングを実施しているのである。その結果、賭け金としての作品づくりとマネタイズを両立できている。

第6章では、住宅会社に勤務する建築士や、設備設計者、構造設計者といった非意匠系の建築設計者を対象としている。住宅会社に所属している建築士は建築家界に属していない。彼らのつくる住宅は建築家界では賭け金＝評価の対象とはならない。彼らは建築界の下位界である住宅産業界に属しており、そこでの卓越化の賭け金は建築家界とは大きく異なっていると予測できる。一方、本書でとりあげる構造設計者や設備設計者は、「建築家のエートス」を持ちながらも、建築家界で通用する賭け金としての作品をつくる機会がない。彼らはどのようにして、建築家界に関わり、どのようにゲームに参加しようとしているのだろうか。本章では、そうした問いを明らかにする。

補論では、筆者自身による建築士試験の受験体験を元にしたセルフエスノグラフィを通じて、建築士を取り巻く資格産業の様相や、資格を取得するまでの様々なコストについて明らかにする。

第Ⅲ部では、専門職としての建築家の側面に着目し、リスク社会化、情報化、脱埋め込み／再埋め込みといった後期近代という時代の特性という視点から、社会（空間）における建築家界の位置づけの変容と、その結果生じた建築家の変容について、理論的な検討と質的調査に基づく実証的な検討を往還することで検討していく。

第7章では、建築史的な一つの転換点であるとされる一九七〇年以降の建築をめぐる状況について、後期近代における建築家の役割の変容を都市論や災害復興論といった観点から検討し、考察していく。

第8章では、建築設計業務におけるコンピュータの導入が建築家の職能にもたらした影響について、後期近代とリスク社会という観点から明らかにする。

第9章では、後期近代社会と建築家界の機序との「相性の悪さ」に翻弄される旧い建築家に対して、後期近代社会をしたたかに生き延びる、二〇一〇年代以降に独立をはじめた若い世代の建築家を取り上げる。彼らは建築家界に対するイリュージオが希薄であり、賭け金としての作品を提出するが、そのレートは気にしていないし、建築家界における位置づけ（position）もほとんど気にしていない。そうした彼らの実践（プラクティス）を検討することで、建築家界の変容の実態の一端を明らかにしていく。

注

（1）木村拓哉が才気あふれる若手建築家を、田村正和が大御所建築家を演じている『協奏曲』（一九九六年、ＴＢＳ制作）や、高級マンションに一人で暮らし、有能だが偏屈な性格を持つ建築家を阿部寛が演じた『結婚できない男』（第一シリーズ二〇〇六年関西テレビ・ＭＭＪ制作、第二シリーズ二〇一九年関西テレビ・ＭＭＪ制作）などをあげることができる。

（2）厚生労働省「平成三〇（二〇一八）年医師・歯科医師・薬剤師統計の概況」https://www.mhlw.go.jp/toukei/saikin/hw/ishi/18/dl/gaikyo.pdf（二〇二〇年一二月一日閲覧）より引用。日本公認会計士協会「二〇二〇年一〇月の会員数」https://

jicpa.or.jp/about/0-0-0-0-20201031.pdf（二〇二〇年一二月一日閲覧）より引用。日本弁護士連合会「二〇二〇年一一月一日現在の会員数」https://www.nichibenren.or.jp/library/pdf/document/statistics/2019/1-1-1_2019.pdf（二〇二〇年一二月一日閲覧）より引用。

（3）四つのテーゼは次のとおりである。

（創造行為）

建築家は、高度の専門技術と芸術的感性に基づく創造行為として業務を行います。

（公正中立）

建築家は、自由と独立の精神を堅持し、公正中立な立場で依頼者と社会に責任を持って業務に当たります。

（たゆみない研鑽）

建築家は、たゆみない研鑽によって自らの能力を高め役割を全うします。

（倫理の堅持）

建築家は、常に品性をもって行動し倫理を堅持します。

（4）脱専門職化とは専門職の特質の喪失、とりわけ知識についての独占や公衆からの倫理的な信頼やクライアントに対する自律性や権威などの喪失が進むという仮説であり、とくにコンピュータ・テクノロジーの影響が大きいという（橋本 2015: 11)。さらに、階層降下化とは「職域や活動内容に関連した特権が資本主義の進展の中で剝奪されていく過程であり、参入資格、訓練内容、職務に関する自律性、仕事の対象・ツール・方法・報酬などへのコントロールを喪失していく」（橋本 2015: 11）というものである。さらに、ポスト専門職主義とは「既存の専門職による知識独占の喪失が進み、その抽象的知識の適応がより専門化・セグメント化され、さらに情報アクセスのテクノロジーが急速に発展するといった要因が結合することによって引き起こされる」（橋本 2015: 12）と指摘する。

（5）そうした前提の下で、マートンは「近代科学のエートス」として Communism（共有性）、Universalism（普遍性）、Disinterestedness（公平性）、Organized Skepticism（組織的懐疑主義）の四つの制度的命令の存在を指摘している。

（6）建築家の諸実践（プラクティス）を記述分析するにあたって、ハビトゥス（界・資本）といった概念装置は極めて有用にみえる。しかし、本書の研究対象である「周辺の建築家」を分析するにあたっては、いくつかの点において、ハビトゥス概念の援用には留意が必要であると考える。例えば、ハビトゥスはスポーツをプレイしたり、美術館で絵画を鑑賞したりする際の「振る舞いの自然さ」が、実はすでに当人が獲得している「ゲームの感覚」という実践能力によって可能になっていることを明らかにする。しかし、筆者は、本書の主たる調査対象である周辺の建築家へのインタビュー調査や、参与観察において、建築家のプラクティス、つまり様々な発言や職業実践、日常生活等の場面に、「建築家らしい自然なふるまい」というものを看取することはあまりなかった。もちろん、言動や、ふるまいなどに、「建築家らしさ」を感じることもあった。しかし、そうした言動やふるまいからは、どこかパフォーマティブな雰囲気や、作為的な不自然さを看取することもあった。むしろ、「建築家らしい自然なふるまい」に対する含羞や気後れ、あるいは遠慮、抑制、抗い、といった表現が相応しい場面にいくつも遭遇した。彼らは、自らの実践を振り返りつつ、反省的で慎重な実践を行っていた。自分自身が建築家界に相応しいかどうかを反省的に意識する姿勢は、ハビトゥスの持つ「それが生み出された客観的状況と同じ、あるいは似通った状況に直面するたびに、目的にかなった適応を自覚的に模索することなど一切なしに、界へと完璧に『適応』してしまう」（Bourdieu and Wacquant 1992=2007: 171）という性質からはかけ離れている。こうした理由からハビトゥス概念に全面的に依拠するものではなく、建築家のプラクティスを立体的に把握するための手がかりの一つとして捉えたい。

（7）クロスリーは、ブルデューのこの図式について、基本的な要旨を私たちに与えてくれるとしながらも、「数学的」「社会物理学」のようであるとして批判も加えている（Crossly 2001=2012: 181）。

（8）こうした表現上の理由に加えて、六〇%という建ぺい率という法律上の問題や、通風、採光、日照の確保という課題に応えた結果でもあった。

（9）第7章の図7-2を参照のこと。

（10）孤立する学生を包み込む「大学の保健室」http://news.yahoo.co.jp/feature/514（二〇一七年三月一一日閲覧）。

第 I 部

建築家の生成と変容をめぐって

第1章

職能の確立と消費社会との関連性

1　本章の目的

日本における建築家の歴史は、日本の近代化の歴史と共にあった。そこで、本章では日本が近代化の道を歩み始めた明治時代にさかのぼって、建築家という職能がどのように日本に導入され、根付き、発展していったのかについて、教育制度や資格制度を検討することで明らかにしていく。そのなかで、こんにちまで建築家をめぐる大きな問題の原因となっている「説明根拠となる最終審級を欠いた」状況がどのように生み出されていったのかについて、官と民、芸術と技術という対立軸や、資格制度をめぐる混乱とその制定、そして戦後の発展と拡大の様相までを検討することで明らかにしていきたい。

さらに、建築家の歴史を振り返りながら、建築家という職能の価値や、建築家に属する価値創造への力への信仰が絶えず生産される場所としての「建築家界」の形成過程を記述することも本章の目的である。ブルデューは、『芸術の規則』の中で、「芸術作品というこのフェティッシュの生産者としての芸術家という人物を可能にする社会的メカニズムの全体が、いかにして段階的に出現したかを記述すること」(Bourdieu 1992=1995–6: 174) が重要であると述べる。つまり、ある芸術作品に価値があるとされ、それが憧憬の対象となっていくのは、作品そのものに価値が宿っているのではなく、それに価値を与えていく様々な制度が存在するからである。

1-1　官と民

日本に建物の設計・監理を専門とする建築家（Architect）という職業が導入されたのは、明治時代である。工部卿の任にあった伊藤博文は一八六二年、井上馨らとともに実業家トーマス・ブレーク・グラバーの手引でイギリスに密航したのを手始めに欧米を巡遊している。そこで欧米諸都市の建築に匹敵するものを建てるには、これまでのお雇い外国人ではなく、特殊な芸術的な訓練を受けた日本人建築技術者の育成が必要であることを理解した伊藤は、一八七五年に工学寮で美術教育を開始した(2)（桐敷 2001: 83）。

その後一八七三年に創設された工部大学校に、お雇い外国人としてイギリスより招聘された建築家ジョサイア・コンドルによって日本における建築家教育が開始された。コンドルは本国イギリスにおいても、名誉ある設計競技で一等を獲得するなど若くして頭角を現しており、将来を嘱望された建築家であった（藤井・玉井 1995）。コンドルの役割は「正規の様式にもとづく建築を設計して明治の日本を飾ることと、その学と術とを日本人に引き渡すこと」であった（村松 1997［2005］: 85）。彼のもとで学んだ辰野金吾、曾根達蔵、片山東熊、佐立七次郎らが日本人最初の建築家として一八七九年に工部大学校から輩出された。

彼ら日本人建築家は、近代国家としてスタートした明治政府の要請により公的な建物の営繕を任されていたので、民間で仕事をすることは想定されていなかった。初期の建築家の養成は「工業士官」を目指して行われ、事実そのほとんどが「雇われ」という日本独特の形が生み出され、以後長期間にわたって、官庁営繕が日本の建築家の主流となるのである。政府の営繕部門という官庁機構の中では恵まれぬ不安的な立場でありながら、それでも建築家にとってはほかの職域よりは安定的であり、多少とも研究・開発活動の可能な職場であった（日本建築学会編［1972］

1992: 1945)。営繕部に勤務する建築家の仕事は西洋風建築の指導・監督であった。その指導・監督を通じて、政府建築家と民間建設業者の間には主従関係が形成され、それが当時強かった官尊民卑の思潮とも相まって、建築家の実務を「高尚な仕事」「権威あるもの」たらしめた。とはいえ、その「高尚さ」や「権威」は官とつながることによってもたらされているものであり、建築設計という業務や建築家という職能そのものに対する評価とは言い難かった。建設業内部での建築設計実務は、それが「民」である限り社会的に無視された。建設業者自身も建物を実現する技術に対する誇りは伝統的に保持しつつも、建築設計そのものの価値をそれなりに確立するという方向ではなく、むしろ設計施工一体型の概念を固定化する方向へとシフトしていった(日本建築学会編［1972］1992: 1977)。

１－２　民間における建築家の活躍

それでは、現在存在しているような民間の建築設計事務所はどのような形で誕生したのだろうか。民間に建築設計事務所が開設されるのは意外に早く、一八八八年、工部大学校で教鞭をとっていたコンドルがその職を辞し、民間に設計事務所を開設したのが、日本における建築設計事務所のはじまりとされている(日本建築学会編［1972］1992: 1988)。

建築設計事務所が設立されたことの意義は大きく二つある。一つ目は、建築設計という新しい頭脳労働の価値を分化・独立せしめたという点であり、二つ目は、建築設計という行為を資本主義経済のシステムの中に組み入れたという点である(日本建築学会編［1972］1992: 1988)。そして、これらの動きの背景には、日露戦争後の日本における資本主義経済の発展と金融産業界の建設投資の活況があった(日本建築学会編［1972］1992: 2012)。当時、福沢諭吉や内村鑑三、岩波茂雄などが唱えた「私利は公益に通ず」という思想が、建築家が民間に降りて設計事務所を開くことを動機づける要因となっていたという(日本建築学会編［1972］1992: 1978)。とはいえ、建築家の主流は未だ「官」の中にあった。したがって、設計報酬というものも市民的金銭観の対象とはならなかったし、市井の人々には、建築物を作る際に設計という行為が存在し、それを職業としている人がいるということについてはまだ知られていなかった（速水 2011: 25）。なぜなら、江戸時代以前の日本には建築家という職業も、設計事務所という組織もなく、棟梁が設計から施工までを一貫して行っていたからである（藤森 1993: 221）。

辰野金吾は、それまで所属していた工部大学校が工部省の廃止にともない、文部省主導の工科大学に発展解消した時に下野した。そして、知り合いの経師屋の二階の畳の間に製図台を設置し、設計事務所を開設したのである。(3) しかし、自営できるほどの設計依頼があるわけでもなく、いくつかの仕事を手がけただけで挫折した(4)（藤森 1993: 222）。

西山夘三はこの時代の建築家について「特定の建築主の抱え使用人でなくて、建築主のもとめに応じて技術を提供する自由職業的な『独立した』建築家もでてきた」ことを認めつつも、「一般の建築は在来通り伝統的な手法で建てられており、そこでは昔からの大工棟梁が建築家の役目をかねていた。建築家はそうした一般の建築と対立する大建築の領域にだけ活動した」と総括し、その「自由職業」としての建築家の限界について言及している（西山 1955: 92–93）。

1－3　芸術か技術か

はたして、建築は芸術なのか技術なのか。このような問いは日本における建築家の黎明期から倦むことなく繰り返されてきた。黎明期の建築家教育は、建築技師ではなく、先述の建築家コンドルを招き日本人建築家の育成にあたらせた。とはいえ、日本において建築家教育が行われた場所は工学教育の中心である工部大学校であったため、そこから輩出された建築家の中には工学に傾倒する者も現れてくるのである。その筆頭が佐野利器であった。佐野は芸術的センスが重視される建築の世界に科学を持ち込もうとした人であり、耐震設計理論を打ち立て日本の建築技術を世界のトップレベルにまで押し上げた人物であった（大月 2010）。佐野は「如何にして最も強固に最も便益ある建物を最も廉価に作りうるべきかの問題解決が日本の建築家の主要なる職務でなければならぬ、如何にして国家を装飾すべきかは現在の問題ではないのである」と喝破した（藤井・山口編 2011: 54）。佐野がその思想の根拠としたのが「日本は地震の國である」（藤井・山口編 2011: 54）という理由である。地震のほとんどないイギリスやフランスなどとは違い、日本は頻繁に地震が発生する国である。それゆえに、建築が芸術である前に、工学技術の確固とした裏付けによって安全を確保することを主張したのである。図案家としての建築家を否定し、科学に奉職する工学者、エンジニアとしての建築家像を掲げる佐野の発言は大きな影響力を持ち次々と追随する者を生んだ。例えば、大正から昭和初期にかけて活躍した建築技師であり論客でもあった野田俊彦は「建築非芸術論」と題する論文において「自分は建築を分って芸術的建築と実用的建築とにしたい。そして宗教建築、記念建築、公共建築、住宅建築の順で次第に芸術的価値の少なくなるものだと考えることを止めたい」（藤井・山口編 2011: 74）と述べ、ギリシャの殿堂などを例に出しながら、芸術的な要素が求められる一部の建築と、工学的な知識によって実用的に建てられるべき一般的な建築を弁別すべきことを主張したのである。

１－４　建築士法の制定へ

ここまでみてきたような職能の中に内包されている矛盾、つまり官と民、芸術と技術という対立構造は、業界団体と資格創設運動として顕在化していく。本項では、建築家の職能団体と資格運動の歴史を紐解きながら、建築士という資格が成立した背景を検討していきたい。

日本における最初の建築家の団体は一八八六年に創立された造家学会であった。学会という名がついているが、その規約がＲＩＢＡ（イギリス王立建築家協会）やＡＩＡ（アメリカ建築家協会）を参考にして作成されたことからも明らかなように、単なる学術団体ではなく、職能団体の要素も持っていた。その後、造家学会は建築家伊東忠太の提言により建築学会へと改称された。

一九一四年には一二名の建築家が集まり全国建築士会が結成され、翌年日本建築士会へと名称を変更した。一九一七年には、設計・監理の業務報酬規程が作成されていたが、設計・監理を専業とする「建築士」の社会的地位を確立するためには法による保護が先決であると考えた日本建築士会のメンバーは立法へ向けて動き始めた（稲垣 1966）。

一九二五年、人数にして一〇〇名をわずかに超える程度のメンバーを擁する日本建築士会は、賛成議員五〇名の連署を得て第五〇議会に法案を提出した。法案を初めて帝国議会に上げることに成功したのである。その法案は、建築士の職務、資格、国家試験などを定めた二三ヶ条からなるが、そのうちの第六条には、建築士は「土木ニ関スル請負業」を営んではならないとする欧米の「アーキテクト」にならった兼業禁止の条項が含まれていた。第二次世界大戦前には設計事務所を経営する建築家は百数十名に過ぎず、そうした一部の者にだけ資格を与えるという法案に対する反発は強かったこともあり、法律は成立しなかった。その後一九四〇年の第七五回帝国議会通常会に至るまで一二回に及ぶ建築士法制定運動が繰り広げられた（速水 2011: 28）。

しかし建築士法の制定には、建築士会内部からの反対も強くあった。例えば、仮に建築士の資格を登録せずに、設計士などといった資格を自称し業務を遂行することは違法か否か、といった疑問や、帝国大学で建築学を修めたエリートが、わざわざ建築士という資格を登録し、それを名乗る必要があるのかといった議題が建築士法案委員会で盛んに議論された。当時の新聞が、「若、文士でなければ小説を書いてはいかぬ。画家でなければ画をかいてはいかぬ。音楽家でなければ音楽を奏してはいけなくなったら、どうです」と、法案を「べら棒なもの」と報じたことに象徴されるように、建築の図面を描くことを法律で規制しようとすることに対する違和感は建築士会内部にとどまらず、ひろく共有されていた（速水 2011: 31）。

数々の論争の中でも、とりわけ、大きな議論が巻き起こったのは、設計と施工の分離である。それに最も強く反対したのは、建設請負業の団体であり、一九一一年に創立した建築業協会であった（速水 2011: 31）。

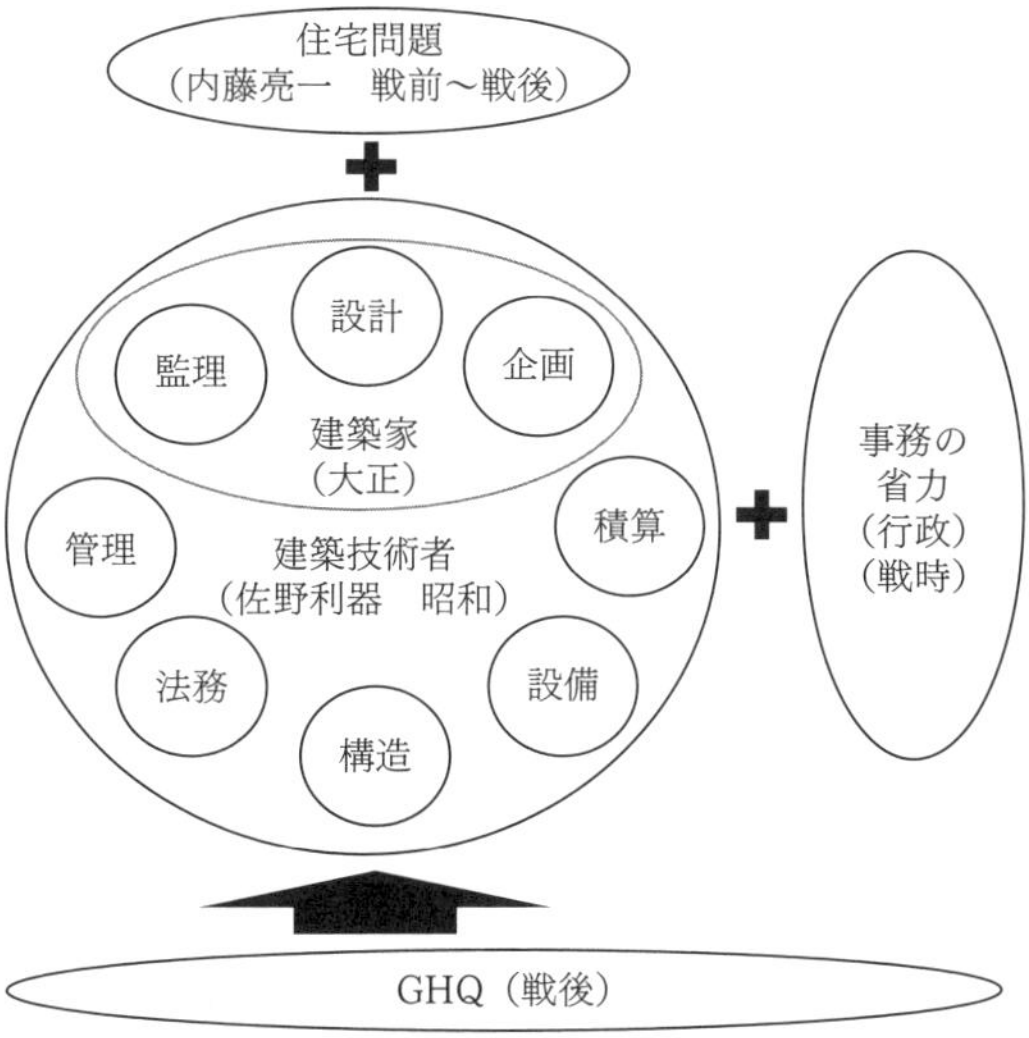

図１-１　成立した建築士法の概要

出所：速水（2010: 256, 図４-18).

当時の建築物のほとんど全ての建設を担当していたのは、設計と施工が一体となった建設請負業者であったのであるから、彼らが反対するのは無理もないことである。当時、建築学会の副会長を務めていた佐野利器は、建物を建てること、それ自体が一つの行為であるゆえ、設計と施工とに分割することはナンセンスであると喝破し、強く反対を表明していた（速水 2011: 32)。

しかし、建築士会が目指した「建築士」のイメージはヨーロッパにおけるアーキテクトであった。それは、建設という集団的な営為から設計だけを切り離し、建物の設計者としての最終的な署名を行う特権的な者である。それが成立するためには、設計と施工を切り離すことが最も重要な案件であった（稲垣 1966)。つまり、この設計施工を分離すべきか否かという問題は、西欧に追従するべきか、日本独自路線を敷くべきかという問題とも絡み合い、白熱した議論が展開されたが、設計と施工の分離を巡る確執は収拾することなく、やがて終戦を迎えた。

「建築士法」は一九五〇年五月二四日に公布されたが、「戦後の『建築士法』は、設計・監理技術の水準・分布・業務等の状況を、そのままの形で認めたうえで、もっとも

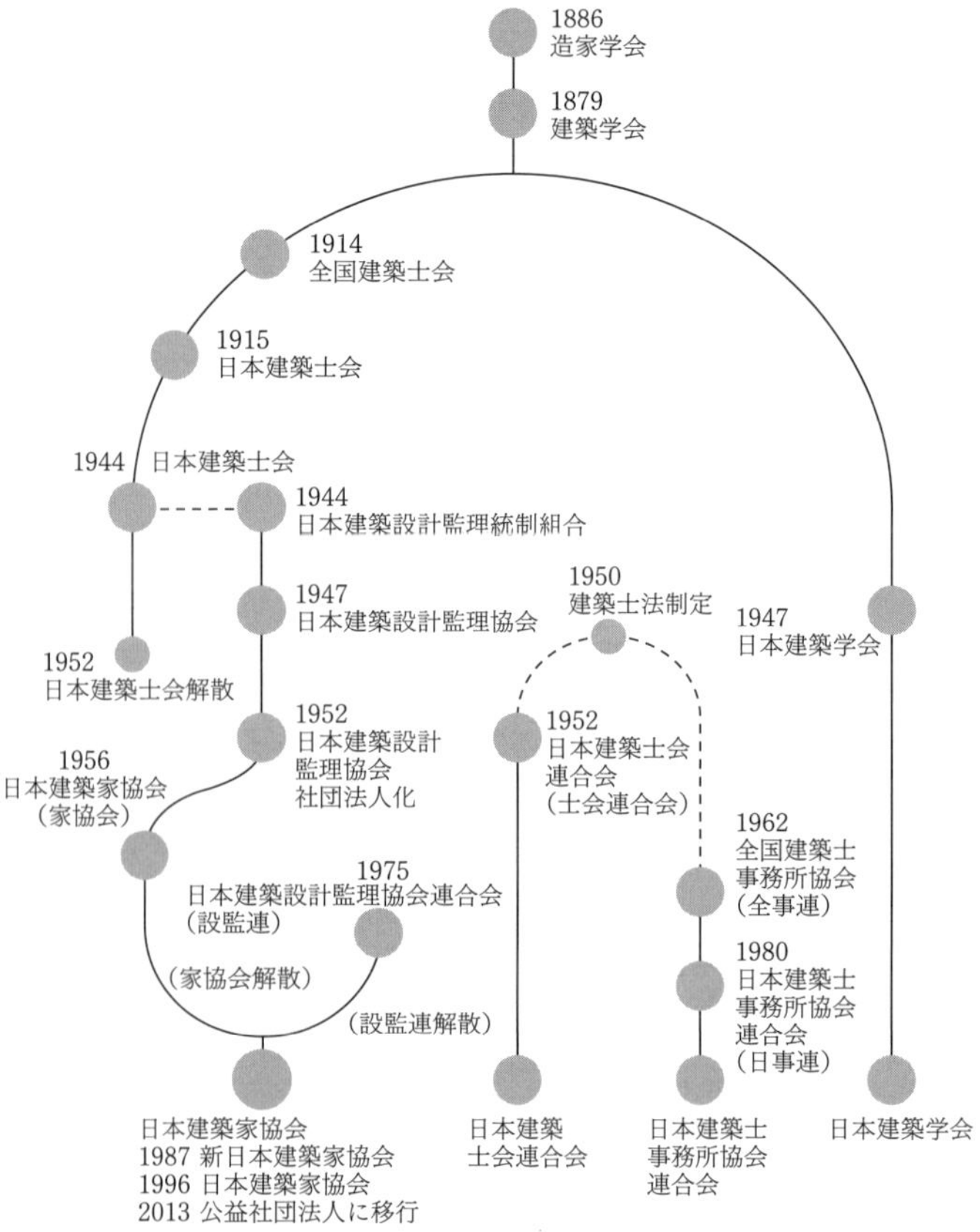

図1-2　建築家職能団体の変遷

出所：JIA のウェブサイトより引用.

抵抗の少ない形で成立した」(稲垣 1966: 7)。

その結果、図１－１のように建築士法は建築に携わるほとんど全ての業務が建築士という資格に抱合されたのである。

ここまでみてきたように、日本における建築家の生成と発展は、国家による上からの施策によるものであった。そのため、建築家は市民社会からの付託に応えるかたちではなく、国家や一部大企業の普請を一手に任されることによって発展してきた。また、設計施工が一体化された業態が普及していた日本においては、設計を専業とする建築家という存在は既存の業界の反発が根強く、ようやく成立した建築士という資格は、設計も施工も含んだ建築に関わる多種多様な職種を抱合する総合的な資格として成立し、設計を専業とする建築家という職能は公式には認められなかった。また、建築家の職能団体は離合集散を繰り返し、アメリカの建築家の職能団体であるＡＩＡ[5]、あるいは日本における医師会や弁護士会のような強固な職能集団を形成できなかった。とはいえ、それでも現在、建築家は社会の中にクライアントを得ることに成功しており専門職として成立しているといってよいだろう。それでは次に、戦後の復興期の状況についてみていきたい。

2　戦後復興期における建築家の役割

2－1　新しい住宅モデルの提示

第二次世界大戦後、日本の都市部は焦土と化した。戦災復興院によれば全国で戦災を受けた都市は一二〇にのぼり、空襲によって二一〇万戸の住宅が消失した。開戦時の全国の住宅総数が約一四〇〇万戸であったから、その一五％が消失したことになる。ほかにも強制疎開によって取り壊された住宅が約五五万戸あり、加えて海外からの引き揚げ者も多数であり、一九四五年の時点で四二〇万戸の住宅が不足していたとされる(本間 2004)。

日本の社会の立ちなおりが進むにしたがって、戦前の地盤を足がかりとして、あるいは新地盤を獲得して、独立建築家層は、おそらく日本の歴史はじまって以来の数に達するようになったのである。その途上で、国民の要求であった住居――とくに集団住居やアパート――やその他の社会的、公共的建築は、そのほとんどが官庁建築技術者によって設計されていた。むしろ日本資本主義の変態的な回復のためにおこった商業的、投機的建築が、そのような独立建築家層の対象とするものであった。しかし新しい事実は、国民の住居の自力建設に、新しい建築家層が積極的に参加しはじめたということである。（丹下［1970］2011：22）

建築家たちは、まず、日本の近代化にふさわしい住宅のモデルを提出しようとした。「日本の住宅に埋め込まれた封建制の名残りを打破しよう」というかけ声の下で、家父長制の象徴である「床の間」や、格式張った「玄関」を取り除き、合理的な近代住宅を日本に導入しようとした（布野 1998）。具体的には欧米の影響を受けた合理的な生活スタイルである、「モダンリビング」の理念が追求された。鈴木成文の整理によると「モダンリビング」とは以下のように整理される。①床に座る生活から椅子式の生活へ（起居形式の洋風化）、②個々の生活行為に対応した部屋を計画する（機能の分化）、③導線の短い間取り（平面計画の合理化）、④封建制を象徴する格式性の排除（接客中心から家族中心へ）、⑤主婦の家事労働の軽減（生活の合理化）（鈴木 1999）。大きさの限られた規模の中に、住まいの近代化に向けての建築家の提案が数多く盛り込まれているこれらの計画は、法律により建築面積が制限された状況にいかにうまく適応するかが追及されている。終戦後から高度成長期に入る前までは、建築家が設計する小住宅は一種のプロトタイプとして社会に受け入れられ、建築家はオピニオンリーダー(6)として一定の役割を果たしていた（難波 1999）。その後、彼らは安価に量産できる住宅の開発に精力的に取り組み始めた。例えば、池辺陽(7)は「立体最小限住宅」を、前川國男は「プレモス」と呼ばれるプレファブリケーション住宅の開発に力を注いだ。建築家の植田一豊は「一九五四年ごろになってこうした新しい住宅の理論と、それによってたてられた住宅の評価は、人々の間に、広い範囲にわたって認められるようになり、建築家の小住宅における設計上の役割の重大さが理解されるようになってきた」（植田［1958］2013: 36）と述べている。

建築家は、まず新たな（近代的）な住宅像の提示というレヴェルにおいて、その役割を果たそうとした。それはさまざまなメディアを通じて、大衆へ直接、新たな住宅のあり方を提示する、ある意味では啓蒙主義的なひとつのスタイルであった。実現すべき新たな住宅像については広範に共有化されており、あくまでも建築家の主導によって、住宅の変革がなされることが想定されていたといえるであろう。そして事実、DKスタイルの住宅やモダンリビングの定着に、建築家は大きな役割を果たしたのであった。（布野 1985: 217–218）

八田利也(8)も、まず戦前の日本において、大富豪の邸宅や中流階級の住宅を手がけていた一部の建築家が設計の対象として小住宅に関心を持っていたこと、西山夘三や市浦健などによって都市住宅の理論がまとめられていたこと、そして第二次世界大戦の勃発によりその流れは中断してしまったことを述べている。さらに、戦後の戦災復興需要と都市における市民イデオロギー(9)の変革が大量の小住宅を必要とし、再び建築家がそれに取り組み始めたことについて論じている。このような理想に取り組む建築家の仕事について八田は、建築家の仕事としての小住宅設計は、輝かしい役割をもっていたという紛れもない事実を示すものであるとして一定の評価を与えている（八田 1961）。

2－2　建築家界の拡大と賭け金としての住宅

まずは**表1－1**をみてほしい。この表は一九三八年、一九五八年、そして一九六七年の建築関係の学校の数と学生数を示したものである。

第二次世界大戦後、大学進学者の増加や建築技術者に対する需要の増加にともなって建築学科が新しく増設されたり、定員が拡大されたりした。一九六七年の学生生徒数は一九五八年の約二倍、一九三八年の約八倍の人数に増

表1-1　建築関係学校数および学生生徒数

	1938年		1958年		1967年	
学校	学校数	学生生徒数	学校数	学生生徒数	学校数	学生生徒数
大学	5	161				
専門学校	11	284				
甲種実業学校	60	1433				
乙種実業学校	7	162				
各種学校（A）	7	167				
各種学校（B）	16	255				
官公立大学			20	530	25	1008
私立大学			19	1120	43	3480
短期大学			7	290	6	345
高等専門学校					6	245
全日制工業高校			30	5300	206	11652
定時制工業高校			30	1800	63	2387
合計	106	2295	106	9040	403	19117

出所：日本建築学会編『近代日本建築学発達史』参照.

加したのである。それが意味するものは、建築家界の拡大である。ここまでみてきた建築家界は、様々な思想的に異なる立場があるにせよ、厳選された少数のプレイヤーによって卓越化のゲームが行われる、いわばエリートの「界」であった。建物ではなく、「建築」を設計する仕事は限られているが、建築家界のプレイヤーの数も限られていたので、彼らは何らかの建築の設計に携わる仕事はできたのである。しかし、大学の建築学科の増大によって、建築家（予備軍も含む）が増え、賭け金となる建築作品をつくる機会が巡ってこない建築家も増えてきたのである。そのため、若手の建築家は生き残りをかけて小住宅の仕事に活路を見出さねばならなかった。住宅ジャーナリズムが新人や若手にも等しく門戸を開いていたこともあり、小住宅の設計という仕事は、駆け出しの若手建築家にとっては、「激化してくる建築家の生存競争のなかで、住宅はもっとも手ごろな売出しのアドバルーン」（西山 1974: 155）であり、彼らが取り組みやすい賭け金としての役割を果たしたのである。その結果、「必要以上の表現を自らに課す若い作家たちの競争」（植田 1958–2013: 38）が生じ始めたのであるが、隈研吾はそうした競争が持つ意味を以下のように分析している。

「住宅の神格化」は、社会の中でいかなる機能を果たしたのだろうか。一言で言えば「パドックとしての住宅」というシステムが「住宅の神格化」を必要とした。このシステムは実に巧妙な「建築家選抜システム」であった。かつて国家が設立する唯一の正統的建築家養成機関（アカデミー）が健在なりし頃、その機関を卒業することが、すでに選抜済みを意味した。しかしそのような社会システムが消滅した後、ヒエラルキーがそれほど明確でない各種教育機関から、毎年無数の設計者が輩出される状況の中で、建築家はどのようにして、選抜されているのだろうか。あるいは、もっと端的に言えば、どのようにして、のし上がっていくのだろうか。（隈 2006: 51）

隈の議論を本書に引きつけて換言すれば、住宅を賭け金となる建築作品とするために、住宅が「神格化」されたのである。そして、なぜ「オフィスビルでも、バーのインテリアでもなく」住宅が賭け金として選ばれたのかについて、「戸建ての個人住宅こそが社会の『聖なる』基本単位であるというコンセンサスを、われわれの社会が共有している」という理由を述べている。隈の述べるような「コンセンサス」の有無については実証的な議論がなされているわけではないが、例えば上野千鶴子は「ｎＬＤＫというモデルは、誕生してから半世紀たった今もまだ耐用年数が尽きていない驚くべき長命なモデルである。このモデルが再生産されていて、これに代わるモデルが登場していない」（鈴木・上野他 2004: 52）ことに触れつつ、住宅のモデルや規範の耐用年数の長さを論じているが、それはｎＬＤＫという間取りに対する社会的なコンセンサスがあると読み替えることもできる。だとすれば、隈の議論も傍証されていると言えるだろう。住宅こそが不変の「聖なる」基本単位なのである。

2-3　住宅とメディア

建築家界が拡大し、建築家（プレイヤー）は卓越化のゲームに参加するための賭け金としての住宅の設計に取り組み始めた。そして、そうした動向に付随するように住宅ジャーナリズムが勃興してくるのである。

昭和二十五年に住宅金融公庫が設定されるとともに、政府の政策によって金ヅルを与えられたオーナー層に対して、小住宅作家たちはだまって手をこまねいているわけがない。その上まだ芽を出さない新人たちも、いわゆるスター建築家へ登竜するひとつの近道としてわれ遅れじとばかり小住宅設計へと馳せ参じた。そして彼らはまず設計し、稼ぎ、そしてＰＲすることをわすれなかった。こうして作品はおびただしく生まれた。彼らはつぎつぎと仕事をとるために、プロジェクトや理論をぶって、膨大なオーナー層のなかからクライアントをみつけださねばならない。「建築文化」や「新建築」。ここはウの目タカの目の連中が目白おしで一杯な上に、オーナー層とは「ずれ」がある。うまい手はないものか？――あった。それは婦人雑誌である。「婦人画報」「主婦の友」「婦人生活」等々。（八田 1964: 34）

八田の議論は、建築家の仕事を建築ジャーナリズムと関連付けて議論している点で興味深い。

このように、住宅ジャーナリズムが住宅をめぐる状況に介入し、影響を与えていることに対して丹下健三は『毎日新聞』紙上において苦言を呈している。丹下は住宅ジャーナリズムを「住まいの絵本」と称した。そして、それを建築系雑誌と月刊婦人系雑誌に二分し批判を展開している。まず丹下は建築系雑誌を「現実に目もくれず、ひたすら生活の近代化の先駆者とあろうとする」若手建築家の計画を掲載することに執心するあまり、「外形上の新しさはあっても、現実の住まいの近代化への解決を見出しうることは困難」であると切り捨てる。そして、返す刀で月刊婦人系雑誌を「生活の近代化に目もくれず、住まいに対する真剣な希望や要求をわき道にそらせる」（豊川 2012: 75）とし、これに批判を加えている。丹下は旧来のエリートによる建築家界の中心に位置する人物であり、建築家界の機序そのものである。その丹下からすれば、こうした建築家界の機序を脅かす可能性のある試みに危機感を覚え、苦言を呈するのは当然のなりゆきであろう。

しかし住宅ジャーナリズムは一方で「戦後の小住宅作家の作品やプロジェクトや住居理論の重要な成果を手ぎわよくまとめて、小住宅オーナー層にひろく伝えていった」ことで、社会空間の中に建築家界を位置づけていく役割を果たしていたのも事実である。小住宅を設計する建築家たちを時代の寵児として祀り上げてきた住宅ジャーナリズムは、しだいに小住宅に対して視線を向けなくなっていく。その理由は「小住宅よりも遥かに魅力のある建物が次々と建設されてきたから」（八田 1961: 36）である。八田はこのように、社会の変化に押し流され、翻弄される建築家の姿を残酷なまでに描き出し、「設計対象としての前衛的な歴史的使命はすでにおわってしまった。設計の対象として問題にすべきものは、もうほとんど残っていない」（八田 1961: 20）と述べ前衛的な小住宅の設計が果たし得た、社会的役割・社会的意義が完全に失われてしまったと結論付けている[10]。

3　芸術としての住宅

八田が述べるように、戦後の住宅建設において建築家が果たしたとされる住宅のプロトタイプをつくるといった役割は、その役割を住宅メーカーに託することによって終えたのである。しかし戦後復興期という非常時の使命を終えた後も、住宅を設計する建築家という職能は残った。もっとも、丹下のように、建築家界では住宅を賭け金としてゲームに参加する建築家を好ましくないとする見方も依然として根強かった。しかし建築家が大衆化し、賭け金となる建築作品をつくる機会が限られている以上、駆け出しの建築家は住宅を主戦場とするしかなかった。そのような建築家を「芸術としての住宅」という新たな評価軸を持ち出すことで、住宅を主戦場とする建築家たちをエンパワメントした建築家に篠原一男がいる。篠原は、八田が小住宅の設計を生業とする建築家に痛烈な皮肉を浴びせた一方で、住宅こそ、建築家が取り組むべき仕事であると主張した。篠原は一九六二年に発表した「住宅は芸術である」という論文で以下のような主張を展開している。

住宅は芸術である。誤解や反発を承知の上でこのような発言をしなければならない地点に私たちは立っている。住宅は建築と言われている領土から離れて独立をすることを、それは意味している。国籍は絵画や彫刻、あるいは文学等々と同じく芸術という共同体に移さなければならない。（篠原 1970: 79）

華々しいイズムの流行も、奇妙な造形も、住宅が芸術であるという設計原点の確認のあとではなんら驚くべきことではない。それに、住宅設計は社会的生産とは無関係だと自任している以上、これによって社会の進行を阻害する心配もない。設計原点のこのような設定は同時に設計方向の自由性を約束するはずだ。無用なコンプレックスから解放された住宅作家にはあらゆる試みが許されてよい。（中略）ここで住宅設計の問題は「自由」の問題に移行していく。奇妙な造形も、たとえば自由の表現のひとつだ。（篠原 1970: 83）

篠原が宣言したこのマニフェストの背後には、八田が指摘したような状況、つまり建築家による個別的な住宅設計の社会的な意義は縮減しつつあった状況がある。建築家の難波和彦はこの篠原のマニフェストを「住宅をテーマとする建築家が取りえた最後の砦だったといってよい」（難波：1999: 151）と述べている。また布野は社会的な役割を失ったとされる当時の建築家の様相を、「建築家にとって、住宅が個別の関係性のなかでの設計という極めて私的な回路においてアプローチすべきものでしかないとすれば、その疑似的にではあれ、自己完結的な世界を充実させていく以外にないし、またそうすべきである」（布野 1985: 232）と論じている。建築家は、西欧からの導入当初の目的に照らせば、その使命は権力の象徴となる建築の設計であろう。また、伝統的専門職としてのモーレス／エートスに照らせば、その職能を公共の福祉の向上に資するために使うというのが、「本来」あるべき姿である。しかし、

「大衆化」によって建築家の数が増えると、建築家界の機序も変化せざるを得ない。その大きな変化が住宅を建築に格上げすることであった。それを隈研吾は「住宅の神格化」と呼んだ。住宅は、当初は、駆け出しの建築家に許された限定された賭け金であった。その後、住宅ジャーナリズムの影響もあり、それが芸術に格上げされることで、建築の一つのジャンルとして評価の対象（賭け金）となっていくのである。また、このように、個人の住宅の設計が建築家界の主要な賭け金となっていく背景として、「住宅の設計を建築家に依頼するそうした層が日本にも育ってきた」（布野 1998: 93）という事実も指摘しておく必要があるだろう。

4　商品化住宅の成熟

4-1　住宅産業の成立

松村秀一によれば、戦後しばらくの間低迷していた日本の鉄鋼生産は一九五〇年に勃発した朝鮮戦争による特需を受けて一九五三年には、ほぼ戦前の水準にまで回復していた（松村 1999）。とはいえ、いつまでも戦争特需に依存するわけにもいかず中・長期的な視点において、軍需に代わる市場が求められていたのである。そこで注目されたのが都市の不燃化を念頭に置いた戦災復興や国土建設であり、それにともない大きな成長が見込まれていたのが建設市場であった（松村 1999）。

一九六〇年代に入ると戦後の圧倒的な住宅不足の解消を目的に、研究と開発が急ピッチで進んだ工業化住宅の量産体制が整備され、産業としての体裁が整いはじめた。日本において「住宅産業」という概念が定着しはじめたのは一九六〇年代の終わりごろであった（巽編 1993）。布野は日本の住宅において一九六〇年代が持つ意味は、住まいのあり方が「建てるものから買うものへ」と大きく変容したという意味で、歴史的な転換期として記憶されるだろうと述べ、それを象徴するものとしてプレハブ住宅とその展開、つまり住宅生産の工業化と産業化が決定的に進行

写真1-1　セキスイハウスA型（山崎・臼井邸）
提供：積水ハウス株式会社

し、住宅産業が成立したことだと述べている（布野 1989）。

それでは、ここから住宅産業の成立を具体的にみていくことにする。すでに述べたように、戦後の圧倒的な住宅不足は安価で簡便な規格型住宅の開発を建築家に促した。その結果多くの建築家が住宅の工業生産化という課題に取り組んだ。その具体的な成果は住宅メーカーに引き継がれていった。

一九五九年に大和ハウス工業が発表した「ミゼットハウス」は量産化され、爆発的に社会に受け入れられた。「ミゼットハウス」は庭先に建てられる勉強部屋を想定した六畳（一〇平方メートル）ほどの建物であった。その好評を受けて一九六〇年には新婚夫婦の住居を想定した「スーパーミゼットハウス」という九畳（一四・八七平方メートル）の商品も売りだされた。さらに、同じ一九六〇年には積水ハウス産業株式会社（現・積水ハウス）の「セキスイハウスA型」（写真1-1）が、一九六一年には松下電工の「松下一号型」などが相次いで発表され本格的なプレハブ住宅へと発展していく。一九六二年には住宅金融公庫が住宅難解消の一つの手段として八社九タイプのプレハブ住宅を融資対象住宅として認定した。一九六三年には住宅金融公庫認定各社のプレハブ住宅が千里ニュータウンで建売分譲されることが決定するなど、一九六〇年代を通じてプレハブ住宅と住宅産業はその存在感を増していった。

住宅産業が産業として成立した背景には、徹底した分業体制の完成がある。工場で建材・部品が作られ、現場で組み立てられるという安価な住宅の登場は、一般の人々に対して、住宅を建てるものから買うものという意識の変化を促していったのである。

より本質的な変化は、平たく言えば、住宅がもはや建てるものではなく、買うものになったということである。実際、プレハブ住宅に限らず、住宅は、リカちゃんハウスのように展示場やデパートで売られるようになったのだ。自分の土地に、大工さんや工務店に頼んで住宅を建設することは次第に少なくなり、建売住宅の形が一般的になり始める。カタログのなかから、選ぶ形、不動産屋の店頭で条件に合う物件を捜しだす形が一般的となるのである。（布野 1989：136–137）

「ミゼットハウス」は大阪の大丸百貨店の家具売り場でカーペットや勉強机などとともに売るというコンセプトがデパート側に受け入れられ、デパートでの販売が実現した。その後店内に実物を建てるなどの販促方法が奏功し、全国二七カ所のデパートで販売されるようになったのである（布野 1989：23–24）。実物を展示する販売促進活動は売上に大きな影響を与えるようになる。一九六三年には工業化住宅を製造販売する会社と行政が一体となったプレハブ建築協会が設立され、全国各地で住宅展示会を推進していく。それは、多くの人々を動員し、工業化住宅の普及に大きな影響を与えたのである。

また、住宅業者が自らメディアを発行し集客に結びつけようとした例も見られる。一例として日本電建(11)が発行していた雑誌『朗』（ほがらか）を挙げることができよう。日本電建は当時一般的ではなかった月賦による住宅取得方法を広報するために『住宅と電話』を創刊した。その後『朗』に改題され、徐々に誌面が直接的な広報記事から建築全般の知識を浸透させるような内容の記事によって占められるようになった。さらに、家庭の主婦を想定した誌面づくりを行うことで、読者に主婦層を取り込むことに成功し、家庭全体を巻き込んで持家取得への憧れを醸成させるという役割を果たしたのである（里井・大川 2013）。

4－2　商品化住宅の成熟

住田昌二は「住宅戸数が世帯数を一応上回り、量から質の時代に入ったのが一九七三年であった」(住田編 1996: 50) と述べている。布野は七〇年代に入って商品化住宅が「量から質へ、画一性から多様性へと住宅をめぐるパラダイムは転換しつつある」(布野 1985: 230) と述べ、量から質への転換を強調する。さらに藤村龍至も建築の分野では七〇年の万博を境にして流れが変わったと述べつつ、一九七〇～九五年に要請された建築家像は「住宅デザイナー」であったと述べ、その時代を「住宅の時代」と定義づけている (藤村・山崎 2012)。

これらの論者が相次いで指摘するように一九七〇年代において、戦後の圧倒的な住宅不足という量の確保をめぐる課題は一段落し、「質」をめぐる次なる課題に直面しはじめたのである。ここで問われている質とは、住宅の性能や広さをめぐる議論も含まれるが、その中心的な意味は消費社会の中で機能する質、すなわち商品としての差異や多様性の次元における質である。住宅メーカーは様々な意匠を凝らした住宅を開発し、それに相応しいキャッチフレーズを付けて販売していく。その結果、以下の引用に示すように、建築家が設計する住宅と、住宅メーカーが供給する住宅との間に質的な差異がなくなっていくのである。

> おそらく、住宅像の提示というレヴェルにおいては、〝商品化住宅〟と建築家の住宅を区別する理由はほとんどなくなりつつある。建売住宅のファサード・デザインにおける「文化変容の美学」と建築家のエリート美学との間には、もちろん差異はある。しかし、その差異を特権化する理由は必ずしもない。消費の宇宙においては、差異のみが意味をもち、それだから消費される一つの平面があるだけだからである。(布野 1985: 230)

一九七〇年代を経て八〇年代に至ろうとする頃、日本は世界有数の経済大国になっており、国民の消費に対する意欲も増していった。そこでは住宅の記号性が前景化されており、建築家が工夫を重ねた設計へのこだわりよりも、分かりやすい記号的な差異が重視されるようになっていった。そうしたなかで、住宅メーカーによって供給される住宅と、建築家が設計する住宅との「差異」には、もはや価値はなくなり、消費空間における差異、つまり記号性に価値が置かれるようになった。そしてそのような記号性はマスコミを通じて流通し、それを人々が欲するようになり、住宅メーカーが大量にそれを供給するという体制が出来上がっていくのである。住宅メーカーによって繰り出される商品化住宅は、業界誌、一般誌のみならず、自らが発行する媒体や住宅展示場で喧伝され、その市場を広げていった。建築家が腕を競った時代は過ぎ去り、「いまや『住宅理想』はメーカーが売り込みをあてこんでつくりだし、マスコミを通して強力に宣伝するイメージに誘導される時代となってきた。現代の『理想住宅』は、大資本が本腰を入れだした『住宅産業』の一方的につくりだすイメージに従属するものとなってきたのである」（西山 1974: 14)。

ここまでみてきたように、戦後の小住宅の設計に始まった建築家の「再出発」は、消費社会の中で急速な成長を遂げてきた商品化住宅の成熟によって一つの段階の終わりを迎えつつあった。かつて建築家たちはそれぞれが考え抜いた平面計画や意匠を有する住宅を設計し世に問うた。そしてそれが結果的に商品化住宅に対して際立った差異を提示し得たことで、建築家は消費社会の中でニッチではあるが確かな位置を占めることができた。しかし、住宅メーカーも建築家が示したデザインボキャブラリーを貪欲に商品化住宅に取り入れることで、住宅デザインは質的な優劣を示すものではなく、クライアント＝消費者が選択できるバリエーションの一つとなったのである。そうなると住宅メーカーと比較して設計期間や工期が長く、費用も割高な建築家の立ち位置は不利になっていくのは当然であろう。

5　まとめ

以上、明治初期の黎明期から建築家の生成と発展の様相、そして戦後の建築家と住宅との関係について検討してきた。

建築家の役割は、近代化に向けて離陸を始めた日本の都市を飾るに相応しい公共建築の設計を担うことであった。やがてクライアントは国家から大企業へ、そして一般企業や事業者、個人へと広がっていくことで、建築家はその活躍の場を拡大していった。しかし、その拡大のなかで、建築家の職能をめぐる定義は混乱を極め、明確な資格や制度という「最終審級」を欠いたまま発展・拡大していったのである。

また、建築家人口の増大とともに、建築家の役割は、国家の中枢施設を設計するという本来の役割と比べて「矮小化」されていった。戦後、焼け野原となった日本は膨大な住宅需要が生じたが、建築家は、そこで小住宅の設計という使命に燃え、次々と画期的な住宅を生み出していく。しかしその後、住宅の開発は、やがて巨大な産業となっていく住宅産業に引き継がれ、建築家はかろうじて残された、芸術としての住宅という回路に活路を見出し、その命脈を保っていくのである。そうした回路は、高度経済成長時代に入り、住宅が消費の対象として欲望されるようになったとき、建築家をブランドとして消費するトレンドへと接続されていくのである。

建築家をブランドとして認知するには、建築家という存在が広く知られている必要がある。一九七〇年代頃には、丹下、黒川の活躍により、それが達成されたとみてよいだろう。換言すればそれは、建築家界が成熟し、建築家界における卓越化と、その結果獲得した建築界における名声が、他の「界」の中でも通用するようになったことを意味する。つまり、建築家界における名声が、他の「界」でも通用する一般的な「有名性」として兌換性を高めていくのである。次章では、ブランド化された建築家が、「スター文化人」としての表象を獲得していく状況について検討していきたい。

注

（1）建築業界では「監理」と「管理」を使い分けている。前者は設計者が建設現場に赴いて施工が正しく行われていることを確認する行為、後者は、施工者側の担当者が職人たちを指揮し、工程の段取りを決めるなど工事の統括を行うことを指す。発音が同じなので、漢字の成り立ちから前者を「サラカン」後者を「タケカン」と呼ぶこともある（ＪＩＡ二〇年史編集会議編 2007）。

（2）教頭にあたる都検としてグラスゴー大学出身の機械学者ヘンリー・ダイアーが選ばれ、彼が教育カリキュラムの策定にあたった。ダイアーは日本に理想的な工学教育を行う機関を設立することを望み、スイスのチューリッヒ職業大学校をモデルとして、専門教育だけではなく、実地教育を同時に行うカリキュラムを策定した。ダイアーは学科構成の中に土木、機械、電信、科学、冶金、鉱山に加えて「造家」を入れた。この学科構成のうちイギリスにおける工学教育機関と異なっているのが「造家」すなわち建築の位置付けであった。当時のイギリスでは、建築教育は美術大学か総合大学で行われており、工学教育機関では行われていなかった（河上・清水 2015: 19）。

（3）辰野は「アカデミー＋建設業＋民間事務所」を三位一体のものとして整備しなければ建築家も確立しえないと考えていた（『建築雑誌』Vol. 128, No. 1651、二〇一三年を参照）。

（4）その後辰野は大学に戻り、工科大学建築学科の教授として多くの建築を手がけた後、一九〇二年に再び下野し、翌年設計事務所を開いた。今度は十分な知名度もあってか経営も順調であった。その後も建築家が民間に事務所を設立していく流れは続くが、民間で活躍できる建築家は少なかった。

（5）「米国の『建築家』の職能確立は一貫して民間組織であるＡＩＡに負うところが大きい。一八五七年設立のＡＩＡは、当時の無資格の設計者による乱脈な競争に対して、プロフェッションとしての倫理観、水準、権限を確立することをめざす建築家の集まりであった」（橋本 1992: 56）。

（6）当時の代表的な建築家としては、池辺陽、増沢洵、広瀬鎌二、前川國男の名を挙げることができる。

（7）建築家（一九二〇～一九七九）。東京帝国大学工学部卒業。東京大学教授。

（8）八田利也とは丹下健三の弟子にあたる磯崎新、川上秀光、伊藤ていじの三人によるペンネームである。彼らはその名を使い大学院生のころから批評活動を展開していた。

（9）ここでいわれている新しい市民イデオロギーとは、リビングルームの確保、食寝分離、家事労働の軽減と能率化、個人の独立性の尊重などといったものである。

（10）それに対して有名無名の建築家から反論が多数寄せられたという。「小住宅は、生活空間としては極小であって、しかも本質的なものを要求する」「おそらく住居は、あらゆる建築の単元なのであろう」「小住宅については、設計についての建築の本質的、基本的な要素が豊富に盛り込まれている」などといった意見が紹介されている。これに対して八田は以下のように再反論を行っている。

期せずして生まれでたこれらの共通な意見は、設計家として長年培われてきた体験からにじみでた意見であるに相違ない。たとえ建築計画の第一時間目の講義で拝聴したことがなかったとしても、小住宅または住居の設計のなかから建築の本質的なものがつかみだせるであろうことは、おそらく何人も疑うことはできないだろう。神々への祝詞にもまさるご宣託である。それは便所の細窓から窓の星を仰ぎみて、宇宙の全ぼうと相対性原理を悟るほど偉大なことである。われわれはその叡智のほどを讃えたい。（八田 1961: 52）

（11）日本電建株式会社。一九三〇年に関西電話組合株式会社として平尾善保と中山幸市によって創業された。当初は当時普及しつつあった電話を組合方式により取得する事業内容であったが、その翌年に住宅の給付も開始するようになった（里井・大川 2013）。

第2章 「スター文化人」としての建築家の誕生

1 現代版ルネサンス的万能人としての建築家

1-1 一般向けメディアに露出した丹下健三

住宅の設計に活路を見出した建築家は、住宅産業の隆盛によるコモディティ化を、芸術としての住宅の設計に活路を見出すことで回避しつつ、芸術家としてのブランド的な価値を醸成していく。それは結果的に、来たるべき消費社会の中で有利に働くことになった。その理由は、住宅の示差的な価値が飽和状態に達した後、次に欲望されるのは、「どのようなデザインの住宅か」ではなく「誰がデザインした住宅か」といった建築家の署名だからである。つまり、建築家自身が欲望される対象となるのである。

その結果、建築家は住宅のオリジナリティを裏書きするための作家性をさらに前景化させていく。建築家は作品論をより饒舌に、より多く語るようになり、建築やデザインに対する「哲学」のみならず、自らのライフヒストリーも好んで語るようになったのである。建築家自身に焦点を当てた記事も次々と登場し、膨大な数の言説が生産された。そのような状況に対し建築家の林昌二は以下のように苦言を呈している。

困ったことです。建築家のことばかり話題になって、肝心の建築物について、具体的に論じられることは極めてまれです。「建築家の本」が目立ちます。建築家何野誰兵衛を標題にした本で、作品集といいたいところですが、残念なことに本人がまだ御存命中なので、そうともいえず、追悼文もないかわりにまじめな批評もなく、本人の趣味やら靴を何足持っているといった類の、おもしろおかしい話題まで集めて綴じ合わされただけの本です。（林 1994: 74）

ここで林が苦言する「建築家の本」の氾濫は、「建築家にブランドとしての価値を認める人間たち」（隈［1986］1990）としてのクライアントのニーズに応えたものであり、そのようなクライアント層が確実に育ってきているという証左でもあった。かつて、戦後の小住宅を設計した建築家たちが、そのデザインの前衛性を専門誌上で競い合ったが、一九七〇年代以降の建築家はそのデザインセンスに加えて、建築家である彼自身を消費の対象としてクライアントの前に差し出していくことになるのである。

南後は丹下健三のメディアにおける扱われ方をその嚆矢とみている。南後は、一九五〇年代には、建築専門誌ではない『美術手帖』や『芸術新潮』などの雑誌が建築や建築家を特集するようになり、一九六〇年代には「伝統論争」をめぐって丹下が建築専門誌上の花形になっていくのと同時に、週刊誌の創刊ラッシュと重なって一般誌に建築家が特集されることが多くなっていったことを指摘している。そして「建築物のみならず、丹下の服装、家族、自邸、ライフスタイルへと関心が向けられ、巻頭グラビアにも度々登場するようになった」ということに触れながら「丹下という人物に注目をする一般紙誌の動向が、建築家というカテゴリー、あるいは建築家のパブリック・イメージを形成するうえで果たした役割は大きい」と述べ、建築家が一般誌にとりあげられたことの持つインパクトの大きさについて指摘している（南後 2007）。このように大衆メディアへの丹下の登場は建築家という職能に対して大衆的なまなざしが向けられていく契機となった。

一九六四年一月に発刊された『週刊朝日』の表紙は丹下健三である（写真2-1）。東京オリンピックを目前に控え、代々木体育館とその別館の工事が最終段階に入った時期に掲載された記事である。丹下を特集したページ（二四—二五頁）には、「建築界に旋風を起す教祖的パイオニア」という小見出しが付けられている。記事には、丹下の代表作や、丹下に対する国内外の評価、学生時代のエピソードに加えて、家族構成や長女の子育てを巡るエピソードや、ゴルフを始めようとして挫折したこと、多忙な日々の中で家族旅行が数少ない楽しみになっていること、さらには洋酒が好きだが最近はあまり飲めないといったことまで、丹下のプライベートがかなり詳細に披露されている。世間の関心は東京オリンピックの施設ではなく、建築家丹下健三個人へ向けられていたのである。

東京大学工学部都市工学科丹下研究室の門下生であった黒川紀章は、マス・メディアの時代の到来を自覚しそれに相応しい建築家像を前衛的に展開していった。彼はそれまでの建築家には見られなかった手段を積極的に用いることで建築家という職業名を人口に膾炙させる貢献をした人物である。そこで次項では、黒川の前半期のキャリアを概観しながら彼がどのようにしてメディアを活用して、新しい建築家の表象を提示してみせたのかについて検討していきたい。

写真2-1　『週刊朝日』（1964年1月31日号）表紙

1-2　スター文化人としての黒川紀章

一九三四年愛知県に生まれた黒川紀章は京都大学では西山夘三に師事し、東京大学の大学院に進学した後は丹下健三の研究室に入り丹下の薫陶を受けた。黒川は学生時代から建築学生の国際会議の議長を務めるなど早くも頭角を現し、一九六三年一月一八日の『朝日新聞』には二九歳の黒川が「ホープ」として写真入りで紹介されている（図2-1）。東京千駄ヶ谷の事務所で撮られた写真には「図抜けた才気・活力」と書かれたキャプションが添えられている。

建築　黒川紀章氏

図抜けた才気・活力

'63年ホープ ⑭

東京・千駄ケ谷の事務所で

図2-1　『朝日新聞』（1963年1月18日付）

黒川が既存の建築家と大きく異なっていたところは、メディアというものを強く意識していた点である。黒川は建築に卓抜した才能を発揮したばかりではなく、その才能とキャラクターを建築家界だけでなく、広く一般社会にも知らしめようとしていた。

一九六八年に発行された男性向けの週刊誌『週刊プレイボーイ』（一九六八年一月三〇日、二月六日合併号）には不敵な笑みを浮かべながら愛車マスタングに乗り込もうとするスーツ姿の黒川紀章の姿が写真に収められている。その隣のページには、事務所の所員と万博の建物の模型を前に打ち合わせをする黒川の写真が掲載されている。

翌年一九六九年の『毎日グラフ』には六ページに渡って黒川紀章の特集が掲載されているが、ここでも、漆黒のスーツを着こなし、愛車ファイヤーバードに乗り込もうとする黒川と（写真2-2右）、所員と打ち合わせをする黒川の真剣な表情が対置されている。また、こうした写真に加えて、新宿のクラブで水割りを片手に、紫煙をくゆらせながらリラックスする黒川の写真も掲載されている（写真2-2左）。まるで映画スターのプライベートを紹介するかのような誌面構成で黒川の特集が組まれているのである。

小見出しには「現代が生んだ教祖」というフレーズが掲載されている。師匠である丹下健三も「教祖」と形容されていたが、弟子である黒川も奇しくも同じ形容がなされている。

写真2-2 『毎日グラフ』1969年8月24日号

さらに、当時の新聞には「人気者七〇年代の一〇〇人」というコーナーに当時三六歳の黒川が登場している。黒川は記者になぜあなたは人気があるのか？ と問われ、以下のように語っている。

そうですね。だいたい建築家っていうのは、これまで、わかりやすくいえることをひじょうにもったいぶった、仲間同士でなきゃ通じないような言葉でしゃべってた。ボクはね、それを大衆的な言葉でしゃべるのですよ。（中略）もうひとつはね、ボクのつき合っているヒトの範囲が広いってことかナ。ハイティーンのラジオ番組に出たり、明治生れの財界人相手に講演したり、政府の審議会に出席したり、大使館のレセプションや、かと思うと生け花の人たちと座談会、ファッション関係者、ニュータウンのことで地元の農民たちとも話します。幅の広さがボクの特色でして……。（『朝日新聞』一九七〇年七月七日付）

このように、黒川は自らの八面六臂な活動を誇らしげに語っている。こうした語り口から分かることは、丹下健三以来、メディアが建築家をダヴィンチやミケランジェロのような、いわば現代版ルネサンス的万能人として表象していることを見越して、メディアが求める建築家イメージを黒川が自覚的に演じようとしていることである。ここに黒川が見られることに自覚的だったことを物語るエピソードがある。黒川の伝記を書いた作家の曲沼美恵が黒川事務所の元所員から聞き取ったエピソードである。

黒川さんには当時いろいろと社会人としてのふるまい方を教わりました。「建築家になりたければまずは世間に通用する人間になりなさい」とよく言われていたんです。具体的にはネクタイを締め、身だしなみを整えること。しっかりと、大股で、前を向いて歩くこと。それと、話す際にはダラダラと話すのではなく自分の考えを頭のなかでしっかりまとめてから話すこと、などである。（曲沼 2015: 270）

このように時代の寵児として、自覚的に雑誌やテレビなどのメディアにも頻繁に登場した黒川だが、週刊誌やグラフ誌だけでなく、『女性自身』などの女性誌も彼をとりあげた[1]。「そこでは彼の建築や理論ばかりか、ファッションや家族構成などライフスタイルのすべてが記事になった」（曲沼 2015: 273）。黒川が丹下と異なっていたのは、雑誌の読者が求めている「スター文化人としての黒川紀章像」を自ら進んで提示し、演出していった点である。

曲沼は『週刊現代』（一九六九年一二月一八日号）に掲載されたインタビュー記事を紹介している。「ぼくに人気があるとすれば、その知名度が理由でしょうね。テレビに出たりすることを、たいへんにはしたない行為だとする説もありますけれど、ぼくはそうは思わないんです。建築家がエリートとしておさまっているという時代はおわったんです」（曲沼 2015: 270）とうそぶいてみせるのである。黒川は新進気鋭の建築家として確かな実力を発揮し、公共建築から都市計画に至るまで次々とその手腕を発揮した。その一方で、彼はメディアを賑わせ、作家や評論家、映画監督、画家や音楽家などと並んで「有名性」を獲得した建築家[2]となったのである。

黒川以降、有名性が賭け金の一つして前景化されていく。丹下の場合は、マスメディアが芸術的センスと、アカデミックな知見、そして工学的な知識を併せ持つ建築家という存在を「発見」し、「新しい芸術家」としての建築家を世に知らしめようとする意図が読み取れる。黒川の場合は、丹下と異なり、自ら進んでマスメディアに露出していったが、彼は有名性を賭け金として建築家界内において卓越化しようとしたわけではない。彼は、すでに十分な資本を持っており、その作品は賭け金として最高レベルに高いレートがついている。それでは、なぜ黒川は有名性を獲得しようとしたのか。それは、黒川のメディア戦略が建築家界内部での卓越化のためではなく、有名性を賭け金にできる他の「界」（芸能界・経済界等）における卓越化のゲームに参戦するため、と考えるのが合理的であろう。(3)

2　野武士の時代

黒川紀章は建築界に留まらない縦横無尽な活躍を展開することで建築家という職能を大衆に知らしめた。しかし彼が手がける建築は市庁舎や美術館、博物館といった規模の大きな公共施設であり、個人の住宅の設計はほとんど行っていない。

冒頭に挙げた「建築家の署名付きの住宅」の設計を中心的に担っていたのは一九三〇年代生まれの黒川よりも一回り下の世代である、一九四〇年代生まれ以降の建築家たちであった。建築家の槇文彦(4)は、一九七〇年代〜八〇年代に世に出た彼らを「野武士」と名付けた。それは戦前の建築家が資産家や権力者といったパトロンの庇護のもとで設計活動を行っていたのに対して、パトロンを持たずデザイン力だけで勝負を挑もうとする姿勢をみて「野武士」と表現したのである。槇は『新建築』誌の依頼で全国を回り「野武士」たちが設計した住宅を、三年という期間をかけて取材を行っている。そして、そこで得た新たな建築家の出現の予感を以下のようにエッセイに書き記している。

野武士たちは芸熱心（デザイン熱心）である。だから自分の芸を琢磨するのにおさおさ怠りない。それが主を持たない彼らの唯一のアイデンティフィケーションであり、命の糧であるからである。そのことは彼ら自身が一番よく知っている。施主たちの話を聞いても、彼らは手弁当で遠いところまでも熱心に建物の監理に出かけ、つくりあげていったようである。そのことは皆一様に驚き、感謝しているようだ。設計をどんどん下請けに出したり、ジェネコン（ママ）に書いてもらうのが当り前になりつつある当節、そのスピリットは貴重であり、少々おかしなものが出来上がってもその意気込みは買わなければならないだろう。昔はおそらく人から人への語り伝えで知られていった野武士の存在は、今はマスコミというより効果的手段に依存することになる。もちろんこれもひとつのサヴァイバルのルールである。（槇 1997: 405）

野武士の時代の建築家が実現させた住宅は「前衛的」であるといえる。その前衛さは芸術表現として「前衛的」であった。それは篠原一男によって開拓された住宅の芸術的表現を追求したものであった。伊東豊雄は、そのような状況下で自らのキャリアをスタートさせているが、当時を振り返って以下のように語っている。

ユートピアは都市に背を向けた小さな住宅の中にのみ存在する、というのが篠原一男の「住宅は永遠の芸術である」というメッセージであり、その言葉に僕らは従うしかありませんでした。つまり、それまでは芸術と社会という二つの面で建築家は主張をしていたけれども、社会の側を失って芸術しか残らない状況の中でいったい何を主張できるのか、という問いが僕らのスタートだったのです。（伊東・山本 2011）

伊東は建築家には、芸術表現しか残されていなかったと述べる。裏を返せば、それはすでに住宅に芸術的な価値を見出していく一定の層が出現していたことの証左でもある。その理由として、彼らの設計する住宅が、住宅メーカーによって提供される画一的なデザインの住宅に対して、その奇抜なデザインがオリジナリティという商品価値を体現することに成功し、それが消費社会の中で一定の価値を持ったという状況を指摘できる[5]。

そしてそのような住宅と建築家である自分自身を結びつけていくために、彼らは「作風」を打ち出し始めた。現代においても「建築専門誌の誌面では、『唯一の生産者』としての建築家とその作品である建築物が対でパッケージ化される傾向にある」(南後 2008) のであるが、野武士の時代の建築家は、「唯一の生産者」とその建築の一体性をとりわけ強く打ち出した世代である。それは作風と住宅のタイトルに象徴される。序章でも述べたように例えば安藤忠雄は外壁のコンクリートの仕上げをしない「打ち放し」というスタイルを確立した。[6] 宮脇檀は『松川ボックス』(一九七一)『船橋ボックス』(一九七五) といった「ボックス」という名称を住宅名に付けた。同様に『住宅CHH6410』などとアルファベットと竣工年を表す四桁の数字を用いた鈴木恂、『物質試行』という名をシリーズ化している鈴木了二、『箱の家』をシリーズ化している難波和彦などを挙げることができよう。また、個性的なタイトルが付けられた住宅も数多く見られる。毛綱毅曠による『反住器』(一九七二)、石山修武による『幻庵』(一九六八)、あるいは相田武文が設計した『題名のない家』(一九六八)、『サイコロの主題による家』(一九七四) などといったユニークな名称を持つ住宅が建築専門誌の誌面を賑わせた。

3　安藤忠雄の卓越化の方法

上述した野武士の時代の建築家を象徴する建築家が安藤忠雄[7]である。一九四一年に大阪で生まれた安藤は独学で建築を学び、一九六九年に安藤忠雄建築研究所を設立し、設計活動を開始した。安藤を一躍有名にしたのは「住吉の長屋」という小住宅である。「間口二間×奥行八間のコンクリートの箱の家」と紹介されることが多いこの建物は、夫婦二人が住む専用住宅である。この住宅はそれまでの住宅の常識を覆す様々な特徴を有している。まず、四周が壁で覆われていて、入り口以外の開口部が極端に少ないところや、内も外も全てコンクリートの打ち放しの仕上げとなっているところなどである。そして最大の特徴は、ただでさえ小さい箱を三等分して、中央部分を屋根のない中庭としている点である。生活動線の中心に屋根のない空間が存在することから、食堂から居間へ行く際、あるいは居間から便所に行く際には、雨が降っていれば傘をさして移動する必要がある。この作品のコンセプトを安藤は以下のように語っている。

> 現在の住居は、機能など、数値化される要素のみを、価値判断の基準として住居化され、表面的にはモダナイズされたように見えるが本来的な生活とは厳しく関わっていないように思える。また、都市生活者の意識も、一般的には仮住い志向が強く、街に棲みつく意志を持った人々も少ない。こうした状況の中でも、棲みつく意志を持つ人々のために、長く棲みつづける場をつくる努力をし、日常の中で非日常の体験をし、厳しい生活の場をつくりつつ、棲みついていくのが本来の住み家だと思われる。（安藤 1980: 63）

安藤は自分の出自と生まれ育った環境について頻繁に語っているが(8)、例えば、以下に示すような語りがその典型である。

> 私は一九四一年、大阪で生まれた。空襲で焼け出され、疎開後に戻った大阪で住み始めた家は、下町の典型的な長屋街。良好な住環境とは言いがたかったが、高密度ゆえの濃密なコミュニティがあり、何より子供時分の私には、木工所、ガラス工場といった町工場の存在が、魅力だった。とりわけ、家の向かいにあった木工所が気に入り、暇を見つけては工場に入り浸り、木を削って何かつくっていた。十代後半まで、木の匂いを身近に過ごしていたように思う。この時期に、モノをつくる姿勢、作法のようなものを身体で学んだ。材料の性質を読み、その性質を活かしながら、その先に可能な完成形をイメージし、あとは、ひたすら辛抱強く、作業を積み重ねていく。モノづくりの厳しさ、喜びを知った。私の建築の手工芸的感覚は、この頃植え付けられたものだ。（安藤 2008: 12）

コンクリートの打ち放しという仕上げを用いた住宅が安藤忠雄の賭け金であった。建築家界は学歴が重要な資本となるが、高卒の安藤は、手持ちの資本という点で他の若い建築家に比して大きく劣後してしまう。そのため資本を持った他の若い建築家と「真っ向勝負」に出ても勝ち目はない。建築作品のデザインや構造、あるいは建材などにおいて、常識を覆すような勝負に出なければ建築家界における卓越化は望めないのである。そこで選んだのがコンクリートという材料であった。その勝負は吉と出たのであるが、安藤の秀逸なところは、そうした賭け金を選択したことを含めて、自分の建築観を自らの出自や育った環境から語り起こし、一つのストーリーに編み上げ、折りに触れ語っている点にある。

安藤の生活の周囲にはむき出しの生活と労働が渾然一体となりながら溢れていた。エリート建築家が身につけているような「文化資本」は身につけることはできなかったが、その代わりに、木やガラスや鉄といったモノに直に触れることで「手工芸的感覚」を身につけることができたと述べている。別の著書でそれは「実体験を通じて肉体化された記憶、あるいは身体性ともいうべき感覚である」と換言されているが、そこから体験、身体、感覚といった安藤の建築に繰り返し現れる「建築言語《ボキャブラリー》」を読み取ることができる（安藤 2001: 17）。安藤がそのように幼少期や少年期の過去の記憶を繰り返し語る理由は、「建築家のありようは、いかなる環境に生まれ、いかなる時代に育ったか、建築家以前の時間に深く関わっている」（安藤 2008: 12）という語りに象徴されるように、自らをかけがえのない過去の履歴に繋留しなおしていくことで、移ろいやすい消費社会において、決して消尽することのない安藤忠雄というブランドを強固なものにしていくプロセスとして欠かせないからである。

丹下健三、黒川紀章と「エリート」によって担われてきた建築界に突如として現れた「非エリート」である安藤忠雄もマスメディアの格好の取材の対象となった。一九八五年に出版された『週刊現代』（九月二八日号、二二二頁）には「安藤忠雄コンクリートの魔術師」というタイトルの特集が組まれており、眼光鋭い安藤の写真の脇には「アルヴァ・アアルト賞受賞、高校出の異能建築家は丹下健三、黒川紀章、磯崎新を越えたか」という見出しの文章が踊っている。アルヴァ・アアルト賞を丹下健三、黒川紀章、磯崎新氏など日本を代表する建築家をさしおいて受賞したことが書かれている。このように、安藤の登場とその後の活躍は「事件」であった。エリートが主流を占める建築家界における、ボクサー上がりの高卒のホープの活躍に一般誌も大いに注目したのである。安藤は自らに課せられた、そうした期待を自覚し、「下町育ち」「高卒」「独学」「ボクサー」といったキーワードを散りばめながら「叩き上げの建築家の履歴」を語るのである。

4　二極化していく建築家――一九九〇年代以降の状況

4-1　ブランド化する建築家

一九七〇年代から一九九〇年代にかけて、消費社会の中で形成されていったアーティストとしての建築家のブランドはハイ・ブランドと呼べるようなものであった。それを求めるクライアントにも、相当程度の教養やセンスといった資質を要求していくような類のものである。これについて隈研吾は以下のように述べている。

建築家というブランドはヴィトンやエルメスといったブランドとは違ってかなり知的なブランドであるから、これに価値を認めるということは、クライアントもある程度の知的水準にあるか、あるいは知的なものに対して強いコンプレックスを持っているということを意味している。（隈［1986］1990:113）

確かに、隈や安藤といった世界的レベルのトップ建築家のブランド価値は、芸術界や文化人界といった他の界にも及び、その作品が求められるようになっている。それについて隈は「ブランド登録される」と表現し、いったん「ブランド登録」されると世界中から設計依頼（その多くは設計競技への応募依頼）が舞い込むのだという（隈［2013］2015）。伊東はこのようなアトリエ派[9]と呼ばれる建築家がブランド化していく理由について以下のように語っている。

アトリエ派の建築家は、公共的なプロジェクトに呼ばれないから当然フラストレーションがたまります。そこでエネルギーをため込んで、小住宅の設計にそのフラストレーションを発散させる、つまり批評性を美しさに置き換えた斬新な建築を提案するのです。するとその斬新さゆえに海外での評価は上がります。しかも施工に関して日本のゼネコンは極めて高度な技術力を持ってるので、ものすごく美しくて抽象的な建築が実現する。その結果、ますます国際的な評価を得るという、実に不思議な現象が起きているのです。（伊東 2012: 159）

安藤忠雄は公共建築を設計する一方で、継続して住宅を設計し続けている。隈研吾も竹やコルゲート鋼板、FRPといったそれまで建築家が使ってこなかった挑戦的な建材を用いた住宅を発表している。一方で、建築家の「ブランド化」については批判もある。建築評論家の飯島洋一は「その研磨されたコンクリートの打ち放しが、さらには『安藤忠雄がつくった』という事実が、安藤忠雄のブランドであり、商標であり、ロゴだからである。すなわち、スリランカやモンテレイの資産家たちが心底ほしがっているのは、彼の建築ではなく、その建築の出来栄えですらなく、この安藤忠雄のロゴである」（飯島 2014: 125）と厳しい批判を展開しながら「建築家のブランド化」の実態について端的に述べている。このように隈研吾や安藤忠雄のような一部の建築家は、世界中の富豪や企業がそのブランドを買い求めたいと欲するようなアーティストになっていったのである。

4‐2　カジュアルなアート志向の建築家

つづいて、一九九〇年代にデビューしていく建築家について検討してみたい。年長世代と異なり、一九六〇年代後半から一九七〇年代生まれの建築家がデビューしていく一九九〇年代は、バブル崩壊後に、日本経済が「失われた二〇年」と呼ばれる長期停滞期の入り口に当たる。そうした時代にデビューした彼らは、大企業や富豪をクライアントとするハイ・ブランド的な価値をまとったアーティストを志向しているようには見えない。とはいえ、篠原一男以降、連綿と営まれてきた芸術としての住宅づくりの系譜上に存在する以上、アーティストとしての志向性を有しているといえる。そこで、ここではそのような近年の建築家の動向を「カジュアルなアート志向」と定義する。

以下において「カジュアルなアート志向」が台頭してきた要因を二点示しておきたい。まず一点目は九〇年代後半から、建築家とクライアントを結びつける住宅プロデュース会社が新しいビジネスとして台頭してきたことである。「それまでは知人などをたどらなければ知り合う術のなかった建築家が、住宅プロデュース会社などを介して探せる身近な存在になった」のである（日経アーキテクチャ・松浦編 2008：238）。

そのような傾向と相俟って「建築家が設計する集合住宅や狭小住宅は、新しい『住』のスタイルとして一般の雑誌や新聞、テレビの目に止まり、それらを取り上げる企画を次々と打ち出して話題を呼んだ」（日経アーキテクチャ・松浦編 2008：238）のである。

二〇〇〇年代に入っても、このような潮流は続いていく。二〇〇二年に月刊誌として創刊された『casa BRUTUS』という雑誌は、建築家を積極的にとりあげているが、そこに登場する建築家たちは、かつてのように衒学的で難解な言葉で自作を語ることはない。また黒川紀章のように華美な私生活の様子を切り売りしたり、華やかな人脈をひけらかしたりすることもない。誌面に登場する建築家は往々にしてカジュアルな出で立ちで、わかり易い言葉で建築を語る。その語り口は、かつての建築家の言葉が熱気を帯びていたのとは対称的におだやかである。(10)

二点目は、アーティストの定義が多様になっていることが挙げられる。現代アートは美術館という枠組みに収まりきらない作品づくりが行われることは珍しくなくなった。また近年では、各地で芸術祭が開かれており、地域住民とのコラボレーションや参加者を募ったワークショップ形式で制作されるアート作品も少なくない。杉本博司や大竹伸朗、あるいは名和晃平のようにアーティストでありながら建築作品を手がける者も現れている。一方で、妹島和世や西沢立衛、石上純也のようにアート作品を手がける建築家や、手がける建築それ自体が巨大な環境芸術を思わせる三分一博志のような建築家も現れている。さらには展覧会の会場構成と称した建築家によるインスタレーションも目立つようになっている（五十嵐 2005）。つまり、現代は建築とアートが相互に乗り入れる形で、建築とアートとの境界が溶解しているという情況が看取できるのである。

一方、「ローカル」なものへとコミットする建築家も増加している。その理由については第9章で詳しく論じていくが、先にいくつか理由を述べておくと、一九九五年の阪神・淡路大震災以降、建築家の社会的な役割を自覚しはじめる建築家の増加や、景気の後退や住宅ストックの増加等の要因があげられる。そのような状況下で、建築家を目指す若者は建物の設計にこだわらずに「場」の構築やコミュニティの再生といった「社会を媒介する建築」を志向しはじめている。本書ではこのような新しい建築家を「ソーシャル・アーキテクト」と総称し次節で本章のまとめとともに論じていく。

5　まとめ

ここまでみてきたように、日本における建築家は芸術性の高い建物を設計する限られた一部の建築家を象徴的な頂点としつつも、多くの建築家が消費社会の中で、「商品」としての住宅に示差的な価値を付与する存在としてその職能を発展させてきた。その背景には住宅の設計をスタートラインとした建築家界のスターシステムが存在した。そして建築家の役割は、消費社会の成熟とともに、住宅に示差的な価値を付与するだけではなくなった。建築家自身にブランド的な価値が求められるようになり、建築家自身がブランド化していったのである。しかし、現在の建築家はかつての建築家がそうであったように、一律にハイ・ブランド化を志向するものではない。とはいえ、技術者が匿名的であったのに対して、建築家は「個」としての顕名性を前景化させていく方向でその職能を発展させていったのは事実である。そうした時代の要請を自覚し、意識的に「建築家を演じた」のが黒川であった。こうした発展の方向性は建築家に、再帰的・反省的な「建築家らしさ」を求めていくようになる。ファッション[11]や車の趣味、読むべき本、聴いておくべき音楽など、「建築家らしい」とされるものが共有され、多くのフォロワーを生んでいった。こうした「建築家らしさ」の追求は「建築家のエートス」として、建築家が参照すべきものとなっている。

その一方で、作品としての建築ではなく、その機能性や「媒介性」を前景化させていく立ち位置がある。建築は何のためにあるのか、建てようとしている建築は本当に必要なのか、ということを徹底的に問い直し、場合によっては何も建てないという選択肢も用意されているという立場である。建物が後景化するかわりに、その内部や周辺で展開されるアクティビティの誘発や制御が前景化される。山崎亮はそのような立ち位置で活動するコミュニティ・デザイナーとしてすでに一定の地位を獲得している。そのような「媒介性」を高める設計がなされた建築はコミュニティの中に着床することでその建築の持つ力が発揮されるという信憑が拡がりつつあり、それは地域づくりブームに乗って「ソーシャル・アーキテクト」の新しい仕事になりつつある。そうした彼らの仕事は「協働」を前提としている。ここでいう「協働」とは、設計する建築家が「個」から集団・組織へとその業態をかえつつあるという業態としての「協働」と、地域づくりを視野に入れた建物づくりが、その企画・設計段階からクライアントや地域の人々を巻き込みながら展開されていくという意味においての「協働」の両者である。こうした建築家の反省的、再帰的なスタンスや、顔の見える専門家としての活動は、後期近代という時代が、専門家に対して要請する基本的な姿勢なのである。第9章では、こうした状況をインタビュー調査と参与観察から得たデータから実証的に検討していく。

注

（1）黒川の京都大学時代の恩師である西山夘三は一貫して黒川に対して否定的であり、黒川を「タレント建築家」と呼んでその力量に疑問を持っていたことを明らかにしている（曲沼 2015）。

（2）黒川紀章以降は「知的でスマートな建築家」という職能イメージは、日産自動車のテレビCM（一九八七年）に出演したエドワード鈴木（一九四七〜二〇一九）や、ノースウエスト航空のテレビCM（一九九七年）に出演した高松伸（一九四八〜）

などに引き継がれた。

（3）黒川は二〇〇七年四月に東京都知事選挙、同年七月に参議院選挙に立候補し、どちらも落選している。黒川のこうしたエピソードも建築家界に限定されない彼の志向性を物語るものである。

（4）建築家（一九二八〜）。一九五二年東京大学工学部建築学科を卒業、一九五三年クランブルック美術学校、一九五四年ハーバード大学建築学部修士課程修了。槇の母方の祖父は竹中工務店の中興の祖ともいうべき竹中藤右衛門である（鈴木 1999: 128）。

（5）もっとも伊東自身は、建築家は消費社会と切っても切れない関係性にあり、それに順応しつつ、どのような建築家が可能かということを問い続けることが重要であると説いている（伊東 2000）。

（6）もっとも、コンクリート打ち放しというスタイルは東孝光（一九三三〜二〇一五）の『塔の家』（一九六七）や鈴木恂（一九三四〜）の設計する一連の住宅などによって使用されており安藤忠雄によって開拓されたスタイルではない。安藤はむしろ東や鈴木が開拓した荒々しいコンクリートの打ち放しのスタイルを、表面を磨き上げ洗練させることにより自らのスタイルとしていた、と考えたほうが良さそうである。安藤事務所では、鈴木恂の作品集だけがボロボロになるまで読み込まれ、書き込みがされていたという（安藤事務所出身の建築家と親交の深い久山敦氏談）。

（7）建築家（一九四一〜）。大阪府出身。独学で建築を学び、一九七九年日本建築学会学会賞を受賞。その後も順調にキャリアを重ね、プリツカー賞、王立英国建築家協会ＲＩＢＡゴールドメダル、文化功労者、文化勲章等を受賞。東京大学特別栄誉教授。建築素材として、木材やブロック、煉瓦といった素材も用いるが、初期の作品からほぼ一貫して、コンクリート打ち放しによる空間構成を自らのスタイルとして採用しており、日本のみならず海外でも極めて高い評価を受けている。

（8）安藤忠雄の世代が自分語りを積極的に展開したのに対して、一世代前の建築家はそれほど自分語りをしていない。例えば、建築史家の藤森照信は丹下健三に聞き取りをした際、「君は過ぎたことばかり聞きたがるが、昔話は半分にして、今の関心を半分しゃべりたい」と言われたことを述懐している（丹下・藤森 2002: 8）。丹下が自分自身の来歴を自ら書き綴った本は、一九八三年九月から『日本経済新聞』に連載された「私の履歴書」をまとめた『丹下健三：一本の鉛筆から』のみである。

（9）デザインを重視した設計を得意とする建築家の設計事務所。建築家の磯崎新が使い始めた言葉であるといわれている。有名建築家の事務所は高給が支払われることもあるが、一般的なアトリエ事務所の経営は厳しく、そこで働く所員の給料も安く抑えられている。アトリエ事務所における労働実態については、第Ⅱ部においてインフォーマントの建築家の語りとして記述している。

(10) 五十嵐太郎は一九六〇年代以降生まれの建築家の自伝やインタビュー記事を分析し、そこにかつての建築家のように自分を奮いたたせるような武勇伝としての語りや、一方的に自分の強い個性を押し付けるようなスタイルの語りが後景に退いていることを指摘し、その理由を女性も含まれるユニットスタイルの建築家が増えていることをあげている（五十嵐 2010: 173–175)。

(11) ファッションについて、一九八〇年代〜九〇年代は襟のないスタンドカラーのシャツが好まれる傾向があった。

第 II 部

「建築家のエートス」と職業としての建築家

第3章

「建築家のエートス」を涵養する場としての大学
――標準化されない技術の習得を通したエートスの獲得過程

1 本章の目的

序章において、建築家を説明する最終審級としての「建築家のエートス」の存在を措定するという本書の基本的パースペクティブについて記述した。「建築家憲章」においては複数の制度的命令といえるものの存在を確認することができるが、第2章で確認した黒川紀章が提示した「建築家らしさ」のように他にも明文化されていない「建築家のエートス」は少なくない。本章は、そうした明文化されていない「建築家のエートス」を涵養する数少ない場としての大学教育に着目し、その実態について検討していきたい。

大学教育に着目する理由は、日本で建築家として知られている、ほとんどの者が大学で建築教育を受けており、大学はそうした明文化されていない「建築家のエートス」を身につけていく機会の一つであると考えるからである。このように建築家と大学との結びつきはかなり緊密であると考えられる。それでは、建築家と建築学科はどのように結びついているのだろうか。これについて以下の二つの論点から検討してみたい。

一点目は実務を遂行するための資格である建築士資格は、その習得のために必ずしも大学卒以上の高等教育の学歴を必須としてないという議論である。建築士資格の取得は医師における六年間の医学部での学修や、弁護士における司法修習のような義務的な教育過程を必要としておらず、実務経験のみで受験可能である。学歴は実務経験の年限が短縮されるための要件ではあるが必須ではない。

二点目は、建築設計という実務に耐えうる技術を習得するという面に限ってみれば、工業高校や専門学校が合理的かつ機能的に優れているという議論である。建築家の上田篤は「実務だけを教わるのであれば、専門学校のほうがはるかに充実していると思う」（上田編 1997: 192）と述べるように設計のための技術を集中して身につけたいなら工業高校や専門学校の方が合理的で効率的であることを認める意見が多いことである。

大手組織設計事務所に所属する建築家の山梨知彦は、建築系の学部における非常勤講師経験から「学生の図面作成のスキルを見て、嘆かわしく思うことがしばしばある。大学の三年生にもなれば、図面を描く最低限のリテラシーはすでに会得していてほしい」（山梨 2011）と述べ、大学では実務に必要な最低限の技術すら教えられていないと苦言を呈する。また建築家の香山壽夫[1]は「専門教育で学ぶことの手ごたえは、さらにその先で社会に出て実際に仕事をすることの手ごたえにつながっていかなければならない。残念ながら、今日の日本ではこれがはっきりと見えてこない、見えない、というよりむしろ切れているといってもよいかもしれない」（香山 1999: 120）と述べ、学業の世界と実務の世界が「切れている」ことを概嘆している。

これらの言説は、大学教育は建築設計技術の習得という点においては必ずしも合理的・効率的な教育機関ではないことの認識が広く建築界に共有されていることを意味している。

以上みてきたような議論は、建築家と大学教育の結びつきが必ずしも、その職能との間に必然性を伴うものではないということを示唆するものである。それでは、なぜ建築家を希望する学生は大学を目指すのだろうか。

その一つの答えは「就職に有利だから」というものだろう。たしかに、日本を代表するような設計会社、ゼネコン、有名建築家のアトリエ設計事務所などは、ほぼ大卒者にしかその門戸を開いていない。つまり、建築家界は大卒者を求めているのである。それでは、そのような企業や事務所はなぜ即戦力に成り得る工業高校や専門学校の学生を採用せず、実務能力に劣りがちの大学卒の人材を採用するのだろうか。この問いには以下のような仮説が成り立つ。すなわち建築家界が、学生が学校で身につける「技術」に期待をしていない一方で、「技術」以外のもの、工業高校や専門学校では学べないものを大卒者が身につけていると考えており、それが建築家界に何らかの「利益」をもたらすという信憑が共有されているのではないか、というものである。では、大卒者が技術以外に身につけているとされている要素は何か。本書ではそれこそがエートスではないのかと考える。ここでいう「建築家のエートス」は、建築家界で行われる卓越化のゲームへの信憑と言い換えることもできる。それではどのようにしてそれを学生が体得するのか。そしてそれが建築家という職能にどのように貢献すると考えられているのだろうか。

本章ではそれらの問いに答えることで、建築家が内面化しているエートスについて、その内面化のプロセスの一端と、大学内における「隠れたカリキュラム」の内実について明らかにし、それが建築家という職能の再生産を担う機能を有していることを明らかにするものである。

2　基礎教育を通した支配的ハビトゥスの形成

2-1　支配的ハビトゥスの役割

大学教育において「隠れたカリキュラム」が存在し、それが建築家の再生産に貢献しているのではないという仮説を検討していくに当たって、まずは学生の側の学修態度についてみていきたい。

まず、確認しておきたいのは、学問分野における建築の位置づけである。建築は日本においては基本的に、自然科学系の分野に位置付けられている。構造力学や材料工学、環境工学等の授業は極めて合理的で明快な授業が成立しやすい。しかし、建築は芸術やデザイン、文化的な側面も持つ。つまり一方で客観性と合理性を基盤とした標準化された知の体系に支えられつつ、他方で非合理的で標準化され得ないものによって構成される知に支えられているのである。

後述するように大学における建築設計教育は「標準化されない技術」によってしか達成できないであろう課題を学生に要求することがある。例えば建築系の学科で教鞭を取っていたある建築家は、自らの教育経験を振り返って以下のように述懐している。「僕の彼等のつくった作品に対する評価は単純明快。それが『新しさと美しさ』を持ちうるかどうかという点である。見慣れたものではなく、新しい建築的都市的イメージを喚起するものが作品の中にあるかどうか、とりわけ『空間の質』を最大の関心事としてきた」（上田編 1997: 194）と述べている。はたしてここで述べられている「新しさや美しさ」「空間の質」といったものは、具体的にはどのようにすれば表現することができるのだろうか。それを教員の適当な思いつきではなく明確で客観的な根拠を持った発言であることを学生に示すことは決して容易ではないだろう。

それゆえに、建物を評価する際に使われる「美しさ」、「質感」といった語彙を「恣意的な押しつけ」と見なされないような教育的な仕組みや、働きかけが必要になってくるのである。

その一つ目は学生の学修態度の涵養である。教員によってなされる「意味の押しつけ」に対して、その潜在レベルのメッセージに敏感かつ、ポジティブに反応する構えがあらかじめ受信者の側につくられていれば、押しつけは「押しつけ」として意識されず、スムーズに受け入れられる。そうした構えはしばしばハビトゥス的なものとして形成されていて、コミュニケーションの効果を前もって保証することになる（宮島 1994 :121）。

宮島喬は「言語行動であれ、知覚であれ、推論であれ、あるいは身体技法であれ、一社会のなかで正当性をもって相当範囲に受け入れられている型があるとき、これにポジティブに反応していく傾向、感性、態度などとして成員の側に形成されていくもの」（宮島 1994: 272）を「支配的ハビトゥス」として定義している。より具体的には教員の問いかけの意味を、教員の意図に沿うように受け止めたり、教員が望むような答え方で答えたりする「すべ」を身につけている学生の態度である。次節において「支配的ハビトゥス」が学生に内面化される過程を検討してみたい。

2-2　支配的ハビトゥスの形成

大学前半期には基礎教育と称した諸教育が行われる。それらは表向きには、建築を知り建築設計に必要なリテラシー、つまり様々な感覚や知覚を身につけるための基礎トレーニング期間である。その時期は同時に「支配的ハビトゥス」を集中的に体得するという「隠れたカリキュラム」が履行される期間でもある。以下、筆者自身が経験した建築設計教育を参照しながら、記述分析を行っていきたい。

筆者は一九九九年四月から二〇〇四年三月まで芸術系大学の建築学科（通信教育課程）に在籍した。学習スタイルはテキスト科目と通学科目（スクーリング科目）に分かれており、テキスト科目は指定された教科書を読み込み、それをもとにしたレポートを提出し、及第点を獲得する事によって単位が認定される。一方の通学科目は、CAD(2)による設計の基礎的な課題などがある。とりわけ初年度はコンピュータを使った作品制作が多く課された。

初級のクラスでは、正方形の図形を直線や曲線で分割し、色を塗り分けていくという課題をこなした。単純な作業ではあるが、可能性としては無数に引くことのできる直線の中から、任意の一本の線を選択することは非常に神経を使う作業である。どこに線を引けば最も美しく見えるのか。抽象絵画で追及されたコンポジションを学んでいく授業である。美というものは主観的であるが、デザインの良し悪しには客観的な法則が存在している。完全なシンメトリーを追及するのであれば、わざわざこのような課題は出ないだろう。シンメトリーを崩しながら、破綻のないデザインをすることが求められる。

その翌日は3Dモデリング(3)の授業であった。CADの優れている点は画面の中で立体のイメージを確認できるところである。しかし、まだ複雑な図面を描けるレベルではないので、直方体や立方体、あるいは球体など抽象的な形態を作るところから始まった。

この課題が課せられていたスクーリングは一二月だった。講師はクリスマスにちなんだ3Ｄ作品を作るように指示した。その際、それがどのようにクリスマスと関連があるのかをきちんと説明できるようにすることという条件が与えられた。

照明が落とされた部屋で学生の作品をプロジェクターで投影しながらの講評会が始まった。講評を加える講師は関西方面では名の知られた若手建築家であった。講師はクリスマスということでクリスマスツリーを作成した女性にさっそく質問した。以下は、講師と生徒のやり取りである。

学生：今日はクリスマスなのでツリーをモチーフにしたかたちをつくりました。
講師：クリスマスだからってツリーなの？　それってものすごく短絡的だと思いますが。まあ、それはともかく、どうしてツリーを作ろうと思ったのか聞かせてください。
学生：京都駅に飾ってあったクリスマスツリーが綺麗だなと思って、それを形にしました。
講師：あなたがきれいだと思ったら作品にしても良いのですか。
学生：私がきれいだと思ったモチーフを作品にして何が悪いのですか。
講師：いやいや、あなたは施主から依頼を受けて、私がきれいだと思うからといって勝手にデザインを決めるの？　施主はあなたに大きな金額を任せているんですよ。

この後は、お互いの主張をまくし立てる言葉の応酬になり、学生の女性が泣き出して場が騒然とした。講師の言い分は、芸術家ではなく建築家になるためのトレーニングをしているのであれば、作品を作った動機をきちんと語れなければならないというものだった。作製した形態の良し悪しも問われるが、何よりも動機を語ることが問われるのだ。そこで金科玉条のごとく言われるのが、建築家はクライアントがあって初めて成り立つ仕事であるというものだ。それゆえにクライアントにきちんと説明できるように、つねに考えながら物を作っていく姿勢を全ての授業の中で叩き込まれた。どんな小さな課題でも、「恣意的」な形は許されないので、徹底的に理由を考えさせられた。

一年次にはその他にも、支給された分厚いスケッチブックに最低一〇〇枚のスケッチを描くことを求められた。鉛筆による素描ではなく、水彩やペンによる彩色も求められるため、一枚のスケッチを仕上げるのに小一時間を要する。また絵になりそうな風景や建築物を求めて移動するため、丸一日かけて数枚のスケッチを完成させるのがやっとである。半年をかけて一〇〇枚のスケッチを完成させ単位を取得することができたが、その後もスケッチブックは常に携帯し、気になった景色や建築物をスケッチすることを強く勧められた。スケッチの模範として示されたのはル・コルビュジエ[4]のスケッチである。コルビュジェは一九〇七年から数回に及ぶ「グランドツアー」を実施しており、その際に描きつけたスケッチやメモは出版社から刊行されている。教員はそれを学生に示しながら、スケッチと旅の重要性を繰り返し問いていた。

二年次からは石膏モデルや人体のデッサンの授業や、京都や奈良の伝統的なまちなみや寺社仏閣を中心とした著名な建築物の見学、さらには有名建築家が手がけた建築作品を体感するフィールドワークなどの科目の履修が義務づけられていた。フィールドワークには建築家でもある専任教員やゲストの建築家が随行した。彼らは学生たちを引率して歩きながら、目的とする建物に到着すれば、その建物の様式や建築学的な価値について解説する役割を負っている。そこで繰り広げられる解説は建物の構造や材料などといった工学的な語彙と、屋根のラインの「美しさ」や「空間の質感」といった感覚的で抽象的な語彙による説明の双方を行き来しながら行われる。伝統的な寺社仏閣の美しさは比較的容易に感得できるが、シンプルな箱型のモダニズム建築などは、その「美しさ」が「分かる」ためにはある種のリテラシーの涵養が不可欠である。そのためにはまず、建築史的な背景を学ぶ必要がある。それによって、その建築が持つ意匠の歴史的な位置付けも理解可能になる。しかし、それだけではフィールドワークの現場で引率の教員や建築家が使い回す「美しさ」「質感」「雰囲気」といった語彙の水準における建築物の理解には至らない。なぜなら学生にはまだ「審美眼」が備わっていないからだ。ある建築の持つ「美しさ」や「質感」が「分かる」ためには「審美眼」が必要であり、それを涵養するためには「目を養う」ことが重要であると教えられる。そのためには良いとされる建築を繰り返し訪れ、体感することしかないという。それは一朝一夕には獲得できず、自らが自分の足を使って訪れた建物をスケッチし、それらが刻みつけられたスケッチブックを積み上げていくしかないことを教えられるのである。(5)

そうした「審美眼」を養うため、最初の一、二年はひたすら街へ出てスケッチをし、京都や奈良の寺社仏閣を見て周る日々が続いた。二年次になると、これらに加えて図面作成の課題が課せられる。筆者は安藤忠雄(6)『住吉の長屋』の図面と吉村順三(7)『軽井沢の山荘』の図面のトレースを課せられた。前者はCADによる模写であったが、後者は紙と鉛筆による手描きを求められた。『軽井沢の山荘』は一階部分が鉄筋コンクリート造、二階部分が木造というやや複雑な構造であり、さらに二階部分は引き戸を全開にして周囲の景色を楽しめるように設計されている。その図面は引き戸部分の収まりを中心に非常に複雑である。しかもトレース用に配布された教材は吉村の手描き図面を掲載した書籍であり、寸法が尺間法で表記されていたため、そのトレースには相当な時間を費やした。このように入学後の一、二年は、ひたすら手を動かし、見よう見まねで図面を描く日々が続いた。

三年次からは本格的な設計課題が始まる。課題は住宅からはじまり後半には「美術館」や「学校」などの大きな施設に至る。初回の課題は週末住宅であった。敷地は山間部の別荘地であり、そこに「週末住宅」を計画するというものであった(8)。つまり別荘の計画である。団地で育った自分に「別荘」が設計できるのかはなはだ疑問ではあった。とにかく「別荘」というものに対するリアリティがなさすぎるのである。

筆者は別荘に対する具体的なイメージの像を結べないまま、自分が過ごしたい家を設計すればいいと割り切った。しかし、別荘以前に、これまで住宅の設計などしたことがない。そもそも住宅の基本的な寸法が頭に入っていないのである。一般的な廊下の幅がどれくらいで、玄関の面積がどの程度の広さなのかといった基本的な寸法から、適切なテーブルや椅子の高さなど、家具の寸法すら頭に入ってなかった。なにより、生まれ育った県営住宅の3DKの間取りしか知らない私には、週末住宅の適切な基準が皆目見当がつかなかった。周辺の受講生の間取りを見よう見まねで、なんとか当たりをつけ、簡単な図面を描き上げることができた。それをもとに、スチレンボード(9)で一／一〇〇の模型を作製した。

三日目の午後からは講評会の時間である。最終提出物は図面と模型であり、特に模型が重視されていた。課題の設計の初期の段階からスタディ模型と呼ばれる簡単な模型をつくることを求められる。スタディ（デッサンや模型を使った試行錯誤）を繰り返した数や作られた模型の作り込み具合とその精度、さらには模型の大きさなども評価の対象となり、どれだけ自分の時間をその作品の作成につぎ込んでいるかでおおよその評価が付けられていた。コンセプトを重視し小奇麗に作った作品よりも、多少大雑把でも時間と労力をつぎ込んだ作品が高い評価を受ける傾向があった。そのため課題提出の締め切り前日は多くの者が徹夜をして作品を仕上げていた。模型に労力を注ぎ込むという傾向は模型を巨大化させていく。学生の中には畳一畳分ほどの大きさの模型をつくりあげる者もいた。一般的な模型の材料であるスチレンボードだけではなく、木材や鉄板、土などを使用した模型をつくりあげる者もいた。

こうして、建築設計を学ぶ学生は小器用にまとまった建築を設計するよりも、手を動かすことで試行錯誤を繰り返し、ダイナミックな模型を作ることが高い評価を受けるための方法であると理解していく。教員に評価されたということが、標準化されない技術を習得した唯一の「証」であるため、与えられる課題に常に全力を注ぎ込むのである。そのプロセスを通じて教員への敬意や建築への献身的な態度を内面化していくのである。伊東豊雄が学生に対して「もともとデザインのテクニックなんてそんなにある訳ないのだから、彼らを支えるのはひたむきな情熱と若さ故の爆発的なエネルギーしかないはずなのである」（伊東 2000: 159）と述べているように、目の前の課題に投入する「ひたむきな情熱」というエネルギーが何よりも重要視されるのである。このような没入的な姿勢こそが「支配的ハビトゥス」の体得を促していくのである。

3　講評会という教育装置

3-1　徒弟的教授法から講評会へ

上記のようにして体得しつつある「支配的ハビトゥス」は、自分自身の作品を仕上げ、それが評価の対象となっていく大学後半期の課程において、しだいに重要な意味を持ち始めるのである。なぜなら、大学教育の後半の学年は、作品の制作とそのプレゼンテーションが中心になり、そこでは前半期以上に「標準化されない技術」に基づいた作品の裁定が行われるため、それが恣意的なものとして学生に受け取られると指導が成り立たないからだ。

そこで、大学教育の前半期において学生の側に「支配的ハビトゥス」が体得されていることを前提としつつ、教員の指導がより効果的に作用するような指導スタイルが取られる。その一つの実践が講評会というシステムである。早稲田大学で長年教鞭をとってきた建築家の石山修武は「沢山の学生に設計を教えたいと思う時、その最大のチャンスは講評にある。学生の作品を、その中途で、あるいは結果を、それぞれ皆の前で発表させ、それに対して批評を行う。公開で行う。これが今のところ、取り得る最良の方法だろうと思われる」（石山 1998: 32）と述べ、建築教育における講評会の有用性を評価しているように、建築にかぎらず芸術系の科目全般の指導においても、広く普及している指導方法が講評会というスタイルである。

しかし、このような方式は建築教育においては昔から行われてきたわけではない。例えば建築家で東京大学教授でもあった香山壽夫は一九五〇年代後半、自分が学生時代に受けた指導について以下のように述懐している。「私が学生の頃、こうした講評会はなかった。作品は製図室の壁に展示され、先生がその前を一巡りして終わりというものだった。一言コメントがあればよいほうで、（中略）岸田日出刀先生の場合などは、研究室におそるおそる持参してそのまま退散して終わりだった」（香山 1999: 115）と述べている。また、一九八〇年代に指導を受けたというある建築家は、「徹夜を重ねて苦労して書いた図面を教授に持って行くと、教授は無言で一通り図面を見たあと、赤ペンで図面いっぱいにバツ印を書かれてそれで指導は終わりだった」と語っていた。

香山の語りと筆者の聞き取った事例をみてもわかるように、当時の大学には教授と学生の間には権力的に大きな隔たりがあり、教授の持つ教育的権力は絶大であった。教授はその力を背景に、上意下達で一方通行で学生に教え込むことが可能であった。このような状況はP・ブルデューが「AP（教育的働きかけ）が、象徴的暴力としてそれ固有の、すなわち固有に教育的な効果を生じることができるのは、押しつけと教えこみの社会的条件が与えられている場合に限られる。この社会的条件とは、コミュニケーションというものの形式的な定義では考えられないような力の関係のことである」（Bourdieu and Passeron 1970=1991: 20）と述べるものに近い。

少なくともこのような「教場の中の教師は論証も例証も容易ではないような知をばあいによっては理屈抜きで生徒に教え込み、これを受け入れさせる」といった教育が一九八〇年代までは広く行われていたと宮島は述べている（宮島 1994: 301）。つまり、大学教員に絶大な権威があった時代（少なくとも一九八〇年代頃まで）においては「教員が語る以上、これは正しい」「疑ってはならない」という暗黙の意味の伝達であり強要でもある「教える様式の恣意性」についてはそれが暴露されることはなかったと考えられる。いいかえれば、当時の大学や大学教員が有する権威は「押しつけと教え込みの社会的条件」が機能するのに十分な条件であった。こうした隠れた次元のメッセージの効果は、送り手―受け手の地位関係に大いに依存しているという意味で、関係的なものである（宮島 1994）。そして、生徒の側に体得されている「支配的ハビトゥス」が、この受け入れの装置として働いており、だからこそ教員―学生間の二者関係においても文化的恣意を教えこむのに十分であったと考えられる。

しかし、一九九〇年代以降は、様々な理由で大学教員の権威が相対的に低下し[11]、それに伴い文化的恣意を教員―

学生の二者関係だけでは、十分に伝達できなくなった。教員による指導が「恣意的な押しつけ」として学生に受け取られないようにするため、そして教員が教えこむ文化的恣意の恣意性それ自体を隠蔽するための伝達装置、つまり象徴的暴力を作用させ、媒介する装置が必要になってくるのである。象徴的暴力とは力による支配の関係を背後に持ちながら、それを覆い隠しつつ、あるメッセージの意味を人々に受け入れさせる行為である。ただ、この力関係が可視化されず、生徒の目に隠されれば隠されるほど、固有の意味で象徴的な効力は増し、受容効果は大きくなる。また、教えられる文化的意味には厳密に客観的に根拠づけられないものも少なくないが、それを真理だと受け入れさせるところにこの象徴的暴力の作用があり、いわば意味確定の作用といえる（大澤他 2012: 660）。そこで登場するのが、「講評会という教育装置」である。それでは、具体的な事例を参照しながら講評会においてどのような指導がなされているのかを検討してみたい。

3－2　講評会という教育装置

以下の事例はある美術系大学における卒業制作発表会において、ある学生の発表を受けた審査担当教員のコメントである。学生は一人当たり三〇分の時間が与えられる。模型とパネル、スライドを用いながら自らの作品の概要を簡潔に説明する。その後、ゲスト審査員を含む五人の教員による作品の批評が順番に行われる。学生は教員のコメントに対する解答を求められる。批評を与える教員は全員が自ら建築設計事務所を経営する現役の建築設計専門職である。まず、ゲスト審査員として招かれていた五〇代後半の女性建築家が口火を切った。

教員A：図面というのはコミュニケーションの手段です。図面というものは、もう一つの言語、つまり言葉ではなくて、平面図や断面図やパースや配置図を使ってのコミュニケーションなんだなと私は思っていて、そういう意味ではすごく意味が伝わってきました。図面は言う事ありません。素晴らしかったです。

教員Aの発言を受けて、三〇代の若手教員のB氏が以下のように続ける。

教員B：年々図面がかけなくなっている。模型が作れなくなっているという印象です。（中略）それと図面が全体的に記号になってしまっている。部屋なのに記号になってしまっている、家具なのに記号になってしまっているのが気になりました。

上記の二人の教員による批評は主に学生が作成した図面に向けられているのであるが、注目すべきは二人の審査担当教員が、学生が作成した図面に対して全く異なる見解を示しているという点である。その理由について検討するためには、設計という職務における図面に関する考察を加えておく必要がある。設計という職務において図面とは、建物を造るために必要な情報が書き込まれた重要な書類である。

したがって、当該建物の施工に携わる技術者の全てがそれを誤解することなく、精確に読み解けるものでなければならない。それゆえに、日本工業規格に則ったうえで、客観的で標準化される手続きに従って作成する必要がある。設計者が作成した図面を読み込みながら、大工をはじめとした複数の職人が分業体制でそれぞれの仕事を遂行する。その仕事の集積の結果一軒の住宅が建つのである。したがって、図面は精確さと客観性が何よりも求められるはずである。そこに「表現」や「個性」を発揮させる余地はない。

教員Aはその意味において学生たちの図面は条件を満たしていると評価している。しかし教員Bは、学生たちの図面を記号的であるとして批判する。教員Bは、そのような客観的なスキルへと還元できない「記号」以上の価値を持った図面を作成することを学生に要求しているのである。しかし、その場では「記号以上の価値」を有する図面を作成する客観的なノウハウは示されることは無かった。つまり、図面としての最低限の規格を満たしたうえで、さらに自己を表現するようなエッセンスを付け加えていく事が求められるのであるが、それが具体的に何であるかについては、その講評会の場では何ら明示される事はなかったのである。

3－3　講評会という場の持つ意味

前節の事例にみられた教員による矛盾した「評価」に対して、学生からの反論がほとんどみられなかったのは、学生が四年間の大学教育を通じて支配的ハビトゥスを形成しており、その意味においては、教員側から発せされる文化的恣意を主体的に受信する構えが学生側に形成されている結果であるといえよう。講評会という教育装置は、学生の側の支配的ハビトゥスへの感受性を高めさせ、また教員側の権威を高めることを通して、文化的恣意を含んだメッセージを受容させやすい場を空間的に構成している。

それでは、ここで改めて講評会の場のセッティングをみてみよう。筆者が観察を行った講評会の会場は一〇〇名程度の定員を持つ大教室であった。前方正面に巨大なスクリーンが設置され、学生はそこにプレゼンテーション資料を投影しながら自身の作品を解説する。スクリーンの前には模型が設置されている。それらの見据える正面には審査員席が設置されている。

講評会の特徴の一つは、外部からゲスト審査員を招いていることである。その人選は建築界で影響力のある建築家や勢いのある若手が選ばれる。ゲスト審査員の建築家が中央付近に着席し、その左右に教員が、さらにその隣には助教や非常勤講師等が着席する。筆者自身が経験した二〇〇〇年代前半はゲスト講師として迎えられていた建築家が五名程度おり、審査員として十数名の教員や建築家が席を連ねていた。彼らに注視されながらプレゼンテーションを行うことは緊張を伴うものであった。発表者一人につき、複数の教員やゲスト審査員のコメントが与えられるのであるが、当時は往々にして辛辣なものであった。

3-4 教え込みの失敗

ここまでみてきたように、講評会とは「文化的恣意」を伝達する場であり、ここでいう象徴的暴力とは、力による支配の関係を背後に持ちながら、それを覆い隠しつつ、あるメッセージの意味を人々に受け入れさせる行為のことであった。そして、力による支配が隠蔽されることによって、象徴的な効果は増し受容効果は大きくなる。しかしながら、それは必ずしも成功するとは限らない。以下に紹介する事例はそれが破綻した事例である。例えば、設計事務所を経営し現在は複数の大学で非常勤講師を勤めるM氏は関西地方の複数の大学（いずれも工学部建築学科）において学生時代に受けた指導について以下のように語っている。

講評会では、教員は自分の考え方を押し付ける。好き嫌いで判断される。「これかっこいいね」とか。いったら先生の好みってわかるじゃないですか。作品をみたら。どんな感じが好きか、ある程度作品を見ていたら分かるんで、それに似たような模型さえかっこ良く造っていれば、めっちゃ褒められるんですよ。でも、それやっていたらなんのためにやってるんやろなと思って。講評会で言われるのは「かっこいい」とか「この空間は良い」とかだけ。そんなこと言われても。何がいいのか分からない。結局一体何を吸収したらいいのかわからないまま卒業しました。

また、次の語りはすでに美術系大学を数年前に卒業し、今は設計事務所で働いている建築家の男性N氏に聞き取りをしたものである。当時を振り返りながら以下のように語っている。

前の授業で、（ある教員に）ここにこだわって次の授業でそれを発表してねと言われて、（言われたとおりに修正して）持って行ったのに、（次の授業を担当するまた別の教員に）持っていけばそんなところにこだわるなと言われるとそれの繰り返しだったんですよ。（中略）良い評価を取りたかったら、博打じゃないけど、イチかバチかで思い切ったことをしたほうがいい。それが先生の好みだったら評価される。先生の好みの作品が賞を取るんで。あの先生、きっとこれ好きなんやなあと思っていたら賞を取っている。評価される学生は、(教員の) 力の入れようが違う。その子の作品しか見ない。それがあからさまだった。

これら二つの事例は、文化的恣意の「恣意性」が暴露してしまった例である。このように基礎教育から講評会へという教育の仕組みは「支配的ハビトゥス」が体得されていないと、うまく機能しない場合があるのも事実である。これらの語りから見られるように、「空間の質」「美しさ」「新しさ」などを建築として表現する技術は「標準化されない技術」であるため、具体的な方法は示されない。しかし、授業や講評会ではそれを身につけている (とみなされている) 教員によって、あたかも明確な評価基準があるかのごとく作品の良し悪しを判定される。つまり教員＝建築家そのものが課題の良し悪しを判定する絶対的な規範であり、「標準化されない技術」の体現者なのである。

ある大学の建築学科のオープンキャンパスを見学に行った際、学科の説明をしてくれた教員は「全員がいわゆる、建築家になることはないですが、建築に関する幅広い知識と技能を併せ持つ存在として、建築家という理想像は常に想定しています」と述べていた。この「全員が建築家になるわけではないが、建築家を理想とする教育」は多くの大学で行われている。それでは、なぜ建築家が理想とされるのだろうか。そのことにかんして建築家の内藤廣は「建築界の駆動力は、スターアーキテクトの存在です。学生や若い建築家はスターアーキテクトを目指して技量を磨いていきます。これが建築家達の大きな力になっています。スターアーキテクトは話題を提供し、建築デザインの流れを作っていきます」(内藤 2009: 163–164) と述べている。

つまり建築家界において卓越した建築家の輩出は建築家界の永続と発展に不可欠であり、そのために大学教育は未来のスターアーキテクトを産出するための装置、つまりスターシステムとしての役割も担っているのである。

4　建築家のエートスと大学教育

以上みてきたように、大学を卒業した者の多くは、大学教育の中で「支配的ハビトゥス」を形成し、建築家を理想とし、進んで建築設計にのめり込んでいく。そして教員によって教え込まれる文化的恣意を正統なものとして受容する。その内実は、設計の専門家としての知識と技術を効率的、合理的に教えこむものではなかった。それではR・コリンズも述べるように「学習にとって非常に非効率な場所」（Collins 1979=1984: 24）であることが明らかになった大学教育という場の持つ意味、つまりそこが専門技術の習得の場というよりはむしろエートスの涵養のための場であるという実態は何を意味するのだろうか。

ここで改めて大学で身につけたものを考えてみたい。もちろん、最低限の設計技術や図面や模型の作成方法、建築的な専門知識は身につけている。それらに加えて彼らが大学で身につけたものは、教員による文化的恣意を受容する「支配的ハビトゥス」であった。そこで教え込まれる文化的恣意は建築文化を背景に持っている。すなわち、教員の文化的恣意を受容する態度は、すなわち建築文化の生産と受容に貢献する態度に繋がっていくのである。

コリンズは「教育が文化的選抜手段に用いられてきた」（Collins 1979=1984: 45）と述べ、教育の潜在的機能について言及している。専門職の就職においては雇用主の文化と教育の文化との適合性こそが、もっとも重要なことであり、学士号、修士号などの教育資格はそのための「ふるい分け」の手段として用いられていることを示唆している。例えば、ある企業が好んで経営学部の学生を採用しようとする背景には、「経営学部の教育が業務に対する必要な訓練の証拠としてよりも、この学生なら、すでに企業の心的態度に身を委ねている証拠とみられている」（Collins 1979=1984: 47）ことがあるとし、「経営学の学士証は、一種の忠誠テストともみなされているようである」（Collins 1979=1984: 48）と結論付けている。すでに確認したように大学教育の内実は、「標準化された技術」としての専門的スキルやリテラシーを涵養するために最適化されているわけではなかった。その代わりに「支配的ハビトゥス」の形成と文化的恣意の受容を通した建築文化に対する畏敬の念の涵養とその生産者、受容者となるべく「文化的統制」が行われる場として機能している。その理由はコリンズや教育の再生産論を展開する論者たちが指摘するように、大学教育が、建築業界が欲する人材を適切に選別するための「文化的選抜手段」として機能していることを示唆するものであろう。

コリンズが「学校を基盤として発現する地位集団の文化と、雇用を行う地位集団との適合度が最大のとき、教育は最も重要なはたらきをする。他方、学校の文化と雇用主の文化との隔たりが最大の時には、教育は重要性を失うことになる」(Collins 1979=1984: 49) と述べているように、雇用主＝建築家の実務者の価値観と教育現場で広く共有されている価値観が合致している必要がある。その点において建築設計教育、とりわけ建築意匠・計画系の分野の教員は常勤・非常勤ともに、教員が実務家を兼ねている場合はほとんどである。よって「学校を基盤として発現する地位集団の文化と、雇用を行う地位集団との適合度」(Collins 1979=1984: 49) が極めて高い。建築家にとって教育は最も重要な働きをするのである。雇用を行う地位集団が理想とするエートスを学生が身につけているか否かは、学生がどれだけ建築への献身を厭わないかによって計量される。すなわちそれは図面や模型の書き込み・造り込みの絶対量や、模型の精度や大きさとして現れるのである。

しかし、現在は建築学科を卒業した者でも、建築家はおろか、建築関係の企業にすら就職しない者も珍しくない。とはいえ、建築家にならず、別の道を選択したとしても、彼らは「建築家のエートス」を価値のあるものとして内面化しているため、建築への献身的な態度や建築文化への理解あるいは建築家への憧憬の念を抱き続ける。つまり「建築界のサポーター」として建築界の存続と発展、そして裾野を広げることに資する役割を負うのである。彼らは建築雑誌や建築関連書籍の熱心な読者になり、また建築関連の各種講演会や展覧会などにも足繁く通う。このような人々もまた建築家界にとっては極めて重要な存在である。

芸術作品の価値の生産者は芸術家なのではなく、信仰の圏域としての生産である。それが芸術家の創造的な力への信仰を生産することで、フェティッシュとしての芸術作品の価値を生産するのだ。芸術作品が価値を付与された象徴的対象として存在するには、それが認知され承認されること、つまりそれを芸術作品として認知し承認するのに必要なだけの美的性向と美的能力をそなえた観衆によって、社会的に芸術作品として制度化されることが前提となる。(Bourdieu 1992=1995–96: 85)

ブルデューの言うように、作品の価値の生産、作品の価値への「信仰の生産」こそが、作品の物質的生産と同等以上に重要であるのだ。つまり、一棟のビルや一軒の住宅が「建築作品」として認知されるためにはそれを設計できる卓越した一人の建築家を生み出すだけは充分ではない。それに価値を認め、建築家をアーティストとして見なす人々の存在は欠かせないのである。

5　まとめ

ここまでみてきたように、大学における建築教育は建築界に適合的な「建築家のエートス」を涵養させるという文化的社会化という潜在的機能を有していることが明らかになった。そのために、前半期を中心として文化的恣意の受容を主体的に行わせる支配的ハビトゥスの生成を学生の側に促進させるという「隠れたカリキュラム」を有しているのである。

一方、後半期では講評会という教育装置を用いながら「標準化されない技術」を多分に含んだ文化的恣意としての指導を「価値のあるもの」「意味のあるもの」として捉え、主体的に学び取る学生を作り上げていく。そうして、彼らは「建築文化への価値意識」という「建築家のエートス」を支える重要な要素を体得する。つまり大学は実務に資する能力を身につける場というよりは、「建築家のエートス」を身につけるための文化的社会化が行われる場として、より有効に機能していることが明らかになった。「建築家のエートス」は個人によって内面化され、個人の労働を内発的に駆動させる力を持つものだけではなく、建築家という専門職、それ自体の安定的な永続に資する力を持っている。しかし、その一方で「建築家のエートス」の持つ硬直性や普遍性が足かせとなって、時代や社会の変化に対して、建築家が取るべき柔軟な対応を妨げる要因にもなっているのではないかと考えられるのである。

第4〜6章では、こうした「建築家のエートス」、つまり、建築家界で繰り広げられる卓越化のゲームへの信憑が建築界のメインストリームだけではなく、地理的・階層的に見て周辺部分に位置する建築家（周辺の建築家）にどの程度受け継がれているのか、そして、この建築家のエートスがどのように彼らの職業実践や職業アイデンティティに作用しているのか。第4章からは、三九名の建築家から得られた実証的なデータを使い、それぞれの建築家の観察可能な実践（プラクティス）について検討を行う。そして、個々の建築家のハビトゥスや資本と、建築家界での卓越化のゲームへの参加の実態を検討することで、「周辺」の建築家の実態を明らかにすることを試みていく。

注

（1）建築家（一九三七〜）。東京大学名誉教授。留学先のペンシルヴェニア大学で建築家のルイス・カーンに師事している。

（2）computer aided design の略。コンピュータを使った設計システム。現在ほとんどの建築設計事務所に導入されている。

（3）当時はベクターワークスというCADソフトを使用して、画面内で立体を構成し、それに着色したり模様をつけたりする授業が行われていた。

（4）二〇世紀を代表する建築家（一八八六〜一九六五）。代表作に『サヴォア邸』『ユニテ・ダビタシオン』『ロンシャンの教会』、日本における作品として『国立西洋美術館』がある。

（5）とはいえ、「審美眼」とは客観的に計測できない技術である。それゆえに言われたことを誠実に履行したとしても、「審美眼」がどの程度身についているかどうかは自分では分からない。手がかりは教員によって与えられるコメントや評価しかない。
(6) 建築家（一九四一～）。詳細は第2章を参照。
(7) 建築家（一九〇八～一九九七）。アントニン・レーモンドに師事。代表作に『国際文化会館』『愛知県立芸術大学』等。
(8) この時は週末住宅であったが、大学教育において住宅はとても重要視されていた。それについて隈研吾は「『住宅は建築設計の原点である』という決めセリフは、学生を即席に『建築家』に仕立て、その幸か不幸かわからない途に深入りさせるために、彼ら自身を『建築家』だと錯覚させるために有効な決めセリフである」と述べている（隈 2006b）。
(9) 板状の薄い発泡スチロールの上下を強度のある紙で挟んだもの。建築模型の材料に一般的に使用される。
(10) 建築家（一八九九～一九六六）。鳥取県出身。東京大学教授。門下には丹下健三、前川國男らがいる。
(11) もちろん、大学教員の地位の低下と専門職の地位の低下はシンクロする現象であると考えられる。大学教員もまた専門職として、後期近代における専門職の地位低下と同様の現象が影響している。しかしながら、大学教員の場合は、大学という場の持つ力が大きいため、他の専門職よりは地位低下の影響は少ないと考えられる。

第4章　建築家になる

1　本章の目的

1-1　あらためて建築家とは誰か？

序章において、建築家の一義的な定義の難しさについて述べた。その理由は、建築家そのものに医師免許や弁護士資格のような最終審級が存在していないからである。しかし、そうした客観的で制度的な最終審級を欠いた状態にもかかわらず、建築家という職能は明治時代以降、日本社会の中に特定の位置を占めてきた。しかも建築家は統一的で規範的な建築家という職能イメージを確立し、長い年月にわたってそれが再生産され続けているのである。こうした事実から帰納的に推論できることは、客観的で制度的な最終審級に替わるものの存在である。本書ではそうした最終審級に替わるものとして、「建築家のエートス」を措定している。「建築家のエートス」とは建築家はこうあるべきといった倫理的な規範意識と、建築家界における卓越化のゲームへの信憑を含んだ幅の広い概念である。

建築家を生業とする者は、それぞれが「建築家のエートス」を内面化しており、その「建築家のエートス」が、建築家の行動規範となっているため、どのような状況にある建築家も似たような職業倫理や建築観を有し、仕事に取り組んでいると考えられるのである。序章で述べたようにエートスとは下記のような性質を持っている。

「エートス」に従った現在、そして、未来の実践は、過去の実践が何ら変わることなく反復、再生産されたものであり、本質的に、新しい実践や新しい状況はない、あるいは、そもそも個々の実践や状況が考慮されることがない。不変の規則、すなわち、構造しかないのだ。（西 2015）

つまり、エートスとは建築家の置かれた個別的・具体的な状況や時代を反映しない。それは固定的であり、永続的な性質を持つものである。メインストリームの建築家であっても、周辺の建築家であっても別け隔てなく貫いていく不変・不動の参照点なのである。

第3章では、そうした「建築家のエートス」を集中的に涵養させる場としての大学教育の役割に注目し、教育現場への参与観察や学生への聞き取り調査を通してその実態を明らかにした。大学における建築教育には「建築に関する知識と技術の習得」という顕在的カリキュラムだけでなく、「建築家のエートスの涵養」という潜在的カリキュラムが組み込まれており、大学教育は実務的な知識・技術をこえて、学生たちのなかに特定のハビトゥスを涵養することで、建築界の権威を再生産する機能を担うと結論づけた。もちろん、「建築家のエートス」を身につけても、それだけでは建築家にはなれない。例えばサッカーのルールを覚え、いくら練習を積んでも、ピッチに立ちプレイしなければサッカー選手にはなれないのと同じである。仕事を確保し、それを継続していかなければならないのである。しかも、設計にまつわる仕事であれば何でもよいわけではない。詳細については、本章と次章で具体的な事例を参照しながら検討するが、重要なのは建築家として評価の対象となる（賭け金となる）仕事を請けることである。

こうした、建築家と仕事について考えるために、ここで再び建築家と建築家界についての説明を行いたい。序章ですでに検討したように、「界」とは全体社会としての「社会空間」が分節化してできた「部分社会」であり、相対的に自立した空間である。それぞれの「界」には、独自に価値を持つ「資本」があり、特有のルールが存在している。建築家界であれば、東京大学をはじめとした大学を卒業した学歴、大手設計事務所やゼネコン設計部や設計会社、有名建築家のアトリエで働いたという職歴、そして卒業設計の賞からコンペまで、様々な賞の受賞歴等が「資本」になる。ブルデューは、界をゲームのメタファーで語るが、ブルデューの定義に習えば建築家は、ゲームのプレイヤーとして、賭け金を持ってゲームに参加する者であるといえる。ゲームのプレイヤーたる建築家の賭け金とは、建築作品である。建築家は建築作品を賭け金として勝負に挑む。勝てば（評価されれば）建築家界における位置が上昇し、賭け金のレートも上がる。負ければ（評価されなければ）建築家界における位置が下降し賭け金のレートも下がる。建築家とは、こうした卓越化のゲームを、人生を賭けて繰り広げている人々のことである。しかし、賭け金となる建築作品を年間に何件も手掛けられる建築家はそれほど多くはない。とりわけ、地方に住んでいる建築家の多くは、賭け金となる建築作品を常に手掛けられる状況にはない。一年に一度〜数年に一度といった頻度で賭け金となる建築作品を設計しているのが現状である。ここに、建築家でありながら、ゲームに参加できない状況にある者をどのように捉えるのか、という問題が生じる。建築家界の中心に位置する、有名建築家ではなく、「周辺」の建築家を対象とする本書においては、ゲームに参加できない建築家も、建築家として分析の俎上に上げる必要がある。そのため、建築家界をゲームそのものというメタファーではなく、ゲームが開催されている場、つまり「ゲーム会場」というメタファーで考える必要がある。

1-2　本章の対象・調査方法・分析視角

すでに説明したように、本章を含む第Ⅱ部では、建築家のなかでも「周辺」の建築家を対象としている。あらためて、ここで使用している「周辺」という用語について説明しておく[1]。それは東京から見た地理的な「周辺」という意味と、建築家界における「周辺」という意味である。第1、2章で取り上げたような有名建築家は、建築家界の中心部に位置づけられている。彼らは学歴・職歴・受賞歴といった豊富な資本を持ち、国際コンペをはじめとし

表４－１　第４～６章におけるインタビュー調査対象者の属性

整理番号	記号	年代	性別	資格
A1	A	50代	男性	一級建築士
A2	B	30代	男性	一級建築士
A5	C	40代	女性	一級建築士
A9	D	30代	男性	二級建築士
A3	E	30代	男性	一級建築士
A6	F	40代	男性	一級建築士

た、賭け金のレートが高いゲームを行っている。一方で、「周辺」の建築家は、賭け金となる「建築家としての仕事」を得ることが困難であり、クライアントから建築家としての承認を調達し辛い。承認の調達不足は、建築家としての自認を揺さぶっていくのであるが、彼らはそうした状況にどのように対応しようとしているのか。そうした個々の建築家の実践について、彼らのハビトゥス・資本と建築家界との関連の中で記述分析を行っていく。

本章でとりあげるのは、西日本のX県と京阪神地域で設計事務所を経営する六名の建築家（表４－１のA～F）である。なお、記載されている所属はインタビュー当時のものである。

インタビュー調査は、一人あたり一時間半から二時間実施した。本書においては、聞き取り調査において得られた全ての語りを詳細に吟味し、記述・分析にあたって最も典型的な語りを採用している。インタビューは、ライフヒストリーについて語ってもらう半構造化インタビューを採用した。インタビュー内容は全てICレコーダーに録音し、録音された音声データをもとにして逐語記録を作成している。

2　建築家の自認と建築設計者のカテゴリー

序章でも確認したように、建築設計を生業とする者が全て建築家と自認しているわけではない。建築家は建築設計を職業とする建築設計者たちの中に相対的に位置づけられる。その実態は流動的であり、誰が建築家で誰が建築家でないのか、建築家は何人いるのかといった問いに正確に答えることはできない。その理由は、ここまで述べてきたように建築家を説明する資格や法制度などの最終審級が客観的に存在しないからであり、一定の条件を満たせば「なれる」職業ではないからである。筆者が聞き取りをした事例では、実作の設計監理の経験が皆無に近い状況でも建築家であると自認している者が複数存在した一方で、十分な実績があっても建築家を自称することをためらう者もいた。こうした事例は建築家であることと、仕事の実績の有無が、当人が建築家であると自認するための資源として、決して必須の条件ではないことを示唆するものである。すでに確認したように、建築家とは、建築家界における卓越化のゲームに賭け金を持って参加する者である。しかし、まだ賭け金となる作品を作れていない者もいるし、処女作に続く作品を作れずにいる者もいるだろう。筆者の聞き取り調査においては、そうした者も建築家と名乗っていた。そこで、本書では、建築家界を「ゲームが行われている会場」というメタファーで捉えることで、賭け金となる建築作品を持たない者も建築家として分析の俎上に上げることにした。彼らは、賭け金はなくても、建築家界のゲームのルールは熟知しており、イリュージオを有している。つまり、建築家界という「ゲーム会場」への入場を許された者なのである。そのため、彼らは自らを建築家界に入場する資格がある者としてアピールしておく必要がある。そこで、最初に、彼らに必要となるのは建築家であることの自認である。つまり、(名乗る/名乗らないはともかく)建築家になるためには、まず建築家として自認することが重要なのである。X県で建築家として活動するA氏は次のように語っている。

たとえば、ホテルに行って職業の欄に建築家と書けるかどうか。設計士と書くか、自営業と書くか。そこで建築家と書けることが大事。もちろん自称ですよ。自分が建築家として意識している限り建築家なんです。自分が建築家という意識がないと、後ろめたい仕事というか、下請けとか確認下したりする仕事が中心になってしまう。

A氏は職業倫理的にも建築家であると自認することは重要であるという。[2] この語りで重要なのは、建築家を自認し、建築家であることを自覚しておかないと「下請け仕事」という「後ろめたい仕事」に手を出してしまう、とA氏が指摘している点である。コンスタントに設計の依頼が来るようになるまで、下請け仕事をこなしながら糊口をしのぐ、という戦略は悪手だとA氏は語る。それればかりか、下請け仕事は「後ろめたい仕事」であると主張するのである。下請け仕事で糊口をしのぐという戦略がなぜ悪手なのか、下請け仕事はなぜ「後ろめたい仕事」なのだろうか。これを、専門職としての建築家が内面化している倫理的な規範、すなわちエートスの発露として理解することは可能だろう。しかし、そうした一面的な解釈では、多様な建築家の職業世界のリアリティを見落としてしまう。こうした陥穽に陥ることを回避するために、冒頭に引き続いて、再び「界」の話を持ち出したい。すでに述べたように、建築家界は一つの巨大な界であるが、建築設計を生業とする者は建築家だけではない。住宅会社や工務店等にも設計者はいる。第6章で詳しく述べるが、彼らは自己表現よりも、コストや納期、性能を重視した設計活動を行っている。彼らは、職業と自己表現を切り分けて考えている建築家界とは異なる機序を持つ界の住人である。下請け仕事をしていると、建築家界とは違う「界」の者と認識される可能性があると、A氏は指摘しているのである。このことについて具体的に理解するために、下記のA氏の語りを参照したい。

> 設計士、建築士、建築家の三通りくらいの呼び方が一般的だけど、何度か、「おい、設計屋」って言われたこともあった。一般の人は設計士が多いね。建築士という呼び方をする人は意外と少ない。あの建築家が…という呼び方をされることはほとんどない

A氏が語るように、建築設計を業として行う者は建築家、建築士、設計士、設計屋の四通りの呼び方（カテゴリー）がある。

図4-1は建築設計者のカテゴリーを二次元的に布置したものである。

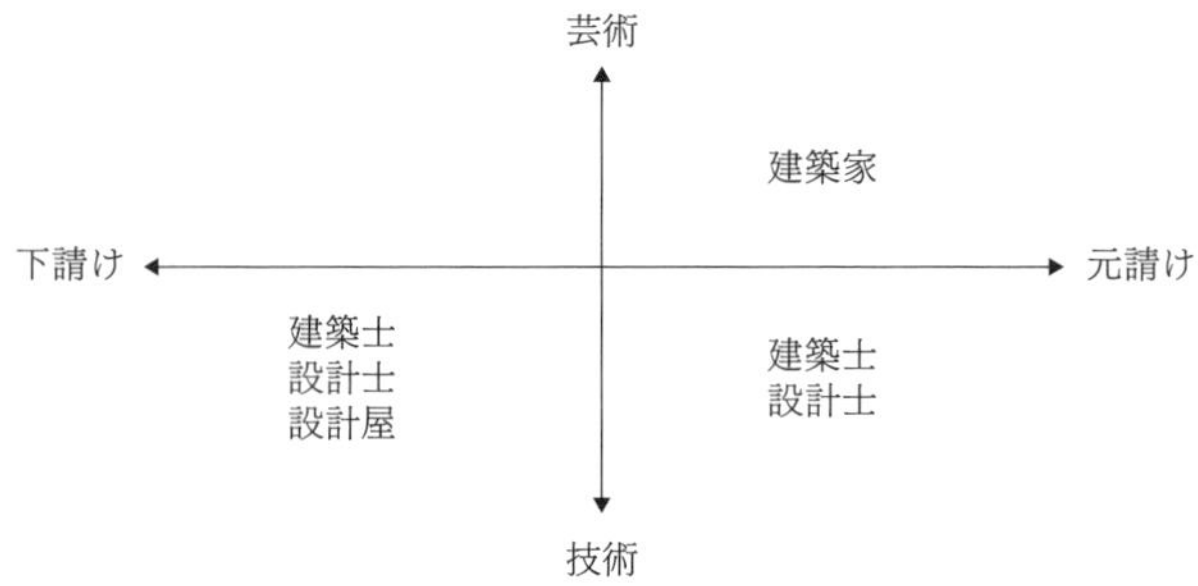

図4－1　建築設計者のカテゴリー

この座標系を構成する軸の要素として、（元請け／下請け）、（芸術家／技術者）、という区分を用いた。建築家は右上の第一象限に位置している。元請であり、芸術家志向である。建築家と他のカテゴリーを区別するための大きな要素の一つは、元請か下請けかという弁別である。経済的な成功は建築家というカテゴリーを考えるとき、それほど重要な要素ではない。むしろ、クライアントから直接仕事を依頼されること、つまり元請けであるという事が重要である。つまり、どれだけ利益を上げていても、工務店や建設会社の下請けでは建築家とは見なされないのである。

縦軸方向は（芸術家／技術者）という指標である。建築家の多くが自ら手掛けた建築を「作品」と呼びならわすことからも、多くの建築家は芸術家を志向しているといえよう。芸術家＝建築家は「作品」を生みだす者として「個別化」「顕名化」を志向するのに対して、技術は一般化、体系化されるゆえに個別化の論理と結びつきにくく、表面化されることが少ない。それゆえ、その技術を担う技術者は相対的に無名性を帯びやすいという特徴がある（南後 2008）。

また、建築家以外の建築士、設計士、設計屋というカテゴリーの弁別は曖昧である。建築士は国家資格名であるが、設計士は俗称である。さらに設計屋という呼び名は、一般にはほとんど使われることはない。それらが指す者はどれも建築設計を専門とする職業であるが、芸術家とは見なされておらず、技術者と見なされていると考えていい。彼らの多くは、工務店や建設会社の下請けとして、実施図面や確認申請用の図面作成を生業にしている。

それゆえに、下請けカテゴリーに入る者が多いが、彼らも顧客から直接依頼を受けることもある。それゆえ、元請け、下請け双方の象限に位置するのである。建築家を自認するものは、こうした建築家とそれ以外の設計者との境界線を明確に意識している。B氏は以下のように語っている。

建築士と建築家は違うだろうと思う。建築士がデザイン的な事をするのは違うのではないかと思うんですよね。建築士の人がクライアントの目を盗んで、自分の好きなデザインを入れたって言ってるのを聞いたことがあって、それは違うと思ったことがあるんですよね。それはまるっきり違うでしょうと。自分のデザインをするなら、正々堂々と建築家と名乗って、デザインをするべきであって。建築士があんまりオリジナルなデザインを出すというのは難しいと思うんですよね。建築士は技術者としてそちらでプロ意識を持って、そちらの技術を高めてもらって家造りをしてくれたらいい。

彼がここで述べている「建築士」とは、一級建築士の有資格者一般を指しているのではない。建築家のマインドを持たずに、ハウスメーカーや工務店・建設会社等で技術者として雇用されている者、つまり図でいえば左下に位置する者たちを指している。B氏の主張は、住宅の設計において、自分のデザインを賭け金としてゲームに参加するのは建築家界の建築家がすべきことであり、それ以外の下位界に属する建築士が賭け金にならない自己表現をクライアントの資金を使ってやるべきではない、というものである。このように、建築家を自認する者は建築士や設計士と称される者との間に明確な境界線を引いているのである。

3　建築士の業務

建築家の職業世界に分け入る前に、本節において建築家（建築士）の一般的な業務内容について概観しておきたい。

業務内容を大まかに定義すると、①設計、②確認申請、③工事監理となる。①の設計に関しては、施主の要望を聞き、予算との兼ね合いを考慮しながら、図面を作成していく「基本設計」と、施工を行う業者に向けて、詳細な図面（実施図面）を作成していく「実施設計」とに分けられるのであるが、基本設計の前に、地盤の強度を調べる地盤調査や面積の測量などを行う必要がある。それを終えてから基本設計に入る。ここでは、スケッチやコンピュータ・グラフィックスを用いたパースや模型などを適宜活用しながら、施主との打ち合わせを繰り返していく。つねに予算と法規による制約の中で、施主の要望をどれだけ満足させることができるかが問われる。

おおよその方向性が決まれば実施設計と呼ばれる詳細な図面の作成に着手する。構造設計や設備設計は外注に回すことが多いので、外注先である構造設計事務所や設備設計事務所との打ち合わせを繰り返しながら、実施図面の作成がすすめられていく。そこで作成される図面（設計図書）には以下のようなものがある。①計画説明書、②仕様概要書、③仕上概要表、④面積表及び求積図、⑤敷地案内図、⑥配置図、⑦平面図（各階）、⑧断面図、⑨立面図、⑩工事費概算書である（国土交通省告示第十五号別添一を参照）。

実施図面が完成すれば②の確認申請を行う。建築主は建物を建設しようとする場合、「確認の申請書を提出して建築主事の確認を受け、確認済証の交付を受けなければならない」（建築基準法第六条）という規定がある。この申請を建築主に代わって行う業務も建築士の重要な仕事である。申請先は都道府県の建築主事か民間の指定確認審査機関である。

それと前後して、その前に施工業者を決定するための見積もり依頼を施工会社数社に出し、見積もり書の提出を依頼する。そして、通常は最低金額を提示した施工業者と工事契約を結ぶ。施工業者が決定すれば建設工事に入る。工事が始まれば適宜現場に足を運んで設計図書通りに施工が行われているかをチェックする。そして行政による中間検査と完了検査に立ち会う。それらの検査に合格し、建物が竣工すると引き渡しとなる。引き渡しが終わった後も、アフターケアなどを要望があれば適宜行う。以上みてきたような流れで建築士の業務は行われていく。しかし、業務がスムーズに流れていくことは稀であり、様々な問題が顕在化する。時にそれはクライアントとの関係であり、また行政との関係である。

このように、建築家の仕事は設計だけでなく建築がつくられていく工程のほぼ全てに関わっていくのである。

4 建築家へのファーストステップ

さきほど、建築家になるには、まず建築家を自認することが重要であると述べた。建築家を自認することで、まだ賭け金となる作品を用意できていないが、自分は、建築家界への入場資格を持つ者であるということの表明になる。もっとも、自認するだけでは仕事の依頼は来ないし、実務能力も経験も身につかない。そのため、建築家を自認し建築家を志す者は建築家が経営する設計事務所に入って修行を積み、一通り実務を覚えてから一級建築士（もしくは二級建築士）の資格を取って独立するというルートが典型的なパターンとなっている[3]。有名大学卒の建築家志望者の場合、在学中から有名建築家の設計事務所でアルバイトをしながら、技術を身につけつつ、業界とのコネクションを作っていく者も多い。しかし、OBを通じてコネクションが受け継がれていない非有名大学出身者の場合であれば、修行する設計事務所探しに苦労することも少なくない。また、地方であれば、そもそも修行したい設計事務所が見つかりにくい、ということもある。

筆者が聞き取りを行った事例では、学生時代に授業等で知り合った建築家の設計事務所の門を叩いたり、先輩の伝手を頼ったりするというパターンが多かった。

県外の大学を卒業後、地元X県の建築事務所に入ろうとしたA氏の場合、地元X県にはコネがなかったため、修行先を建築雑誌に作品が掲載されているかどうかで選別したという。そのなかでも特に実力のありそうな建築家が主催している事務所にターゲットを絞り入所したい旨を連絡した。しかし断られ続け、一五回目にようやく入所を許されたという。

このように地方では、ファーストステップを踏むための修行先を見つけことも困難であるし、入所できたとしても、その労働条件は非常に厳しいものがある。その労働条件の厳しさも含めて、建築家C氏の建築事務所における修行時代を振り返る語りを検討してみたい。

4-1 地方の中堅建築家のアトリエ事務所における修行時代

C氏は四〇代の女性建築家である。建築家のキャリアとしては中堅といってよいだろう。大手建設会社を退職した彼女は建築家になるために、アトリエ事務所と呼ばれる意匠系の建築設計事務所に正社員として入社した。その事務所を主催する建築家は、ある有名な建築家の弟子であったという。

仕事は毎日夜の一二時くらいまで。その頃、雑誌にもちょっと出てたりして忙しくなっていたので、めちゃめちゃ過酷な職場状況というか、労働条件でした。その頃、ちょうど結婚したばかりで。もともと結婚しても仕事は続けるつもりだったんで、五時に家に帰って、さあご飯の用意をしましょう、なんて気はなかったんですが、それでも普通には帰りたいなあと思っていました。でも毎日上司が先に帰らないから、私も帰れないんですよ。

特に作品思考が強いアトリエ派の設計事務所では、依頼される仕事が、その建築家の作品として雑誌に掲載されるなどするため、可能な限りの時間と労力を投入して少しでも作品のクオリティを上げようと努力をするのである。また、仕事を終えて家に早く帰れない理由はそれだけでない。彼女が勤めた事務所は、仕事をわかりやすく教える仕組みが確立されていなかったため、新人の彼女が要領の悪い仕事の仕方をしていても、彼女を叱るだけで、解決策を効率よく教えようとはしないのである。

建設会社では、実施図面なんか描いたことなくて、それが設計事務所に行くと、いきなり展開図を描いてくださいとか言われてね。でも描けないからいつまでたっても仕事が終わらない。だから帰れなくて。教えてくれないんですよ、いろんなことを。見て覚えろ、みたいな。なんか職人みたいな感じで。でも見てもわからないんですよ、いろんなことが。それで図面に嘘ばっかり描くじゃないですが、そうするとすごい怒られて。

これは経営合理性という観点からみても極めて効率の悪い教育方法であることは自明である。なぜなら、人数の少ないアトリエ事務所でC氏の「成長」が遅くなると、それだけ事務所全体の不利益となるはずだからである。それでも、そうした経営合理性を度外視した理不尽なやり方がこの事務所では実践されていたのである。その結果、彼女は毎日深夜まで働いていた。それでも給料は安かったという。

残業代もついていたんだけど、安い給料ですよね。一応株式会社だったので保険とかはかけてくれていたけど、手取りで、たぶん一四万円くらいだった。

長時間労働で低賃金、この状況だけを切り取れば、まさにやりがい搾取の典型例のような事例である。こうした修行中の見習いワーカーの徒弟制度を髣髴させるような劣悪な労働環境で働かせるのは、建築の世界だけではなく、写真、ファッション、各種デザイン、美容師など、クリエイティブ業界と呼ばれる職種において、しばしば看取することができる。著しく労働環境・雇用条件が悪くても、そこに就労希望者が次々とやってくるのは、「手に職」を付けるという意味での実務経験を獲得するという目的に加えて、雇い主である写真家や美容師が、その世界で技術と権威の両方を持っており、影響力のある彼から技術を学びスキルアップすることが、業界で生きていく重要な足がかりとなるからである。こうした状況は、実力も経験も乏しい非熟練労働者を一人前の熟練労働者へ育ててやっているという徒弟制度的な労働観がまかり通っているため、被雇用者は不当な労働条件であってもそれを受け入れている場合が多い(4)。

しかし、彼女にかろうじて救いがあったのは、この辛い状況も、一級建築士を取って独立するまでの期間限定の修行期間であると割り切ることができていた点である。

4-2 都市部の若手建築家のアトリエ事務所勤務における修行経験

C氏はベテランの建築家が経営する事務所に勤めていたが、次に検討するD氏は、若手の建築家のアトリエ事務所で修行した経験を持つ。彼は高校を卒業後、地元の専門学校へ進み二級建築士の資格を取得した。その後六年間にわたって地元の工務店で勤務していた。そこでの勤務は現場監督業務から設計図面の作成など多岐に及んだ。大工ではなく建築家になりたいと思っていた彼は、思い切って工務店での仕事を辞め、ある通信制の美術大学の建築デザインコースに通い始めた。そこを卒業後、大学院に進み修士課程、博士課程(単位取得退学)まで修了している。D氏は手先が器用で、模型や図面、CGの正確さと美しさは周囲からも一目置かれていた。本人も自らの技術の卓越性は自覚しており、設計課題では、それを生かした高度な造形技術を必要とする建築物を提案し教員から高く評価されていた。

卒業後彼は大学院へと進んだが、そこの教員でもあった建築家X氏に声を掛けられ、事務所で仕事を手伝うことになった。聞き取りをした当時、彼の事務所はロンドンオリンピックの会場に設営される売店の国際コンペ(5)にエントリーしており、延々と続く図面や模型、コンピュータ・グラフィックスの作成に時間を取られていた。聞き取りをした当時は、模型に使うための五㎜角のキューブをバルサ材の木片から切り出し、数千個のピースを手作業で作るという作業を行っていた。連日連夜その仕事を繰り返した彼の目は赤く充血していた。指が腱鞘炎になり、指先の感覚が鈍くなるという症状に悩まされていた。また長時間同じ姿勢で座り続けることによって、腰や肩、そして目の慢性的な痛みに悩まされていた。

　これだけのハードワークをこなすD氏であったが、当時の彼の月給は約一〇万円というものであった。芸術志向が強いアトリエ事務所に入ると、給料は手取りで五万円程度から一〇万円台前半程度などいうことは珍しくない。

　加えて、アトリエ事務所の仕事はハードである。図面の作成はもちろん、模型の作成、顧客との打ち合わせ、現場監理、役所回りなど多岐に及ぶ。彼はこのような仕事ぶりを指して「割に合わない」という。固定給であり、残業代も出ないので仕事をすればするほど時間当たりの単価は低くなる。一カ月の労働時間が二九〇時間に及ぶ月もあったという。その月の労働を時給に換算すると三四〇円ほどであった。

　このように多くのアトリエ事務所は、仕事がない時は言うまでもなく、仕事があるときもコンペにエントリーし、実務と同時並行で応募作品を作成するという事も常態化している。コンペへの応募作品の作成は、特に実施コンペの場合は、当選すれば実際にその建物が建設されることになるので、相応の精度が要求される。ゆえに、実務とさほど変わらない労働量を投入することになる。しかし、コンペに落選すれば投入した労働量は無駄になってしまう。とはいえ、コンペは、勝てば賭け金となる建築作品をつくるための大きな足掛かりとなる。ゆえにアトリエ事務所の場合は積極的にそれにチャレンジするのである。規模の大きな実施コンペであれば世間の注目も集まり、そこで勝てば名声が飛躍的に高まることが予想されるのである。[6]コンペに精力的に取り組むのは名を成した有名建築家も同様である。例えば安藤忠雄はその多くの仕事をコンペによって獲得しているが、それに取り組むことの苦労を以下のように語っている。


　何しろコンペはほとんど連戦連敗といっていいほどの惨憺たる状況なのである。常に競争状態という緊張にさらされるし、そのうえその苦労もなかなか報われない。（中略）特に敗退が続いたあとの新たな挑戦は応えるようだ。コンペへの招待が来るとスタッフは一様に、「またコンペを戦うのか」と諦めともつかない表情をする。

（安藤 2001: 22）

世界的にも知られる安藤の事務所でもコンペに当選する確率は決して高くはない。それでも、エントリーし続けなければグローバルな建築家の卓越化の争いから脱落してしまうのである。最難関の国立大学の建築学科・大学院を経てイギリスに留学経験もあるX氏のようなメインストリームに連なる若手の建築家にとっては、国際コンペにおける受賞が、自分の名を高めるための契機（建築家界における資本）となる可能性があるため、そうしたコンペには積極的にエントリーするのである。

とはいえ、駆け出しの若手が国際コンペにエントリーするのは大変な負担である。多大な労力をかけてコンペにエントリーしても、落選すれば費やしたコストは無駄になる。X氏の事務所もまだあまり利益が出ている状態ではない。X氏が大学で働いて得る収入と、実家からの借金によって生活費と事務所の運営費を賄っているという。D氏もその事情を知っているので、割に合わないと思いながらも、安い賃金での長時間労働に甘んじている。そのために、交際して三年になるパートナーとの結婚に踏み切れずにいる。高熱を出した際でも、治療費がないために病院に行くことを控えたこともあるという。

彼の労働と生活の実態は、保険もなくケガをしても病気になっても病院に行くことすら躊躇してしまうような厳しいものである。それにもかかわらず彼はここで経験を積み、一級建築士の資格を取得していつか独立して設計事務所を構えることを希望しているのである。しかし、彼の生活は多忙を極めまとまった勉強時間が取れない。しかも学費が高額な資格学校に行くこともままならないのが現状である。

このように、多くの建築家は設計事務所での勤務経験を経ている。しかし、こうした設計事務所での勤務経験を経ずに、別の方法で建築家になろうとする者もいるのである。

次に、設計事務所での勤務経験を経ずに建築家になったB氏の事例を検討してみたい。

4－3　設計事務所での修行を経ず建築家になる

続いて、B氏の事例を検討していく。B氏は、X県在住の三〇代の男性建築家である。X県内の高校を出た後、西日本の大学で建築を学び、卒業後X県に帰ってきた。彼は、建築家の事務所での勤務経験を経ずに建築家界への参入を試みたのであるが、どのような手段を通してそれを成し遂げようとしたのだろうか。

建築家になると言った時も、周りには無理だと言う人しかいないわけで。そういうのになる人っていうのは、東京に行って有名な先生の事務所に入って、何年か修業して、独立しないとダメって話を、ねえ。そんなんばっかり聞くんで。それに対する反発心もあって。

有名設計事務所で修業をするという「一般的な」プロセスに違和感を覚えていた彼は、反発心もあって違う方法で建築家になろうと模索していた。有名建築家の事例を研究しているうちに彼は以下のような法則を見出したのである。

建築家になろうと思って、あらためて有名な建築家をみていると、東大卒が多いなと。建築家になるには東大出ているか、それじゃないなら放浪しかないなと。東大には行けないから、放浪しようと思いました。まず、ヨーロッパには絶対行こうと思っていたんで。それも二〇代のうちに放浪しようと。それをするためにお金を貯めようと。

彼は東大卒の学歴の代わりに、旅の経験が建築家界における資本になるということに気が付き、それに賭けようとしたのである。そうして彼は二〇代のうちに海外、とくにヨーロッパに放浪の旅に出るための資金作りに精を出し始めるのである。彼が選んだのは建物の美装の仕事であった。

美装屋で働いていました。ショッピングセンターの床を機械で掃除したり、住宅の窓を拭いたり。体を動かしてダイエットにもいいかなと思ったりして。

彼が設定した目標金額は二五〇万円であった。彼がその金額を貯めるのに悪戦苦闘している様子を見かねた叔母が旅行資金を融通してくれたという。旅の期間を半年間と長めに設定しているとはいえ、割高な予算である。なぜこれだけの金額を必要としたのだろうか。それは彼が陸路にこだわったルートを設定していたからである。そのルートは以下のようなものだ。まず、X県から富山県に向かい、そこからフェリーに乗りロシアのウラジオストクに上陸する。ウラジオストクからはシベリア鉄道に乗り一週間かけてモスクワに入り、そこから陸路でフィンランドに到達するというものだ。彼は「飛行機のほうが安いんですけど、陸路にこだわりましたね。」と言う。航空機を使えばもっと効率よく旅ができそうなものであるが、なぜ彼は時間も費用もかかる陸路にこだわったのだろうか。その理由を以下のように語っている。

安藤忠雄と同じルートを通って、ヨーロッパに入ったんです。安藤忠雄と同じ経験をしてやろうと思って。そしたらなにか、そこにいろんなエッセンスがあると思って。とりあえず、同じ経験をしてみようと思って、そこから入っていきましたね。安藤忠雄の『旅』に思いっきり影響を受けましたね。

つまり、彼は憧れの建築家である安藤忠雄が若き日に実施した旅に影響を受け、安藤と同じことを実践しようとしたのである。安藤の旅の記録は『旅』というタイトルの書籍になっており、B氏もそれを愛読していたようだ。そこには、安藤がはじめてヨーロッパ旅行を実施した経緯が以下のように記されている。

一九六五年、一般人の海外旅行が解禁になったのを契機に、初めてヨーロッパへ渡った。二四歳の時だった。もちろん、ひとり旅である。私にとって初めての大旅行だったため、極度の緊張と不安が私を襲い、期待と入り混じり、複雑な心境であった。家族と水盃の儀式をして旅立った。横浜からナホトカ経由でシベリア鉄道に乗り、モスクワに入った。初めての共産圏、まったく日本とことなる社会体制に目を見張った。モスクワからフィンランドに入り、ここでアルヴァ・アアルトの建築に出会う。(安藤 1989: 12–13)

年齢といい、辿ったルートといい、B氏は安藤が行った旅をほぼそのままトレースしているのである。第I部でも述べたように、安藤は工業高校卒の学歴で、建築家界のメインストリームに躍り出た立志伝中の人物である。安藤のライフヒストリーについては安藤本人が繰り返し記述しているが、「旅」は「ボクサー」「独学」と並ぶ安藤忠雄という建築家を語る上での主要なキーワードの一つである。「独学」と「旅」で建築家としての強固な礎を築いていった安藤であるが、そうしたロールモデルは、安藤が私淑していたある建築家の影響によるものである。

独学で建築の世界に飛び込んでいこうとした私にとって、正規の建築教育を受けずに近代建築の世界を切り拓いていったル・コルビュジエは、単なる憧れを超えた存在だった(中略)建築家としてのスタートを切る前、二〇代の時に西洋建築の根源に触れる長い旅に出ており、著書のなかでいかにもその旅から多くのものを得たか述べています(中略)私にとっても『旅』こそが唯一最大の教師でした。(安藤 1999: 11)

安藤は旅の中に自分を置き、建築の実物を体感することで教科書では得られない大きな学びを得られたこと、そして人生への「気づき」を得たことについて自著で繰り返し言及している。それは、安藤が旅の経験を学歴に代わる「資本」として正当化しようとしている試みでもある。またさらに重要なのは、彼がロールモデルとして参照したのが、ル・コルビュジエという建築家界の巨匠と呼ばれる建築家であったことである。コルビュジエをロールモデルとしていることを繰り返し語ることで、正統性を担保しようとしている意図が透けてみえる。こうした安藤の語りからB氏は、独学や旅の経験が学歴に替わる「資本」になり得ること読み取っているのである。つまり、B氏が放浪の旅が東大卒の学歴に匹敵すると考えたのは、こうした安藤のメッセージとサクセスストーリーがあったからである。

5　建築家を名乗る

5-1　建築家と名乗れない心的なハードル

ここまで、建築家の初期キャリア形成時の実践を検討しながら、建築家としての「資本」をどのように調達するかという課題が建築家としての職業人生を歩んでいく中で重要な問題であることを確認した。しかし、メインストリームに連なる建築家とは異なり、学歴・職歴・受賞歴といった資本を持たない大多数の「周辺」の建築家たちにとって、それは簡単なことではなかった。建築家として承認されるためには、大学（大学院）を卒業（修了）した時点でどこの設計事務所で修行をするのか、また時期が来て独立する時、どのように仕事を取っていくのか等、建築家として独立するまでを見通した「戦略」を立てておくことが重要になる。ところが建築家を自認し、建築家としての承認が得られるような初期キャリアを形成してきた者であっても、建築家を「自称」することは簡単ではないのである。本章では建築家の自称をめぐって建築家C氏の実践を中心に検討することで、建築家と名乗れない心的なハードルの存在とその内実について明らかにしていきたい。C氏は建築家という職能名を自称することについて以下のように語っている。

私もなんか、言いにくいですものね。自分のこと建築家ですって。（仕事は）何をやっていますかと聞かれて、建築家ですって正面切って言いにくいです。建築家というと安藤（忠雄）さんを思い浮かべますが、安藤さんと一緒というとちょっとねえという感じになります。

Ｃ氏も建築家界への入場資格を持ち、賭け金となる建築作品を作り、卓越化のゲームを行っている建築家である。それでも建築家であると自称し難い理由として、安藤忠雄を引き合いに出している。つまり、建築家界の中心で高いレートの賭け金で勝負をする安藤と、建築家界の周辺で低いレートの賭け金で小さな勝負をする自分を対比して謙遜していると理解できるが、ここで少し別の見方をしてみたい。「安藤さんと一緒というとちょっとねえ」という語りが象徴する違和感は、「私は建築家です」と語ったときに浮上してくる、カテゴリーの代表性というものに帰因する。安藤は現代日本を代表する建築家の一人であり、その名を広く知られている人物である。ここでは、その安藤と同一カテゴリーに包摂されてしまうことの居心地の悪さが語られている。Ｈ・サックスは「あるカテゴリーに当てはまる人は誰でもそのカテゴリーの一人のメンバーとして見なされる。そして、そのカテゴリーについて知られていることはまた、彼らについて知られていることなのである」（Sacks 1979=1987）と述べ、カテゴリーが不可避的に表象してしまう代表性を指摘している。

つまり、彼女が「私は建築家の〇〇です」と名乗るとき、それは自己を表象するだけではなく、そこに含まれる、安藤のような有名建築家も表象することになる。それゆえに、「正面切って言いにくい」のである。また、こうした「自覚」意外に、他者からの厳しい視線も投げかけられる。構造設計を主とした活動を行うＥ氏は下記のように語っている。

> 僕は、なんというのですかね、個人的には建築家というものは自称するものではないと思います。僕の感覚では第三者が尊敬の意味を込めて呼ぶものであって、自分から名乗るものではないという気がする。たまに名刺に建築家と書いているひとをみると滑稽だなと思う。

建築家であると自認し、それを外部に向かって呈示していくことは、すなわち、建築家という職業的カテゴリーを自己執行していくことに他ならない。ところが、このＥ氏の発言のように建築家の自称、すなわち建築家というカテゴリーの自己執行を簡単に許さない傾向がある。その理由は、建築家というカテゴリーには歴史に名を残す巨匠建築や現役のトップクラスの建築家も含まれているためである。こうした自称のためらいや、自称建築家を貶める態度は建築家の正統性を守り、建築家の権威の再生産に意図せずとも加担していくことになるのである。

5-2　建築家を名乗りたい――「自己執行カテゴリー」としての建築家

ここまでみてきたように建築家カテゴリーを引用しながら、建築家として自己を呈示してくことは、先述したように、そのカテゴリーに含まれる有名建築家をも表象してしまうゆえに、それが当人にとっては心理的な負担になっているだけでなく、他者から厳しい視線が投げかけられる要因ともなる。とはいえ、建築家として仕事を取り生活していくためには、建築家として自己呈示を行っていく必要がある。彼女は、まず不自由なもの、窮屈なものとしてある建築家というカテゴリーを当てはめられることを拒否するように下記のように語っている。

建築家という呼称をすごいものとしてとらえないでいいのかもしれないですね。絵を描いている人は画家じゃん、建築を作っている人は建築家じゃん、それでいいような気がします。ちゃんと設計で生計を立てられているのなら建築家でいいのかなと。

彼女は「すごいものではない建築家」を「自己執行カテゴリー」として用いようとしている。サックス（Sacks 1979=1987）は「ホットロッダー」という論文の中で、派手にチューニングした改造車を駆って公道レースに興じる若者たちが、自分たちのことを「ホットロッダー」というカテゴリーで理解する一方で「ティーンエイジャー」というカテゴリーで理解されることに抵抗していることを描写している。なぜなら、「ティーンエイジャー」とは「大人」から若者に対して適用されるものであり、それが意味するものはマナーを守って自動車の運転に興じる若者という意味づけであるからだ。

ホットロッダーというカテゴリーは走らせるべき車の種類、改造方法に対する知識と経験に紐付けされたカテゴリーなのであり、誰がホットロッダーであるのかを決める権利は彼ら自身に優先的に与えられているのである。C氏も押し付けられたカテゴリーとしての「建築家」に包摂されることを拒否し、自らの仕事から調達した経験と知識から、「自分だけの建築家」を自己執行しようとしているのである。そのために彼女は、自分の設計した住宅とクライアントとの唯一無二エピソードを物語るのである。

以前、居酒屋をやっている人からの飲食店の設計の依頼がありました。その方の同級生には、医師や弁護士など偉い人がたくさんいて、彼らと自分を比べてしまって、その方はコンプレックスを持っていたそうです。でも、建物が完成した時に「この建物が僕のプライドになる」って言ってくれてね。それがすごくうれしかったです。そこまで言ってくれる人は少ないですが、何年たっても付き合いが続いている人は多いです。

クライアントの付き合いが長くなっていくと、建築家とクライアントという関係から、個人と個人という立場を超えた関係へと変質していく。建築家とクライアントは計画（場合によっては土地探し）から竣工まで一年から二年、あるいはそれ以上の長い付き合いとなる。こうしたことから住宅の建設はクライアントとの協働作業ともいえる。また、建築は他の芸術分野と異なり敷地条件に左右されるし、法律による規制も強く受ける。当然、気に入らないからといって建てなおすこともできない。クライアントと建築家、そして敷地の三つの条件が一つに交わるところに成立する、まさに一回性の芸術なのである。だからこそ、自分が手がけた建築だけでなく、依頼してくれたクライアントにも思い入れが深まっていくのである。

C氏は、自分の仕事の唯一性や一回性といったものに着目し、それを前景化させることで、「自分だけの建築家」を自己執行しようとし、建築家という押し付けられたカテゴリーに回収されることを拒否している。次のC氏の語りも同様の意図の下に発せられたものである。

（あるクライアントが）湯布院の豪華旅館に泊まったそうなんです。でも（その人がいうには）「私ね、そんな宿よりも（C氏が設計した）自分の家が一番いい。今でも本当にそう思うのよ。」ってそういうことを言ってくれてね。その人がそこにいることによって豊かな時間を過ごせているのかと思うと、お手伝いをできているのかなと思います。空間というのはその人の一部なんです。私自身も素敵な空間、いい空間、自分が好きな空間に行くとテンションが上がったり、気持ちが優しくなったりするんですよね。たぶんお客さんも同じじゃないかと思うんですよね。

彼女はこれらの発言によって、自分の仕事の価値、その唯一性と個別性を強調するのである。自分は建築家であると自認するということは、（押し付けられた）建築家というカテゴリーの引用である。しかし、カテゴリーの持つ代表性にゆえに、自らを建築家カテゴリーに自己同定していくことに消極的になってしまっていた。しかし、クライアントによる自分の仕事への賞賛やクライアントとの信頼関係を語ることで、「自分だけの建築家」を自己執行するための資源を調達しているのである。

5-3 非言語的なイメージの活用

「自分だけの建築家」を自己執行するC氏であるが、いわゆる「典型的な建築家像」を参照することは忘れていない。彼女は「どうしたら建築家らしくなれるのか、考えていました」と述べている。彼女はこのように考える理由は、駆け出しの頃に、東京で開催された建築家の集まるセミナーで、以下のようなことを言われたからだという。

一人の講師役の建築家の人が、「建築家として自分を確立するためには、自分を建築家らしく見せることが大事。一般の人は建築家をあこがれのイメージをもっているので、だからそういうふうに装いなさい」と言われたんですね。それが印象に残っています。

新築の住宅を建てようとする者で建築家のもとを訪れるクライアントは圧倒的に少数派であり、それゆえに、建築家を訪れるクライアントは、建築家に住宅の設計を依頼する事に対して強いこだわりを持っている。だからこそ、セミナーの講師役の建築家は、そうした限られたクライアントに向けて、「建築家らしく」振る舞うことの重要性を強調したのであろう。とはいえ、これまでみてきたように、C氏は建築家として自己提示を行っていきたい意志を持ちつつも、建築家として「正面切って」自己呈示しづらいというジレンマを抱えている。そうしたジレンマを解消していく戦略の一つが、「建築家らしさ」を体現する非言語的なイメージの活用である。それは例えば、個性的な服装やヘアスタイルであったり、瀟洒な自宅兼事務所、こだわりの自家用車などであったりする。

ここでC氏の自宅兼事務所を見てみよう。C氏の事務所はX県の県庁所在地の中心部にある。C氏の両親の自宅と自身の自宅を兼ねた三階建ての建物である。外壁は明るい銀色のガルバニウム鋼板で覆われ、建物正面の二階、三階部分は木製のルーバー(7)で覆われている。事務所スペースは一階部分である。ドイツ車が停められた駐車場の脇から明るい灰色のタイルで覆われた小道を通ってアプローチすると、そこには三階部分にまで達するケヤキの木が一本植えられている。二〇歩ほど歩けば事務所のエントランスに到達する。事務所内に入ると奥が作業スペース、手前が打ち合わせスペースとなっている。クライアントは手前の打ち合わせスペースに通される。そこには、無垢の白木の丸テーブルと、同じ素材で作られた椅子が設置されている。彼女の「どうぞ」という言葉に促され、椅子に座る。執務スペースにはこれまで手掛けてきた作品の模型や写真、コンピューター・グラフィックスで作成されたパース画が飾られている。天井付近に設置された高音質のスピーカーから、ごく控えめな音量で、ジャズピアノの旋律が聞こえてくる。駐車場に車を停めてから、座席に案内されるまでの間に、彼女の建築家としての資質や趣味がある程度読み取れる。この空間は、建築家としての彼女自身をプレゼンテーションする場でもあるのである。

彼女はこうした非言語的なイメージを活用することで、心的なハードルが高い「自称行為」を回避しながら建築家としての職業実践を展開しているのである。

6　まとめ

ここまで、建築家の初期キャリアの形成に関して建築家の実践をみてきた。本書における建築家の定義は、建築家界というゲームのルールを理解し、そこに賭け金を持って参加する強い意思を持つ者のことである。もっとも、「周辺」の建築家や、駆け出しの建築家の場合、メインストリームの建築家のように十分な「資本」も賭け金も持っていない者も多い。しかし、彼らも、今後建築家として生きていきたいと思うなら、建築家として、すなわち建築家界のプレイヤーとして、自己を提示しておく必要がある。

そのためには、スタート時点で設計士や建築士ではなく、建築家としてキャリアを始める必要がある。医師や弁護士のような専門職と異なり、資格や制度による決定的な裏付けを持たない建築家という職能は、自分は建築家であるという強い自己認識を持ち続けることが必要であり、建築家としてのアイデンティティ管理も重要である。しかし、建築家という職能名を自称するときは、慎重な対応が求められる。なぜなら、実力が伴わないうちに建築家を名乗れば、同業者からの冷ややかなまなざしに晒されることになるからである。それゆえ同業者からの「まなざし」と、自分自身の仕事に対する矜持との葛藤の中で、それをためらう姿が確認できた。建築家を自認し、それが職業実践の中で承認されることによって、建築家の職業アイデンティティは確かなものになっていくと仮定したが、本章で検討した建築家においては、十分な「資源」を有していても、「正面から」建築家を名乗る者は少なかった。このことは、彼らが職業実践から建築家としての承認を調達することが困難であることの証左でもある。

最も「建築家らしい」職業実践が可能になっているC氏であっても、語りの中で、正面から建築家を名乗ることを躊躇し、葛藤する姿を露わにしていた。迷いながらも彼女が出した一つの答えは、自分とクライアントの二者関係を強調することで、「自分だけの建築家」というカテゴリーを自己執行すること、そして非言語的な資源を活用しながら「一般的な建築家らしさ」を演出していくことであった。

建築家に「建築家らしさ」をめぐって反省的な態度を促していく作用は「建築家のエートス」に帰因するものであると考える。しかし、こうした「建築家のエートス」の作用は、経営合理性という観点に照らせば、不合理な側面も少なくない。次章では、設計事務所の経営と「建築家のエートス」との相克について具体的な事例を元に検討していきたい。

注

（1）中心＝メインストリームに連なる建築家が優れていて、周辺の建築家の仕事が劣っている、ということを意味するものではないし、彼らの人格や仕事の内実の貴賤を表すものでもないということを断っておく。

（2）本章では自認と自称は区別して用いている。ここでA氏は「もちろん自称ですよ」と述べているが、この場合はホテルのチェックインの書類に記載する職業を記入する場面なので、ここでは自認という意味合いでこの発言を捉えている。

（3）有名大学卒であれば大手設計会社やゼネコン設計部への就職という選択肢もある。

（4）建築界は、アトリエ系事務所に無給に近い状態でインターンを行う「オープンデスク」という習慣があるが、受け入れる側の建築家には、「学生の労働力＜設計事務所で学べる事」という位置づけであるという認識を持つ者が多いため、こうした状況が労働力の搾取にあたるとは考えていない者が多い。「オープンデスク」についてはまた稿を改めて議論したい。

（5）コンペとは「ある建築計画の設計者を、その建築の設計提案を競わせて選定するという方法」（山本・倉方 2020: ii）である。実際に建物が建つことを前提とした実施コンペと、建物が建つことを前提としないアイデアコンペに大別できる。D氏が取り組んでいたのは前者である。

（6）「星野富弘東村立新富弘美術館建設国際設計競技」において最優秀賞を受賞したヨコミゾマコト氏（一九六二〜）など。

（7）細長い板を平行に複数並べたもの。日よけや目隠しといった実用的な効果もあるが、デザインの要素として採用されることも多い。

第5章　建築家として生きていく

1　本章の目的

1-1　独立自営の建築家の現状

調査を始めたばかりの頃、主たる調査地であったX県でも名の知られたベテランの部類に入る建築家の事務所をインタビューのために訪れた。事務所の中に通された筆者は、来客用の打ち合わせスペースに通された。促されるままに椅子に座り、コーヒーを用意してくれるというので、座って待っていた。しばらくすると両手にコーヒーカップを持った彼がやってきた。席に着くなり、彼は開口一番、次のように語った。

つらいわ。なあ。もう金がない話ばっかりやわ。僕のところ三人スタッフがいるんだけど、他の建築家、みんなどうしてるのかなあと思う。建築家という仕事って、今の時代は最低だね。仕事なんかないわ。みんなよくやっとると思うわ。みんなどうしてんのだろうね。他人の台所見ても仕方ないけどねえ。

彼の事務所には彼の他に三人のスタッフがいると聞いていたが、筆者がインタビューに訪れた当日、事務所には

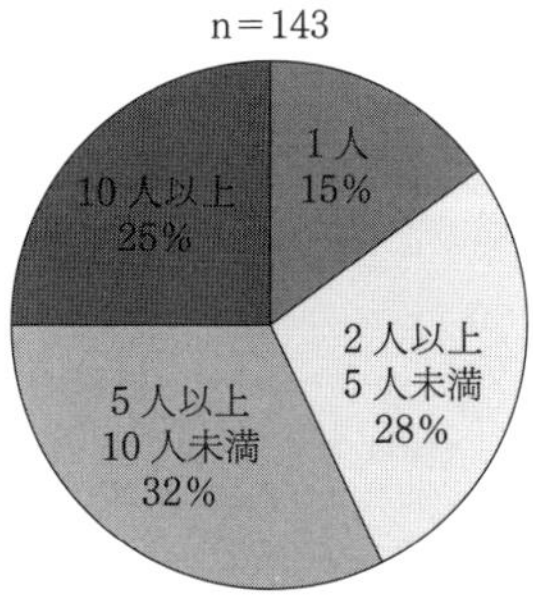

図5-1　意匠系建築設計事務所の人員構成

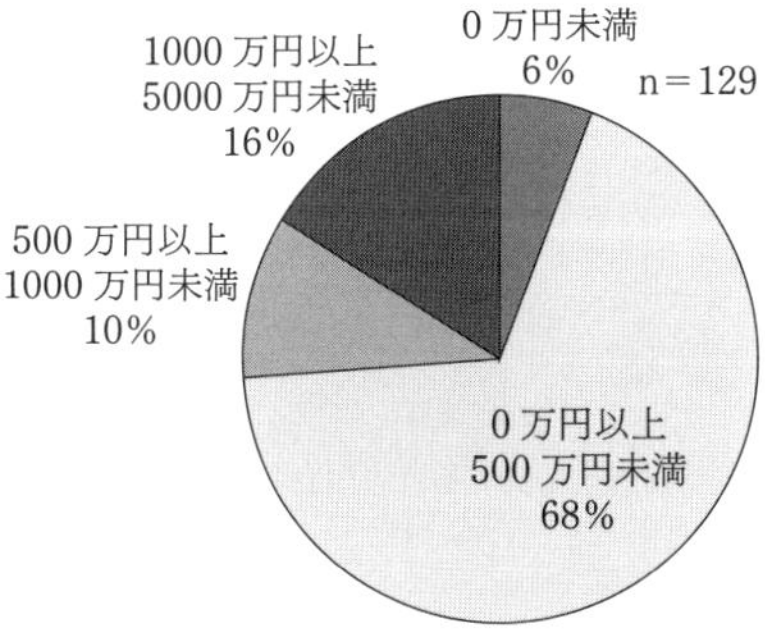

図5-2　意匠系建築設計事務所の前年度の経常利益

彼が一人いるだけだった。おそらくフルタイムで雇う余裕がなかったのだろう。スタッフが執務しているはずのデスクには、誰もおらず、電源が落とされたパソコンのモニターがグレーの画面をこちらに向けて鎮座しているだけであった。彼の次にインタビュー調査に応じてくれた建築家も、一通りインタビューを終えた後に、「俺もこれまでエラそうなこと言ってきたけど、下請けしてくれませんかって頼まれたら、今の状態やったら断る自信がないな」と苦笑いしながらつぶやくのであった。

こうした語りが提示する状況は例外的なものなのだろうか。そこで、統計的なデータから建築設計事務所の経営状況について確認しておきたい。政府の賃金構造統計基本調査のデータによれば、二〇一七年の一級建築士の所得は五八八万円である。この数字を見れば、経済的な困窮とは程遠い。しかし、このデータが対象としているのは従業員が一〇名以上の事務所である。しかし、意匠系の建築設計事務所の多くは一〇名未満の従業員で構成されているところが多い（図5-1参照）。

図5-1は日本建築学会が二〇〇七年に実施した調査であるが[1]、ここからわかるように、所員数が一人の事務所が全体の一五％を占めており、全体の七五％の事務所が、一〇人未満の小所帯で運営されている。つまり、全体の四分の三の建築家の実態は、統計の対象となっていないため、公には把握されていないことになる。しかし、サンプル数は限られているが、日本建築学会が二〇〇七年に実施した調査結果が参考になる。その結果が図5-2にな

る。

また、事務所の売上という観点では六八%の事務所が経常利益を五〇〇万円以下と答えており、驚くべきことに経常利益がゼロと答えた事務所が一一%存在している。このように、零細な業態が多い建築家の設計事務所は、経営的な困難と常に隣合わせの状況であることが確認できる。

もっとも、この数字は事務所の経常利益であり、ここから諸経費を差し引くと事務所を経営する建築士が得る所得は相当程度低いものになることは明らかである。また、調査対象である二四二の事務所（意匠系、構造系、設備系の全て）のうち、一三〇の事務所（五三%）が下請けを行っていることが明らかになっている。調査報告書には「元請と目される事務所が調査対象であるにもかかわらず下請けを行っているところが多いことから、設計業界における下請けは相当程度であることが予想される」と述べられている。

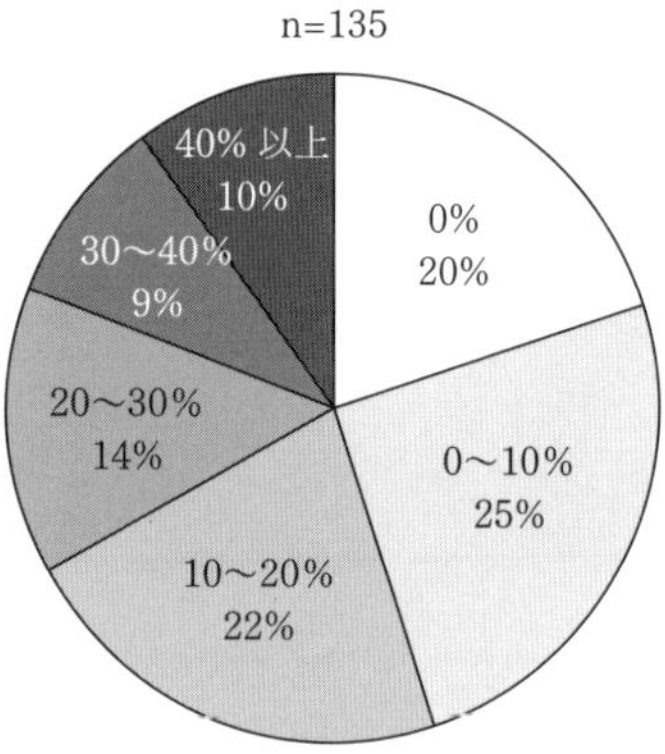

図5－3　赤字プロジェクトの割合

さらに、日本建築学会[2]は建築設計事務所に対して、「貴社が直前の営業年度において受託した案件のうち、赤字となったプロジェクトの割合はどのくらいですか。」という質問をしている。それに対する回答が図5－3である。

図5－3によれば、直前の営業年度において、赤字となったプロジェクトはなかったとする設計事務所はわずか二割に留まっており、全体の八割のプロジェクトで赤字が発生しているのである。約一割と少ないものの、手掛けるプロジェクトの四割が赤字だと回答している設計事務所もあるのである。仕事の四割が赤字であれば、事業継続もままならない状況だと考えられる。経営的な観点からみれば、営利事業として大きな問題があると言わざるを得ない状況である。

こうしたデータを総合すると、建築設計事務所という業態は経営的に困難を生じやすいということが一般論として言えそうである。しかも、この調査に協力したのは東京建築士会、京都建築士会、大阪建築士会を中心とした大都市部の建築家である。人口の少ない地域で活動する地方の建築家は、ここで示した結果よりもさらに悪い経営状況である可能性が高いと考えられるのである。

１－２　建築家の実践（プラクティス）に迫る

以上のような状況を鑑みると、ある問いが浮上してくる。それは、なぜ建築家は儲からないのか、というシンプルな問いである。第４章において、建築家のスタートアップ時に着目し、建築家のキャリアの始め方と、アイデンティティ管理をめぐる葛藤、について建築家界の機序とハビトゥス、資本との関係から検討した。建築家になるということは、まず建築家を自認することから始まる。彼らに必要とされるのは、下請け仕事の誘惑に負けずに仕事を慎重に選びながらゲームの賭け金となる「建築家としての仕事」が来るのを待つという受け身の姿勢であった。しかし、建築家としての「条件不利地域」ともいえる地方では、そうした姿勢を取り続けることは、経済的にも、精神的にも厳しい試練である。「建築家としての仕事」が限られている状態において、建築家としての承認を調達することを難しくし、建築家であるという自認を容赦なく揺さぶっていくのである。そうした地方で、活動を継続できている建築家たちはどのような実践（プラクティス）を行っているのだろうか。

本章は、地方で継続的に設計事務所を営んでいる建築家に対するインタビューを実施し、その語りの語彙の分析から、彼らの職業実践の具体的な中身、とりわけマネタイズをめぐる葛藤について検討する。

2　建築家のマネタイズ

２－１　仕事の内実からみた建築家の分類

ここで、建築家が取り組んでいる仕事を、仕事の裁量の大きさと、金銭的な報酬という二つの評価軸から検討してみたい。一つ目の評価軸は、仕事の裁量の大きさである。仕事の裁量の大きさは、賭け金となる建築作品を作るために極めて重要な指標である。建築家界への入場資格を得た以上、建築家は建築家界における卓越化のゲームへの参加を望んでいる。それゆえ、卓越化のゲームへの参加可能性をめぐる評価軸は不可欠である。

そして、二つ目の評価軸は金銭的な報酬が適切に得られる／得られないという軸である。こうした二軸を交差させた座標系に建築家の類型を入れ込んだものが図5‐4になる。

右上の第一象限には、メインストリームに連なる建築家が位置づけられる。つまり、自分の裁量で仕事ができ、かつ報酬も満足がいくものが得られている建築家である。建築家を志す者はここに自らを位置づけたいと願っている。

左上の第四象限に位置する建築家は、（個人レベルでの）仕事のコントロールはできないが、報酬は十分に獲得できている者である。これは大手ゼネコン設計部や設計会社、県庁や市役所等の公共機関の営繕部に所属する建築家である。右下の第二象限に位置する建築家は、仕事のコントロールはできるが報酬は少ない、いわゆる建築家として仕事ができている者の大多数がここに位置づけられる。そして最後、左下の第三象限に位置づけられる建築家は、仕事のコントロールもできず、報酬も少ないという者である。すなわち建築家としての承認も得られず、金銭的な報酬も得られていない状態である。ここに位置づけられている建築家は、賭け金となる建築作品をつくる機会を得ることも難しいので、割り切って下請けの仕事に特化する、転職して仕事を変える、あるいは廃業・引退することで、建築業界から退場する等のいずれかの選択肢を取ることが多い。

建築家として多くの者が第二象限に位置づけられる仕事に取り組んでいる。すなわち、ある程度の仕事のコントロールは可能だが、金銭的な報酬が少ないという仕事である。金銭的な報酬が少なくても、自分で仕事のコントロールができているので、少なくとも「やりがい搾取」と呼ばれる状態にはない。それではなぜ建築家の報酬＝設計料は安く抑えられやすいのだろうか。まずは設計料の現状について検討してみたい。

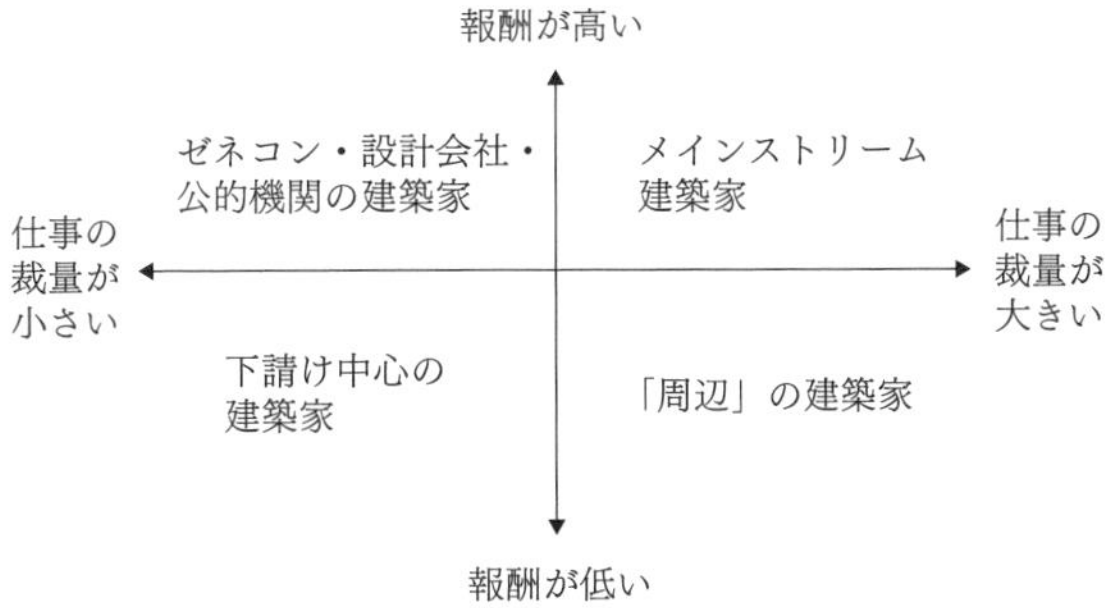

図5-4　報酬の多寡と仕事の裁量度合いからみた建築家のカテゴリー

2-2　設計料のしくみ

設計料は、クライアントが建築家に支払うフィーであるが医師の診療報酬や弁護士費用のように、比較的広く認知されている規定が存在していない。建築士法第二五条の規定に基づき、建築士事務所の開設者がその業務に関して請求することのできる報酬の基準（昭和五四年建設省告示第一二〇六号）の規定に基づき、「国土交通大臣は、中央建築士審査会の同意を得て、建築士事務所の開設者がその業務に関して請求することのできる報酬の基準を定め、これを勧告することができる。」という曖昧な記載がある程度である。日本建築学会の調査によれば、全体として、建設省告示第一二〇六号に基づいて設計報酬を算定する事務所は一一％であり、料率設定によるところが五一％、その他が三八％である。これを意匠、構造、設備の事務所別に見ると、意匠系では告示第一二〇六号に基づく事務所が一六％、料率設定による事務所が五三％、その他が三一％である。このデータによれば、国土交通省の規定に沿って設計報酬を算定する事務所はわずか一割なのである。多くは、それぞれの建築家が独自に設定した料率によって報酬を決めている。

建築家の報酬は、なぜ国土交通省によってその基準が決められているにもかかわらず「総工費のいくら」といった慣習的な要素によって規定されているのだろうか。それについて建築家の林昌二[3]は以下のように語っている。

施主が支出するお金はお布施ですから、本来、値切ったり値切られたり、入札になったり、出精値引をしたりする性質のものではないのです。現実の工事契約ではそうもいきませんが、設計料については、仕事の内容はお任せで料率は工事費の何％という大ざっぱな決め方が通用している点にほのかな残り香が感じられます。（林 1994: 96）

家づくりは建築家という職能が登場するはるか以前から、連綿と営まれてきたものであり、それゆえに、報酬についても前近代的な慣習が色濃く残っていると考えられるのである。

こうした慣習的な要素が残る設計料は、クライアントと建築家の間の交渉で決まっていくことも多い。実際には、設計料は施工金額の総額の五〜一五％程度の間で建築家がそれぞれ設定していることがほとんどである。設計料が一〇％の建築家に仕事を依頼すれば、総工費が三〇〇〇万円の住宅であれば、設計料は三〇〇万円となる。A氏は自分自身の設計料について以下のように語っている。

僕は大体（総工費の）一割から提示しています。一割って言えるようになったのは今から一〇年位前から。それまでは、よう言わんかったなあ。その頃は七〜八％やった。自分に自信がないので断られないかとビクビクしながら設計料を提示していました。

A氏のように、駆け出しの頃は数％の設計料で仕事をし、ある程度実績を積んでいくにしたがって一〇％程度に引き上げていくという建築家が多い。しかし、総工費の〇割という設計料の設定の仕方は限られた予算の中での理想と現実がせめぎ合う現場においては、常に削減される対象としてのまなざしが向けられる。

三〇〇〇万の建物に三〇〇万も設計料を取るんか、それは俺の年収やっていう人がおる。三〇〇万あったらシンクのええのが買える、とかね。例えば、長年悩まされている病気に効く薬が薬局で三万円で売られていたとしたら買うでしょ？　そのお金があったらお菓子や雑貨がたくさん買えるのに、なんて思うかな？　設計の価値っていうのがほんとうに確立されてないんや。

つまり、クライアントにとって設計料が住宅の総額の中の一部として認識されているため、施主の本音としては設計料を安くしてもらい、その代わりに備品のグレードを上げるなどしたいと考えてしまいがちなのである。設計料が安く抑えられがちな理由は、こうした理由が考えられる。(4) このように、十分な報酬が得られない仕事は少ないのが現実である。

2-3　地方には少ない建築家の仕事

次に、「地方」という視点から、「周辺」の建築家の置かれた状況について検討していきたい。前節で確認したように、データからみれば、独立自営の建築設計事務所という業態が経営的には困難な状況に置かれていることが明らかになった。しかも、このデータは都市部の建築家の収入状況である。地方はさらに難しい状況にあるだろうということは想像に難くない。そこで、本節では、地方における建築家の需要状況を確認するために、B氏の事例を検討する。設計事務所における勤務経験を持たずに建築家になったB氏であるが、新規の仕事の獲得に繋がることを期待して、地元の商工会へ顔を出すようになった。しかし、そこでの体験はB氏が想像していたものとは大きく異なっていたという。

当初、いろいろな人に会わないといけないと思って地元の商工会に参加してたんですよ。他の会にも顔を出したりしていました。でも、そこで二年、三年とやっているうちに、そこに顔を出している人達は、あきらかに人種が違うんだなと思うようになりました。建築に対して、文化的なもの、デザイン的なものは一切求めていないんだなあと。

彼が地元の商工会で直面した現実は、住宅等の建物について、その文化的な価値や芸術的な価値を見出したり、議論したりするという風潮があるわけではなく、ましてコスト、や納期、安全性やランニングコストといった実用的な要素以外の話題で、住宅が語られることはなかったという。それについてB氏は下記のように語っている。

そこのメンバーは、住宅といえばハウスメーカーで建てるものだと思っている人ばかりで。だから話していても接点が何もないんです。僕はお酒が好きなので、お酒を飲んで楽しくするのは好きなので、たしかに知り合いとかもできますけどね。そこから仕事になるかというと、建築家としての仕事にはならないですね。建築士としての確認(5)を取ってという仕事はあるかもしれませんけど。建築家の仕事はなさそうだなあというのが最近の印象ですね。

このように、建築家とクライアントのニーズにミスマッチが生じていることがわかる。X県で構造設計事務所を経営するE氏も、地方では家を建てようとしている人々が建築家をパートナーとして選ぶことは極めて少ないと述べる。

家を建てる人の最初の選択肢として、建築家という選択肢は上がってこないと思います。まずハウスメーカーに頼む人が多いです。最初から値段が提示されているので、買いやすいのだと思います。次に工務店か大工さんに頼みますよね。

家を建てようとする人のファーストチョイスが建築家ではなく、住宅メーカーである理由をE氏は最初から値段が提示されているので買いやすいのではないかと、その理由について私見を述べている。理由はどうあれ、地方に、建築家に住宅を依頼してくれるクライアントが絶対的に少ないという事実は変えようもない。地元X県に建築家としての仕事を発注してくれそうな潜在的なクライアントが極めて少ないということに気がついたB氏は、「あまり地元での仕事は期待していないです。地元で仕事を取って、ここだけでやっていくのは難しいような気がしています」と、独立当時から抱き続けている「諦観」を語るのであった。

3　文学界の機序と建築家のとるべき戦略

ここまで、設計料というフィーの持つ性質、そして地方においてクライアントの絶対数が少ない、という状況から、「周辺」の建築家のマネタイズの難しさについて検討してきた。

もっとも、マネタイズの上手／下手は、個々の建築家のハビトゥスに依存する側面もある。それについては後ほど記述分析を行っていくが、上掲のデータをみれば、建築家が「儲からない」のは、個々の建築家のハビトゥスだけに還元できない、建築家界特有の構造的な背景があると推測できる。こうした、建築家のマネタイズの難しさの構造的な要因に迫るため、ブルデューが『芸術の規則』で分析した、「文学界」「芸術界」（訳書中では、文学場、芸術場と訳されている）をめぐる議論を参照したい。ブルデューは、文学界・芸術界には、たがいに逆の論理に従う二つの対立する生産・流通様式が共存していると述べている。

一方の極には、純粋芸術の反「経済的」な経済がある。これは脱利害的な価値観をいやでも承認し、いわゆる「経済」（商業的なもの）および（短期的）「経済的」利益を否定するところになりたつもので、自律的な歴史から出てきた生産様式とその分野に固有のさまざまな要請を特権化する。それ自身が生み出しうる需要（ただし長期的なものに限られるが）以外の需要は認めることのできないこの生産様式は、否定された「経済」資本としての象徴資本の蓄積へと向かってゆくのだが、それは人々に承認された、したがって正統的な資本であり、本当の意味での信用であって、ある種の条件のもとでは長期的にみて「経済的」利益をもたらすことのできるものである。また他方の極には、文学・芸術産業の「経済」論理がある。これは象徴材を対象とする商売を他と同じ種類の商売にしてしまうもので、商品の普及や、発行部数で計算されるたぐいの即座に得られる一時的成功を優先し、あらかじめ存在する顧客の需要に合わせることで満足する。（Bourdieu 1992=1995: 228）

ブルデューはフランスの出版社「ミュニィ社[6]」の売上データを例に挙げた議論を展開している。それは、ある「文学賞受賞作」は、最初は高い売上を示したが、その後急落している。その一方で、サミュエル・ベケットの『ゴドーを待ちながら』は長期に渡って安定した売上を記録している、というデータである（Bourdieu 1992=1995）。双方の作品の、どちらが良い／悪いというものではない。それぞれの作品が持つ、商品としての特徴なのである。「文学賞受賞作」のように、話題性が喚起する需要を織り込んで供給される作品は、買い手もつきやすく、経済的リターンが得やすいが、売れなくなるのも早い。ブルデューはそれを「短期的な生産周期の事業」と呼び、「急速に陳腐化してしまう生産物を迅速に流通させることで利益を加速度的に得させてくれる」（Bourdieu 1992=1995:228）と定義している。一方『ゴドーを待ちながら』のような作品は、「長期的な生産周期の事業」であるとし、「文化的投資にはつきもののリスクを受け入れ、とりわけ芸術関係の商売に固有の法則に従うところに成り立っている」という（Bourdieu 1992=1995:228）。

出版社は、こうした「短期的な生産周期の事業」と「長期的な生産周期の事業」のバランスを取りながら、経営を行っていくのであるが、両者の割合は、そのまま、その出版社を特徴づけ、出版界における立ち位置となる[7]。こうした視角は、文化的な象徴財の生産と、マネタイズを両立させていく必要のある建築家にも有用な視座を与えてくれる。第Ⅱ部の主要な研究対象である独立自営の建築家の場合、「短期的な生産周期の事業」と「長期的な生産周期の事業」のバランスをどのように取るのかは、非常に重要な課題であり、また、積極的に取るべき戦略でもある。それでは、それぞれの「事業」について、建築家がどのように取り組んでいるのか、について建築家の語りから具体的に検討していきたい。

4　短期的な生産周期の事業としての下請け仕事

すでに確認したように、地方では建築家に住宅の設計を依頼したいと思うクライアントが極めて少ない状況で、建築家としてスタートしなければならない。多くの建築家にとって、設計事務所における下積み時代は、一級建築士の資格を取って、独立し、設計事務所を構えることが大きな目標となっている。しかし、ほんとうの勝負は独立して設計事務所を構えてからはじまるといってよい。設計事務所を運営していくことは先程述べたように、「短期的な生産周期の事業」と「長期的な生産周期の事業」のバランスをうまく取っていく必要がある。もちろん、建築家界における卓越化のゲームを闘うには、後者の仕事、つまり賭け金となる建築作品をつくる仕事を取っていく必要がある。しかし、それは完成に長い時間を要する。しかも、駆け出しの建築家であれば、作品のストックもなく、過去の作品を見て、依頼してくれるクライアントが出現する可能性も皆無である。A氏は当時を振り返り「初年度はほとんど生活できんかった。借金だらけやったな」と語る。それでも、A氏は、業界である程度名前が知られるようになり、クライアントから直接設計の依頼をされるようになるまで、たとえ「借金だらけ」となっても住宅会社や工務店の施工図を描いたりする「下請け」をして糊口をしのぐことを避けたという。彼のいう「下請け」とは、いわゆる「短期的な生産周期の事業」の一部である。安定した収入を得るために、まずは、住宅会社や工務店から発注される「短期的な生産周期の事業」、つまり、下請けの図面を描きながら、直接設計の仕事の依頼が来るのを待つというやり方は一見、合理的な戦略に思える。しかし、A氏によればそれは悪手だという。

まあ、明日から食おうと思ったら下請けになるしかないで。それは覚悟しなあかん。建築家（の本来の姿）からしたらかなり離れた世界になるわな。私はこういう夢があって、こういう建物を作りたいと言うてた建築家志望が、いつのまにか下請けしとったら楽になって、その生活に落ち着いてしまって。そのほうが安定するし、これでいいかと思うようになる。工務店の施工図を書いているほうが楽やなと。でもそうなると一枚なんぼという世界になる。お前の図面は一枚なんぼやと。

この警句を含んだ語りは、A氏本人の実際の経験から導き出された教訓であるという。その経験とは以下のようなものだ。

独立当時、本当に仕事がないときに、仕事はありませんかと鉄工所に営業に行った。そうしたら鉄工所の主人から「あ、これ書いてくれ」と頼まれて鉄骨造の倉庫の図面一枚を書く仕事がすぐにもらえた。書いて持っていったら、じゃあこれ、と小切手で一万円くれた。当時は生活に困っている時で、オレ図面にその小切手貼り付けて泣いたんや。もう、それからは絶対せんと。こんなみじめなんか。それまでは、前の設計事務所でも、ある程度「設計してる」って胸張って言ってたのに。こんな情けなくてみじめなことやってるなあって。それからはそういうことしないでおこうと。それを押し殺したら、設計士になるならいいけど、建築家としては無理だ。

A氏はこのように下請けの仕事を請けた顛末について語ってくれた。建築家を自認しているA氏にとっては、「図面一枚いくら」という対価の支払われ方は、建築家であるA氏のプライドを著しく毀損したことがわかる。この語りだけをみれば、建築家としての承認を得られなかったが、対価は支払われているので問題ないのではないかという考えもよぎる。

先程述べたように、こうした下請けの仕事は、「短期的な生産周期の事業」の中でも、最も「短期的」な部類のものである。しかし、短期的なサイクルで仕事が入ってくる下請け仕事に慣れてしまうと「そのうち、設計屋って呼ばれるようになる。僕の感覚では八割の建築家がそうなる」のだという。つまり、問題は、こうした仕事に特化していくと、建築家界のプレイヤーとは認識されなくなってしまうところにある。

とはいえ、賭け金となる建築作品をつくるには、それなりの経験と実績が必要である。金額も大きい建築の仕事の依頼は実績のない者にはやってこない。それでは、最初の作品を手掛けるにはどうすればいいのか。そこで、多くの建築家は両親や親戚などに最初のクライアントとして住宅の設計を発注してもらうのである。[8] B氏の場合は叔母の家の設計であった。

最初に設計したのが親戚の叔母の家。店舗付き住宅。確認申請は他の工務店が取ってという感じになったんですけど。だからデザインだけですけどね。まあ、それが最初の仕事らしい仕事でしたね。

このように、建築家の多くは、賭け金となる建築作品をつくるチャンスを身内に与えてもらったり、自邸として建設したりするのである。しかし、最初の設計のチャンスをものにしたところで、次の設計の機会がそう簡単にやってくるものではない。B氏はこの仕事の後に連続して仕事が入ってくる状況にはなく、それは覚悟していたという。そうした覚悟があったゆえに、B氏は、設計事務所をスタートする時点で思い切った戦略を立てていた。それは以下のようなものである。

僕は事務所をはじめる時に、設計事務所で食べようとしない方針を決めたんですよ。変な話ですけど。それを生活の軸にして、メインにすると、食べるための仕事をしないといけなくなるので。地方で中途半端なことをしていると、悪い循環に入ってしまう。だから他でアルバイトしてでも建築のほうは半端な仕事はやらないでおこうと思いました。

これは一見すると奇策に思えるが、建築家としての承認を毀損しないためには、とりわけ仕事の少ない地方では合理的な戦略の一つであると言える。安藤忠雄と同じルートでヨーロッパ放浪の旅を決行した彼は、地方を拠点とするリスクを鑑みながら、慎重に建築家としてのキャリアを積んでいくことを選択したのである。彼は現在も実作（賭け金となる建築作品）を設計する機会には恵まれずにいるが、家業で生計を立てながら、週末や夜間を中心に建築家としての活動を行い、建築家としての研鑽を積みながら、賭け金となる作品を設計するチャンスをうかがっている。

5　長期的な生産周期の事業への取り組み

5-1　賭け金となる建築作品をつくる

本節では、「長期的な生産周期の事業」、つまり建築家にとって賭け金となる建築作品をつくる仕事への取り組み方について再びA氏の事例を検討していきたい。

A氏に来る設計依頼には狭小な敷地や変形した敷地など、ハウスメーカーや工務店に断られた末に困り果てて彼の元を訪ねてきたというクライアントも少なくない。しかし、こうした悪条件の案件は、その乗り越え方が「建築家の腕の見せ所」でもあるため、卓越化を目指す建築家としては取り組み甲斐のある案件でもある。彼のもとに来た、ある設計依頼も難しい案件であった。まず、敷地が狭小で台形である。その寸法は奥行が二・五m、長辺が一〇m、短辺が五m、六坪程度という狭小さである。この土地に車が三台入る住宅を設計してほしいという依頼であった。しかも、一〇〇〇万円という極めて限られた予算の制限まであったのである。さすがにこれは無理だと感じた彼は、断りの連絡を入れた。ところが、しばらくしてクライアントから手紙が来た。開封してみると「この仕事はあなたでなければできない。とにかくあなたでないとだめなんです。どうか依頼を受けてください」という内容であったという。

この手紙の内容に心を動かされた彼は、その仕事を受けることを決意した。とはいえ、一〇〇〇万円という予算では極めて厳しいので、予算の増額を依頼した。その結果、クライアントは一四〇〇万円に予算を増額したのであるが、今度は住宅に天文台を設置して欲しいという依頼が加わったのである。望遠鏡は海外から六〇万円で取り寄せるので、それを設置する部屋を造ってほしいという。彼は次々と要求されるクライアントからの無理難題に内心、辟易しながらも、手紙で熱心に依頼されたこともあり「ここまで惚れられたらやろか」という前向きな心境になり、設計に取り掛かった。依頼を受けると決めた以上、とことん付き合うつもりだった。

住宅の設計は「凝ろうと思えばどこまでも凝れる」世界である。限られた予算の中で限られた設計料を受け取る以上、早く設計を完了させて図面を仕上げたほうが効率は良い。

逆に、凝った設計をし、時間をかければかけるほど単価は下がっていく。それでも彼は後者を選択した。彼は建物に天体望遠鏡を据え付ける部屋を設けるのではなく、建物それ自体を天文台にしようとした。

その結果、建物はスキップフロアの六層構造になり、複雑な設計を要する建物になった。それは図面を手伝っていたアシスタントの女性が、その設計の難しさに根を上げるほどだったという。試行錯誤を繰り返し、設計に九カ月をかけた。狭小敷地に加え、様々な立地的な条件により難工事となったが、無事に竣工することができた。彼は、こうして、膨大な時間をつぎ込むことで、賭け金となる建築作品を完成させることができたのである。

5-2　「儲からない仕事」を請ける語りの語彙

A氏はこの仕事を通じて、建築家として、つまり、建築家界のプレイヤーとして、賭け金となる建築作品を手に入れた。この住宅作品を実績とすることで、次の仕事のチャンスがやってくる可能性が高まったといえる。あるいは、一〇年後の彼の仕事に繋がるかもしれない。そういう意味で、この仕事は「長期的な生産周期の事業」として位置づけられるものである。

筆者はA氏からこの住宅の設計料がいくらだったのか、という具体的な語りは聞いていない。ただ「儲からなかった」とだけ聞いている。しかし、総工費が一四〇〇万円程度の住宅であれば、設計料はかなり低額であると容易に想像がつく。総工費の一割を設計監理料として受け取れたとしても一四〇万円である。しかし、こうしたローコストの住宅は一割以下に設定する建築家が少なくない(9)。しかも設計に九カ月を費やしているので、この案件に関して言えば経営的には赤字だろう。建築家界のプレイヤーとしてなら、ローコストで一定のレベルの住宅を完成させることは称賛に値する。建築家界では、そのプロジェクトがどれだけの利益を建築家にもたらしたのか、という要素は評価の対象にならない。

しかし、一職業人としてみた場合、プロジェクトの収益が上がらないことは望ましいことではない。それでは、この仕事をA氏はどのように語ったのだろうか。以下、それについて検討していきたい。まず、クライアントからの依頼のされかたであるが、前項で触れたように、クライアントから手紙を通じて、かなり熱心に頼まれたという。その依頼を請けた理由については、「この人がそれだけ思いがあって、必死で頼んできているんだから、こちらも心中するつもりでやってやろうかと思った」と語っている。そして、以下のように、この仕事を総括しているのである。

九カ月の時間をかけて、建物も複雑になって、大変な図面書いて、もらったお金は微々たるものだからね。あれは割に合わんかったね。でも、出来上がった時にお母さんが涙流して、「ありがとうございました」と感謝されたんで。もう、それでよかったなあと。

A氏は、赤字を出しながらも賭け金となる建築作品をつくることはできた。しかし、こうした仕事の実践の仕方は、建築家の、専門職としての不完全さを傍証してしまうものでもある。

しかし、そうしたマネタイズの不完全さを、「クライアントから熱心に依頼された」ことを語ることで、それは、あくまでも「今回限り」という限定性を強調している。また「涙ながらに感謝された」というエピソードを語ることで、クライアントへの奉仕という愛他的な側面を打ち出している。こうしたA氏の自己犠牲的、愛他的な仕事に関する語りは、自らを建築家界の中で卓越させたいという建築家としての野望を覆い隠すものでもある。その一方で、伝統的専門職にルーツを持つ建築家の職能の片鱗が見えてくる。それについて下記の語りを参照したい。

その人が一生をかけて貯めたお金を使って、一緒になって家づくりをやってあげられる。これほど愉快な仕事はないいんや。僕は天職やと思いますよ。ただ食えない。なかなか食えない。

ここでA氏が述べる「天職」という言葉から、伝統的専門職における「天職（Beruf）」の精神と、専門職に就く者の矜持を読み取ることもできるだろう。建築家は、建築家界における卓越化の争いを繰り広げる行為者という側面以外にも、古典的専門職にルーツを持つ専門職としてのモーレスとエートスにも影響を受ける存在であることが、この語りに示されているのである。

6　変えるところと変えないところ

前節で確認したように、「短期的な生産周期の事業」は、下請けを中心とした仕事であり、そうした仕事は、賭け金となる建築作品とならないばかりか、建築家界からプレイヤーとして見なされなくなる恐れのある仕事である。しかし、賭け金となる建築作品は、「長期的な生産周期の事業」であり、それをコンスタントに受注できる建築家になるまでに、地道に実績を積み上げていく必要がある。また、仕事を請けたとしても、それが完成するまでには比較的長い期間を要するわけで、安定して収入を得るには、常に設計の案件を抱え、それが次々と竣工するような状態になる必要がある。そこで、そうした「長期的な生産周期の事業」を効率よく獲得するためのサービスとして、一九九〇年代後半から建築家とクライアントを結びつける住宅プロデュース会社が台頭してきた。それは、クライアントが複数の建築家が提出してきた設計案の中から一つの案を選択し、その建築家に実際の住宅の設計を依頼するというビジネスモデルである。

建築家がクライアントに「選ばれる」職業であるという特性を持っている以上、チャンスを待つことは重要な戦略である。しかし、たんに、設計の機会が訪れるのを待つ、というだけでは効率が悪いし、精神的な負担も大きい。住宅プロデュース会社はそうした状況から生じたニーズを汲み取ってビジネスに転換した会社である。住宅プロデュース会社に登録した建築家は、クライアントからの要望をもとにアイデアと図面をまとめ、クライアントにプレゼンを行う。無事、クライアントから選ばれれば、その仕事を獲得することができるのである。本節では、一軒の住宅の設計という仕事をめぐってクライアントに向けた提案を競い合うコンペを戦った建築家C氏の事例を検討する。C氏はある住宅プロデュース会社に登録し、コンペに参加したものの、うまく仕事をとることができなかったという。

いっとき、仕事がすごく減った時に、お客さんと建築家をマッチングさせる〇〇社（住宅プロデュース会社）というのがあるんですが、そこに登録しました。（クライアントは）多い人で五名くらいの建築家と面接をして、クライアントが設計を依頼する建築家を決めるんです。私ね、女性だからかもしれませんが、面接はたくさんしているんですよ。ほんとにたくさんの方に来ていただいてるのに、全然仕事にならなくて、一体どうして、こんなに仕事にならないんだろう？　何が悪いんだろうと、悩んでしまって。

順調にクライアントとの面談をこなしていったC氏であったが、仕事の受注につながらないことを不安に感じていたのであった。地方であれば、顔見知りの建築家が隣り合った状態で、クライアントからの指名を待つ、という状況も生まれる。建築家にとっては、人気のある建築家とそうでない建築家が可視化される「過酷」な仕組みである。C氏の場合は、こうした可視化される仕組みが、思わぬアドバイスを受けられる契機となったようである。それについて以下のように語っている。

その年の暮れに忘年会があって、ある建築家の先輩が、Cさんのところには結構お客さん来てるでしょ？って聞くから、ええ、来てますよ、でも全然仕事に結びつかないんですよね。というお話をしたら、そのお客さんたちみんなうちに流れて来てるよ、って言うんです。それはなぜですか、って聞いたら、Cさんファーストプラン（無料で施主に提案する最初のプラン）しないんでしょ？って言うんです。確かに私は、契約をしてから最初のプランを出すようにしているのです。彼は、それ（契約をしてから初めて図面を書くこと）は建築家としてとってもエラいと思うよ。でも僕は（契約する前に最初のプランを出すことを）するんだって言ってて。要は私のところにきたお客さんが、その人のところに流れて、その人が仕事をしていたんです。

彼女がこのように、しっかり方針を決めてコンペの場に臨んでいたのには理由がある。それは、C氏は、一級建築士を取得し、建築家としてのキャリアをスタートさせたときに、「契約をしてからでないと仕事をしない」という内容を含む、三つの決まりを決めていたからである。それは以下のようなものである。

私は独立した時に、自分で三つのきまりを決めたんです。一つ目は、設計をするのには契約をしてからじゃないとしない。簡単にプランを出して、それが流れちゃって、お金を全然もらえないっていうのが今も昔も設計事務所に多くあることですが、それは嫌ですよね。だからです。二つ目は、設計料は値引かない。絶対に値引きしない。値引きするならやりません。三つ目は、絶対に自分の顔が出る仕事しかしない。つまり下請け仕事はしない。そのかわりにどんなに小さな仕事でもいい。自分がやったって表に出せる仕事しかしない。

彼女のこれらの取り決めは、建築家としての仕事に取り組んでいこうという決意の表れである。建築家とは「建築家の仕事」をする者である、という「建築家のエートス」に照らせば妥当な取り決めであろう。しかし、この取り決めがコンペでは裏目に出てしまったのである。こうした「建築家のエートス」をどれほど内面化するかは、建築家それぞれが形成するハビトゥスに依存する。C氏がこうしたハビトゥスを形成するにいたった過程は、第4章の記述が参考になるだろう。彼女は「男社会」である建築業界で「理不尽な目」に逢いながら、コツコツと努力を重ね、建築家としてのキャリアを積み上げてきた。C氏のハビトゥスは、その過程で形成されたハビトゥスである。コンペで顧客を獲得するコツは、まず無料でクライアントにプランを提示し、気楽な信頼関係を構築するということだったのである。しかし「建築家の仕事」をすることにこだわった彼女は、まず契約を結んでから仕事に取り掛かるということを信条にしていた。その方法は、建築家としてのファーストキャリアを積み重ねていくうえでは、必要なことであり間違ってはいない。しかし、コンペという場ではそれは通用しなかったのである。

え！って思いましたよ。そうなんだ。みんなそうやってやるんだ。私だけやっていなかったんだって思って、その時からケースバイケースでやっています。お客さんにとって、私という存在がどういう人なのかよくわからないのに、契約しないとやりませんというのは難しいのかなと。そこからは柔軟にしようと思っています。

契約しなければファーストプランを手掛けない、という実践（プラクティス）は、彼女がそれまでに形成した建築家としてのハビトゥスに起因している。しかし、同業者のアドバイスによりそれが得策ではない、ということに気がついた彼女は、方向を修正し、契約を結ぶ前にクライアントにファーストプランを提示するという方法を採用し、それが奏功することになった。彼女の実践（プラクティス）をジャズのアドリブ演奏に例えるなら、ハビトゥスをコード進行に例えることができる（片岡 2019）。ハビトゥスは彼女の実践を方向づけていくが、彼女の実践からの影響を受けて変容していく可能性にも開かれているのである。このように、「建築家としての仕事」は、必ずしも定型的なものではなく、クライアントと対峙した実践の場面では「修正と微調整」が繰り返されていくのである。ただし、どの程度、どのように「修正」されていくかは、個々の建築家の置かれた状況と本人の性質によって異なる。

7　地方におけるキャリアの達成

以上のように、地方の建築家の困難な職業実践について具体的な事例を検討してきた。都市部でも建築設計事務所の経営は簡単ではない。地方では、さらに困難な状況であるのは容易に想像できたが、実際に聞き取りをした限りではそうした予測を裏付ける結果であった。

しかし、地方でも順調にクライアントを獲得し、経営的にも成功していると思われる建築家と出会うことができた。本章では、「地方で成功している」二人の建築家の事例を検討することで、その実態を明らかにし、彼らの「戦略」を解き明かしてみたい。

最初にとりあげるのは、これまで何度も登場したC氏である。C氏は、コンペなどをうまく活用しながら、着実にクライアントを獲得してきた。C氏は地方に拠点を置きながらも、建築家としての職業実践が行えているといえるだろう。本章の冒頭でも確認したように、人口の少ない地方で、クライアントを継続的に確保することが最も難しい課題である。C氏はX県の県庁所在地であるY市の中心部で生まれ育っており、現在も出身地界隈に事務所を構えている。高校は地域でナンバーワンの進学校に進んでいる。その高校の出身者は地元の政財界に強いネットワークを持っているが、そうした高校のネットワークは仕事に結びつくのだろうか。それについて彼女は以下のように述べている。

高校の同窓生のネットワークが仕事に結び付いたことはないけど、中学校の先輩後輩には、ちょっとしたことを依頼されました。この一、二年で数件ですね。

地元の産業界に多数のOBを擁する高校のネットワークが仕事に結びつかない代わりに、中学時代の先輩後輩のネットワークが（小さなものであれ）仕事に結びついているというのは興味深い。C氏は自らのクライアントについて下記のように語っている。

クライアントは公務員さんとか社長さんとか収入の面でしっかりされている方が多いですね。独立してからは設計料を値切られたことはないです。あと、私のお客さんで多いのは『渡辺篤の建物探訪』が大好きな人。なんでもいいから建ててというひとはまず来ないですね。それから、圧倒的にお客さんの外車率が高いです。決してお金持ちとかじゃないですよ。オシャレといえばオシャレですね。私のところに来る人は。

C氏がクライアントから継続的に依頼を受けることができているのは、設計する建築の評価に加えて、前章で確認したように、彼女が建築家としての「ブランディング」に成功しているからであろう。

どうすれば建築家らしくなれるのかなってすごく思っていました。そんなとき、東京で行われたＪＩＡ（日本建築家協会）のセミナーに行ったんです。そこの一人の講師が、建築家として自分を確立するためには、自分を建築家らしく見せることが大事。一般の人は建築家を、芸術家やアーティストのようなあこがれのイメージをもっているのでそのように、思ってもらうということも大事だ。だからそういう風に装いなさいと言われました。

第Ⅱ部を通して、建築家としての行動を半ば無意識に方向づけていく建築家のハビトゥスの存在について言及してきた。しかし、ハビトゥスに方向づけてられていく自分の建築家としての振る舞いと、クライアントが欲する

「建築家らしさ」は異なる。C氏は、長い建築家生活のなかで身についた建築家としてのハビトゥスが、必ずしもクライアントが求めている建築家像に一致しないこと、そして、クライアントには「建築家に期待する建築家らしさ」が存在することを理解していることを上記の語りから推測できる。こうした再帰的な姿勢も彼女が「成功」している理由の一つであろう。

次に検討する事例は建築家F氏である。ここでは、F氏がX県で成功している、その理由について、C氏に引き続いて検討してみたい。F氏の設計事務所で特筆すべきは、実家である工務店と密接な関係にあるという点である。彼は現在の仕事の状況について以下のように語っている。

ウェブサイトもまともにないような事務所ですし、建築雑誌なんてクライアントの方は見ないから、結果的には「紹介の紹介」という形で、特に宣伝もせず、一〇年くらいやってます。だんだんと県外の仕事も増えてきましたね。僕らは、宣伝は全然してないけど、来るお客さんはけっこう（自分たちのことを）探している感じがしてて、だから、お客さんが来た時には出会った感がありますね。言葉にならないけど出会った感みたいなものがあります。なんか違うなと思っている人は、この社会の中には一定の割合いるはずだから、そこと仕事をしている感じがしますね。現時点では、マーケティング的にはあまり大きくならないなと思いますが。なくなるとは思わないです。

さらに、具体的なクライアントの特徴として下記のように語っている。

（クライアントは）なんか、こう、木の家に住みたいな、自然素材の家に住みたいな、でも伝統的な家は嫌だなという人たちが多いですね。和風って言われるといやだな、ちょっと違う。でも木の家に住みたいんだよね、という人。あと、なぜか学校の先生が多いですね。良くわからないですけど。学校の先生の率がなぜか高い。年齢的には下がってきました。うちの事務所の傾向かもしれません。四〇代、三〇代後半が大半ですね。老後引退して、家を建てようかという人はめっきりいなくなりましたね。

F氏のクライアントの中心は三〇代から四〇代にかけての働き盛りの世代であり、職業は教員が多いという。地方において教員は知的エリート階層であり、そうした階層に向けて、F氏の作品は訴求することに成功しているのである。F氏が実家の工務店と協働して作り続けている自然素材を使った木造住宅が、それを欲しがる地方の知的エリート階層を中心としたクライアント層に、特に宣伝することもなく訴求しているのである。その要因についてF氏は、クライアントが街で自分が設計した家を見かけて依頼が来ると述べる。おそらく、それだけではないにしても、F氏が設計する住宅が独特の雰囲気を持っており、それがブランドとして確立されていることの証左である。F氏はながらく首都圏や関西圏で仕事をしてきたのであるが、地元に帰ってきて地元の同業者とはどのように関係を持っているのか訪ねてみた。

＊：X県の建築家協会や建築士会などの同業者団体にはどの程度参加されていますか？

F氏：極力、絡まないです。

＊：それは何か理由があるのですか？

F氏：JIAなどには関わらないし、関わりたくないんです。これは地方に特有なのかもしれませんが、地方に帰って独立したときに「どこにいたのですか」という質問が多かったんですよ。当時はまだ建築士会にも所属してなくてね。まあそういう（建築家があつまる）集まりに行くとね、「どこで修業されたんですか」と聞かれる。それが県内で修行していると、グルーピングされてしまうんですよね。たとえばあの人の「派」ですね、とか。なんか田舎にいけばいくほど派閥が強くて、なんかこうJIAなんかも、そんな話ばっかりしているので、わずらわしいので、どこにも所属せずに、田舎に浮遊しているような感じが一番いいなと、極力そういうところには所属しないように心掛けているんです。

こうした発言からもわかるように、F氏は地元の同業者の団体とは意識して距離を置こうとしている。F氏はその理由について「わずらわしいから」と語っている。しかし、本音はそうした消極的な理由ではなく、参加することのデメリットを強く危惧しているのではないかと考える。それは地方の「色」（とでも表現できるもの）が付くことを回避しようとしているからではないだろうか。これは「どこにも所属せずに、田舎に浮遊している感じが良い」という発言からもうかがい知ることができる。日本における建築家の出発点は、明治時代に近代国家の首都を飾る主要施設の設計者としてであった。それ以来、建築家は基本的に都市で発展してきた職能であるといえる。そうした事実と、第2章でみたようなスタイリッシュで洗練された建築家のメディアイメージの流布が、建築家を都会的な職能として認知させていく要因ともなった。彼らは、大都市にあるゼネコンや設計会社での勤務の中で身につけた建築家としての素養やセンス、考え方などを持ったまま、そのまま地方にスッと移動してきたようなスタンスで仕事をしているのである。

8　まとめ

本章では、建築家としての活動を行うには「条件不利地域」であるといえる地方で活動する建築家が、どのように仕事を獲得し生計を成り立たせていくのかについて検討してきた。そもそも、都市部であっても建築家の年収は高くないというデータや、八割の建築家が、手掛ける仕事に赤字を発生させていた、というデータから、建築家という仕事は、そもそもマネタイズが困難な構造的な問題を抱えている、ということが推測された。そこで、ブルデューが『芸術の規則』において、芸術界・文学界を分析した視角を援用した。そこから、「短期的な生産周期の事業」

と「長期的な生産周期の事業」のバランスをどのように取るのかは、非常に重要な課題であり、取るべき戦略でもあることが明らかになったが、経営体質が脆弱である建築家は、「長期的な生産周期の事業」である、賭け金となる建築作品を設計する仕事に集中することは難しい。そこで、生活費や事務所の運転資金を獲得するため、「短期的な生産周期の事業」に取り組まざるを得なくなるが、建築家の場合、そうした仕事は、基本的には下請け仕事になってしまう。もっとも、下請け仕事は納期も短く、支払いも早いため、数をこなせばそれだけで事務所の経営を成り立たせることも十分可能である。ところが、下請け仕事は、建築家界において卓越化を志す建築家にとっては諸刃の剣である。こうした仕事に取り組んでいると、「長期的な生産周期の事業」、すなわち賭け金となる建築作品を設計する仕事に取り組む時間的余裕がなくなるし、また周囲の建築家も、彼を建築家界のプレイヤーであると見なさなくなっていく。それは建築家界からの退場、すなわち建築家としてのキャリアの終わりを意味する。そのためにB氏のように、「短期的な生産周期の事業」は建築と関わりのない仕事とし、賭け金となる建築作品を設計するチャンスを待つという「極端」な手法を取る建築家もいるのである。

また、賭け金となる建築作品になりうる仕事は、マネタイズが難しく、利益が上がらないばかりか、赤字となる場合も少なくない。本章では、そうした仕事に取り組んだ、建築家A氏の語りを分析した。A氏が自らの仕事を振り返った、倫理性や愛他性を前景化させた語りから見えてきたものは、マネタイズの伴わない建築家の専門職としての不完全さであった。しかし、こうしたマネタイズの不完全さを、A氏は、倫理性や自己犠牲を伴う愛他性を前景化して語ることで、建築家という仕事を「食えないがやりがいのある仕事」という諦観と矜持がないまぜになった定義へと着地させているのである。こうした語りが集積し、やがて「儲からなくても仕方がない」「お金よりも大事なものがある」という信憑が共有されていくのである。もっとも、こうした発言の背景には、伝統的専門職をルーツに持つ建築家のモーレス・エートスに由来する倫理性や愛他的性があることも重要である。

しかし、マネタイズと表現の両立という難題を乗り越え、比較的順調な経営に成功している建築家もいた。本章では、そうした建築家の事例としてC氏とF氏の事例を検討した。C氏は下請け仕事を避け、慎重に仕事を選びながら作品を作っていく。建築家人生で形成されたハビトゥスが促してくる自らの建築家としての振る舞いと、クライアントが求めている建築家としての振る舞いとの乖離を常に意識し、軌道修正する柔軟さも持っている。一方、F氏は、実家が経営する天然木材を売りとする工務店とタッグを組むことで、小さくても良い家、高くても質の良いものを求めるクライアントに訴求することができている。F氏の場合は、地元産の木材を扱った家造りをしてきた実家の工務店の存在や、F氏が長年伝統的日本家屋の保存や再生に携わった経験から形成されたハビトゥスが、結果的に「本物志向」の特定のクライアントに「ピンポイント」に訴求していく職業実践に帰結している。その結果、仕事を順調に確保することができているのである。F氏の天然木材を使った職業実践は、後期近代というリスク社会とも親和的であり、それについては第8章で詳しく検討する。

注

（1）実施主体は社団法人日本建築学会住まいづくり支援建築会議調査研究部会。実施時期は二〇〇六年一一月～一九年二月。質問紙による調査で有効回答数は二四二票。以下図5‐2、図5‐3も同様の実施主体の調査結果による。http://news-sv.aij.or.jp/shien/s2/chousabukai/sekkeichousa0710.pdf（二〇二〇年一二月一日閲覧）。

（2）日本建築学会住まいづくり支援建築会議調査研究部会。

（3）建築家（一九二八～二〇一一）。東京工業大学卒業。日建設計副社長、副会長等を歴任した。

（4）その他に設計料が安く抑えられがちな理由は第8章でも言及している。そこでは、建築家の語りを引用しながら、図面の持つ「非物質性」という特徴から安く抑えられがちな設計という職能について検討している。

（5）建築確認申請のこと。

（6）『芸術の規則』ではミュニィ社は前衛的な小規模出版社（従業員一〇名程度）として紹介されている。

（7）たとえば、古典のラインナップが充実している学術系出版社と、回転の早いビジネス書の出版を主軸にしている出版社の対比等を考えると分かりやすい。
（8）これはメインストリームに連なる建築家でも同様の傾向を確認できる。
（9）建築家によっては最低設計料を設定している。本書のインフォーマントではC氏が最低設計料を設定していた。

第6章 建築家ではない設計者たちの職業世界

1 本章の目的

本章の目的は、建築家以外の設計を業務とする者たちの職業実践について検討することである。建築の設計を生業とする者は、第4章、5章で検討したような、建築家（建築家界において卓越化のゲームに参加している者）だけではない。本章では、そうした「建築家ではない設計者」の職業実践（プラクティス）について、それを方向づけているハビトゥス、資本、界との関わりの中で検討することで、「建築家ではない設計者」の職業世界について明らかにすることを目的としている。こうした分析を経ることで、建築家界の機序を相対化する視角を獲得することも目的である。本章では、建築家界とは異なる下位界の設計者、そして、建築家界にエントリーしていながらも、卓越化のゲームを行うための賭け金を用意できない職種に就いている者を対象にした分析を行う。具体的には住宅会社に勤める設計者（二級建築士）、設備設計を専門に行う設備設計者（一級建築士・設備設計一級建築士）[1]、構造設計を専門に行う構造設計者（一級建築士）の六名を対象とした記述分析を行う。分析方法はこれまでと同様に語りの分析である。インタビュー調査から得られた彼らの語りの語彙を検討することで、彼らの職業観や建築・住宅観の解明を試みる。本

表 6-1　本章におけるインフォーマント

記号	年代	性別	資格
G	30 代	女性	二級建築士
H	30 代	女性	二級建築士
I	50 代	男性	一級建築士
J	40 代	女性	一級建築士
K	50 代	男性	一級建築士
E	30 代	男性	一級建築士

章の調査対象者は表6-1の通りである。なお、調査方法については、これまでと同様である。

本章では、まず、住宅会社で働く設計者二名の事例を比較検討する。前者は工業高校卒で、建築家のエートスを内面化しているとは考えにくい者、もう一方は、芸術系の大学で建築を学んだ経験があり、「建築家のエートス」をある程度内面化していると考えられる者である。双方ともある程度規格化された住宅を販売している会社の設計部門に勤務しているという共通項があるものの、職業実践や建築観が異なっている。「建築家のエートス」の内面化の有無がどのような職業実践の違いや、建築観（住宅観）の違いを生じさせているのかについて検討する。

続いて、意匠系の建築家のディレクションの下で、設備設計や構造設計を専業として行う設備設計者、構造設計者である。(2) 彼らは双方とも大学で建築学を学び、意匠系の研究室の出身であるため、彼らもまた「建築家のエートス」を内面化している可能性は高いと考えられる。

彼らの語りの語彙に、独立自営の意匠系建築家との差異は見られるのか。また、見られるとしたら具体的にはどのような違いがあるのか、について検討していくことで、〈建築家ではない設計者たち〉たちのエートスを明らかにすることを目的とする。また、彼らが建築家について語る、その語りの語彙にも着目したい。建築家像を立体的に検討することが可能になるこうした視点を確保することで、建築家がどのような存在として同業者からまなざされているのかについて明らかにしていきたい。

2　住宅会社の「設計士」——住宅産業界の機序とハビトゥス

2-1　仕事への没頭——彼氏もプライベートも必要ない

本節で取りあげるのは、三〇代半ばの女性建築士G氏の事例である。彼女は地元の工業高校を卒業後地元の建設会社に勤務し、その会社の住宅部門で設計の仕事をしていた。しかし不況のあおりを受けてその会社は倒産し、その後住宅会社に転職し現在に至っている。彼女が現在勤めている住宅会社は創業一五年ほどの比較的若い会社であるが、近年急速に売り上げを伸ばしている。一級建築士、二級建築士の有資格者を中心に二〇名程度の社員が在籍している。彼女が現在保有している資格は二級建築士である。「男社会」である建築業界における女性の地位はいまだに低い。その業界の中にあって、女性たちはどのポジションに自分を位置づけるのかが、重要な生存戦略となる。比較的多くみられるのが、事務職員として男性社員の後方支援に徹するというように、仕事と自己実現を切り離す方法である。

しかし、専門教育を修め建築士等の資格を持って入社した者たちは事務職員としてではなく、専門家として職能を発揮したいという意志を持っていることも少なくない。本節で登場するG氏もそのような意志を持った女性の一人である。それゆえ、会社における勤務実態はハードであり、男性社員となんら変わることはない。当時の勤務状況を次のように語ってくれた。

朝八時から夜は早くて二〇時。遅くて二三時くらい。それで休みは月に一日くらい。あまり夜遅くまで仕事するなと言われていたので、ひどいときは朝三時に出て仕事をしていました。でもうちの親に、いい加減にしなさいと叱られましたけど。他の社員にバレたくないので、タイムカードを八時に押したりしていました。

なぜ、そこまで献身的に働くのかという筆者の問いに対して、彼女は以下のように語っている。

やりがいとか、（経営者が）自分を買ってくれているとか、理解してくれているとか。そういうのが大きいのですよ。両想い的なノリです。だから、仕事していても気持ちが充実しているんですよ。

彼女は、経営者が自分の能力をきちんと認めてくれており、それがやりがいに繋がっていると述べる。しかし、彼女の勤務形態の客観的な状況だけをみれば、そのやりがいは、いわゆる「やりがい搾取」に繋がりかねないものにも思えてくる。以下は彼女の働き方についての告白である。

仕事のことは際限なく考えています。家には寝に帰っているだけですね。私生活は一切ないですね。たとえば何かしようと思わない。習い事をしたりとか、彼氏を作って遊ぼうとも思わない。家と会社の往復。そこまで気持ちが仕事に対して充実しているということですね。なんでそこまで続くかというと、一緒に働く人がよかったから。その人の気持ちに答えてあげたいと思うんです。それがお客さんでも同僚でも。

このように、日々彼女は朝早くから夜遅くまでのハードな仕事を続けているのであるが、この発言をよくみれば仕事のことは際限なく考えていても、建築や住宅のことを際限なく考えているわけではなさそうである。これについて建築家の発言と比較してみたい。以下は第4章で事例としてとりあげたB氏の発言である。

自分の中では、全ては建築のためにっていうのがありますね。なにかを食べている時も、音楽とかでも影響を受ける時が結構あって、構成とか。言葉ではうまくいえませんが。建築以外のことでも、すること為すこと、建築に還元するためにいろんなことをやっているフシがありますね。

このようにB氏の実践からは、日常生活のあらゆる実践を建築と関連付けていくハビトゥスが形成されていることが読み取れる。一方、G氏の場合は、「際限なく考えている」のはスタッフやクライアントのこともふくめて仕事のことであって、建築（住宅）のことではない。彼女の仕事は、あくまでもクライアントを中心に据えて、彼らにとって住心地の良い住宅を提供することで、クライアントと会社の双方に利益をもたらすということをモチベーションとしている。彼女を突き動かしているのは、会社への忠誠心であり、同僚への配慮であり、そしてクライアントへのサービス精神である。「仕事のことは際限なく考えている」と語っているが、建築家が生活のほぼ全てを建築に関連付けようとしていたり、身につけるもの、住まい、車なども含めてトータルで建築家としての自分を演出しようとしていたのとは異なるライフスタイルである。

おそらく彼女の場合は、作ったり売ったりする対象が住宅でなかったとしても、同様の働き方をするのではないないだろうかと想像できる。そのように考える理由は、彼女の語りの全体の中で、住宅や建築のデザインや工法についての語りがほとんどなかったからである。彼女が熱を込めて住宅について語ったほとんど唯一の語りは以下のようなものである。

家って一生に一度しか建てないじゃないですか。家を建てるときに団信（団体信用保険）という保険に入るんです。それはもし（お金を）返せなかったら生命保険から支払うというものです。だから家を建てる人は命を懸けて建てるんですよ。

このように彼女は住宅を建てるということが一生に一度しかない希少な機会であるということをクライアントの目線で語っているのである。そして、生命保険と引き換えに住宅ローンの残債が相殺される（団信）の仕組みを強調しながら、住宅の建設が一世一代のイベントであることを強調するのである。住宅会社に勤める彼女にとって、住宅は顧客にとって命がけで手に入れる商品であり、それを確実にクライアントに届けることを使命として自覚しているのである。

3 住宅会社の建築士の住宅観と報酬に対する考え方

3-1 住宅会社の建築士の住宅観

建築士に対して、住宅や建築に対する信念を問うと、その回答は「住宅は作品ではない」「私は建築家ではない」という建築家に対する否定的な語りと、住宅というものが人生の中に占める大きさについて言及する語りの二つの類型に集約される。住宅会社の下請け図面の作成を生業とする四〇代の女性建築士J氏は、「私はあくまでも頼まれた図面を、納期を守って描くことを心がけています。作品を作ったりするわけではありません」と答えている。

こうした発言は、建築家の住宅観を意識したものであるが、そうした語りは、例えば以下のようなものである。

住みやすいだけが住宅ではないので、それを犠牲にしてでも伝えたいコンセプトがあるのかどうか。単純に住みやすいだけが住宅ではないので、住みやすいだけだったら楽なんですけど、たとえば、安藤忠雄さんなんて「住吉の長屋」で住人に努力させている。単純に住むだけなら分譲マンションに住むのが一番住みやすい。あれほど、洗練されたものはない。しかし、住みやすさを犠牲にしてでも必要なものがあると訴えるのが建築家の職能だと思います。（E氏）

この「住みやすさを犠牲にしても必要なものがあると訴えるのが建築家の職能」という発言は、賭け金となる建築作品を提示することが建築家の使命である、という信憑（イリュージオ）が「周辺」の建築家にも共有されている証左である。それに対して、建築家界のプレーヤーではない設計者は、こうした発言に異を唱えることが多い。

次の語りはI氏である。五〇代の一級建築士で、設計事務所を独立して営んでおり、主に住宅メーカーの下請け図面を作成している。

建築家はあまり好きではないです。特に建築を作品と言ってしまうところが好きではない。合理的ではない予算の使い方をして、それを施主に求めてしまう。お客さんのお金を必要性のないものに使っている。必然性のないこだわりを持った建物を作って、作品と呼んでいるのが好きではない。お客さんのお金を貰って建てているので、家はお客さんのものです。

このように建築家界におけるプレイヤーではない設計者は、住宅メーカーに勤務している者も、独立自営の設計事務所を営んでいる者も、クライアント目線で住宅の価値を語ることが多いのである。

3-2　住宅産業界のイリュージオ

続いて検討するのは報酬に関する考え方である。まずは、住宅会社に勤務する建築士の報酬とそれに対する見解について検討してみたい。以下の語りは住宅会社に勤務するG氏の語りである。

私の初任給は一五万円くらいで、その時は、不当に報酬が少ないと思ってなかったです。今も思っていません。建設業の女性の賃金なんて高くないんですよ。報酬を（適正に）もらっていないとか、私は思っていないんですが…。親には「安い賃金で残業代もなしでよく働いていたね」と言われていましたけど。一五万円もらっていたときには、給料分働いていないという意識がつよかったです。

G氏が「建設業の女性の賃金なんて高くないんですよ」と述べたくだりは、設計の仕事をしている建築士への聞き取りではよく聞かれる語りである。

この語りは、賃金が安いのも労働時間が長いのも承知の上「あえて」この仕事選んだという、彼女たち自身を納得させるものでもある。彼女は、「確かに給料は安いかもしれないが、自分は給料分も働いていない」という意味の発言を数回繰り返していた。では、これだけ働いていても、彼女に「給料分も働いていない」と言わしめる要因は何だろうか。そこには二つの要因があると考えられる。

一つの要因として考えられるのは、住宅会社の持つ特質である。前島賢士はある大手住宅会社の営業担当の男性社員（甲）に対して聞き取り調査を行い、その働きすぎの様相と働くモチベーションについての調査している。甲のある月の週当たりの労働時間は六〇時間であり、一日当たりの労働時間は平均して一二時間である。最も長時間の週当たりの労働時間は七四時間であったという（前島 2006: 124）。

前島は住宅という商品が他者との間で差別化しにくいという特性を持っており、それが営業重視主義を帰結すると結論付けている。前島は住宅会社における長時間労働の要因を商品の差別化のされにくさに求めている。しかし、同じ住宅会社の中でも、設計を担当する建築士は住宅の持つ「かけがえのなさ」によって、長時間労働へと突き動かされているのである。この違いは仕事の質の違いに起因するといえるだろう。営業マンはとにかく数をこなすことが求められる。クライアントを獲得すると、また次の新しいクライアントの獲得に動き出す必要がある。しかし、建築士は設計という比較的長期間に及ぶ業務を受け持つため、クライアントとの間に信頼関係が醸成されやすいのである。住宅という商品の「かけがえのなさ」は自分自身がクライアントとかかわっていくなかで、繰り返し確認され、それは「クライアントのために愛他的に働く」という規範として彼女を縛っていくのである。

二つ目の要因は、不況による住宅市場の冷え込みであろう。二〇一〇年度版の住宅経済データ集によると新設住宅着工数は一九七二年度に一八五・六万戸を記録して以来減り続けており、二〇〇九年度は七七・五万戸と一九六四年以来の低い水準となっている。つまり、住宅業界は生き残りをかけた激しい戦いを強いられているのである。ゆえに経営者は工期の圧縮とコストの削減を余儀なくされる。そのしわ寄せは低賃金で長時間労働となって現場の建築士たちが被ることになるのである。

このように建築士たちは自らの報酬が低いことを告白した上で、それが不当に安いものであるという態度を見せず、「建設業の女性の賃金なんて高くないんですよ」という語りにみられるように、住宅産業界のイリュージオを内面化し、それを代弁しながら自らの立場を正当化していく様子がみられたのである。

4　建築家のハビトゥスは、他の業界でどのように作用するか

続いての事例は、同じく二級建築士で三〇代の女性H氏である。現在、彼女は関西地方の設計事務所に勤務する二級建築士である。子どもの頃に自宅を建て替えることになり、それをきっかけに建築に興味を持ち始めたという。

私は当時中三やったから、そんなに（家づくりの）話には入れてくれなかったけど、実際、そこの会社（住宅会社）とか行って、クロスとかいろいろ選んだりするやんか、でもうちのオカン、そんなん分からんというか、センスがないというか、だからうちが全部選んだ。そういうのしてると楽しいなと思い始めて。それからやな家に興味を持ち始めたのは。

このように述べるものの、建築士という仕事がどういうものかよくわからなかったので、建築士になりたいとは思っていなかったという。大阪府東部にある進学校に進んだ後は、理系コースを選択、将来は理系の学部に進学したいと考えるようになる。そしていざ、大学受験を目の前にして、「建築がやりたい」と思い、建築学科を受験したのである。

しかし、志望した大学への受験には失敗し、一年間浪人することになった。一年間の浪人生活を経て、再び受験にチャレンジしたが、志望していた建築学科には合格せず、仕方なく同じ大学の化学科へと進学した。その後も建築への思いは簡単には断ち切れず、大学一年生の時に建築学科への転科を検討したりもした。しかし、建築学科への転科は有名無実化しており、転科が認められることは極めて稀であったという。結局彼女もそれは叶わなかった。

化学科で四年間を過ごし、卒業後は化粧品メーカーに研究職として採用され、そこで働き始める。しかし、建築への断ち切れない思いと、自分の適性が「科学」や「研究」に向いているのかという疑問が常に脳裏に去来する日々が続いた。その化粧品会社は一部上場企業であり、給料も安定していた。福利厚生もしっかりしており、結婚出産後も働き続けることができそうな職場でもあった。それでも、その会社を辞めた理由について以下のように語っている。

化粧品の会社もやりがいがあったと思うねん。その会社にしたのも興味があったからやし。（化粧品は）身近なものやし楽しかったし、やりがいもあった。でも、これを一生続けていくのはしんどいのかなあと。私の働く条件の中のやりがいは結構大きいねんな。それが一番なのかなあ。だから今のところにおれるんかなあ。

この会社における仕事にもやりがいはあったが、「一生続けるのはしんどい」と彼女が述べるように、その仕事から長く続けるほどのモチベーションを調達するには至らなかったようだ。思い悩んだ末に会社を辞めた彼女は建築系の仕事への転職を模索し始める。ところが、建築関係の会社に転職したいと思っても、資格も職歴も実績もない状態では不可能である。そこで働きながら学べる京都にある美大の通信教育学科で建築を学び始めることにした。だが、入学はしたものの、父親が病気で入院したことなどもあり満足な学習ができないままそこを中退した。その後建築CADを学べる専門学校に入学し、CADの使い方をマスターした。そして、その学校に張り出されていた求人を頼りに現在の設計事務所に入ったのである。

彼女が勤務している事務所は、H氏が入所する前年に開業した若い事務所で、所長は大手不動産会社系列の住宅会社の社員を経て独立した経歴を持っていた。その事務所は「ツーバイフォー」(3)と呼ばれるアメリカ由来の工法に特化した事務所であり、仕事の多くは大手住宅メーカーの下請けである。彼女の仕事は住宅メーカーから送られてくる平面図や断面図を、詳細な施工図へと仕上げていく作業が中心となる。勤務時間は午前一〇時から午後六時までとなっている。しかしこれはあくまでも定時であって、繁忙期には朝は八時には出勤し、夜は終電間際まで帰れない、という日々が続くという。繁忙期でなくても、だいたい午後九時か午後一〇時頃まで仕事をしているという。月給は手取りで約二〇万円であり、ボーナスはなく、残業代もないという。しかし、一軒分の図面を仕上げる毎に、特定の金額が上乗せされるインセンティブがあるというが、現在の会社の待遇全般に関しては、「あきらめてやってる。お金のことはもうあきらめが入った感じ」と嘆息するのである。それでも仕事を続けている理由として彼女は「私三七歳やんか、そんで女やんか、既婚者やんか、こんなんで正直転職は無理やし」と消極的な理由を挙げるのである。年齢的、スキル的にも転職は難しいという自己認識であるが、こうした消極的なモチベーションだけで今の仕事を続けているのか。この仕事の「良さ」を彼女なりに見出してはいないのだろうか。それについてH氏は以下のように語っている。

仕事やからって割り切って働いている人多いやんか、お金、給料のためだけに働く……それはそれでええねんけど、私はそれ、あきらめられへんねん、割り切られへんねん。正直、建築は儲からへんってのは知ってたねん。じっさい、お父さんに建築行きたいって言った時にそんな学科いってどうするのって言われたし。最初から給料が安いとかはわかってんねんけど、わりきらへんところがあって……興味がある……やりがいがある仕事で……まあ割り切ったんやな。まあ、(給料と仕事の内容の)どっち取るって言われたら……うーん、給料はそこそこで、貧乏でなければいいかと、それでちょっとのやりがいがあれば、いいかと。

こうした報酬とやりがいをめぐる葛藤は、クリエイティブ労働従事者には比較的見られることである。それでは、彼女が述べる「ちょっとのやりがい」とはどのようなものだろうか。それについて以下の語りを参照しながら考えてみたい。

うちは、構造を専門にやってるから、そのなんていうかな、意匠だけでやってる人とは、すごい（建築に対する）見方が違うかも。よくうちのところに来る図面が……意匠屋さんが考えてくる図面が、ほんまになんも考えてへんねん。ほんまになんか見た目だけいいよねという家ばっかり来るんだけど、全然構造のことを、考えてないねん。私は構造やし、ツーバイ（フォー）やし、考え方が固まってしまったのかもしれないけど、逆に、そこから考えられることもあるかも、構造からも意匠が考えられる、それが、いいところかなあ。(7)

この語りで注目すべきは、彼女が「何も考えていない」「意匠屋」の悪口を述べていること、そして、「構造からも意匠が考えられる、それが、いいところかなあ」という語りの部分である。これらの語りは、彼女が意匠を考える仕事に加担できていることを主張するものである。彼女の仕事は、回ってきた図面を構造的に整えていくことであるが、彼女なりに意匠を考えることができるほんのわずかな隙間が存在しているのである。それこそが「ちょっとのやりがい」の正体である。

こうした発言から、彼女は意匠系の設計の仕事がしたかったのではないかと推測できる。意匠系の設計の仕事とは端的に言えば建築家の職業実践である。つまり、彼女は建築家になりたかったか、建築家に憧れを抱いているかのどちらかであると推測できるのである。

彼女は筆者も通った通信制の美術大学に三年間在籍していた。その大学での教育については第3章で述べたとおりだが、そこは建築学を学びつつ、「建築家のエートス」を身につけ、ハビトゥスを形成していく場でもあった。彼女も筆者や他の学生たちと机を並べて講義を受け、同じ課題に取り組み、図面を描いて模型を作り、講師として教壇に立っていた建築家たちの評価を直に受けてきたのである。他の建築学生と同じように建築雑誌を読み、建築家の作品集を眺め、休日には京都や奈良の寺社建築を巡ったり、建築家の住宅作品を見学したりする日々を送っていた。

彼女はこうした大学での学修の中で、建築に対する想いや、建築家という職業に対する憧れを抱きながら、いくばくかの建築家のハビトゥスを形成したはずである。

しかし、建築家になるには第6章でみたように、建築家としての「正しい」キャリアのスタートの仕方を実践していく必要がある。それは、多くの場合はアトリエ事務所での修行であるが、もともと募集人員が極めて少ない上に就労を希望する学生が多く、二〇〇〇年代前半当時においては、そこに受け入れてもらうのは至難の業であった。筆者と同期の卒業生で、アトリエ事務所に就職し、建築家としての修行をスタートさせることができた者はおそらく一人もいなかったはずだ。筆者も卒業後に関西のあるアトリエ事務所に面接に行ったが、一人暮らしの生計を成り立たせるだけの給料は払えないと言われ断念した経緯がある。多くの者は彼女のように、「建築に関連した仕事」[4]に就きつつも、建築家になれる可能性を絶たれた状態で職業生活を送っている。しかし、大学で「建築家のエートス」を涵養した彼らは、建築や建築家への憧れは持ち続けている。また建築家としてのハビトゥスも身につけているため、現状の仕事の中に、彼女の主体性が発揮できる部分を少しでも見出そうとするのである。それは上記で彼女が述べていた意匠屋の「何も考えない」図面を、「ツーバイフォー」の構造を知悉した彼女が修正していくときである。「構造からも意匠が考えられる」と語っているように、彼女は「ツーバイフォー」という決められた工法の中でも、なんとか「クリエイティビティ」を発揮しようとしているのである。仕事の中に埋め込まれている「ちょっとのやりがい」を日常の業務の中において、彼女はふと、それを掘り起こすのである。そうした「ちょっとのやりがい」をモチベーションとして彼女は日々の仕事を行っているのである。このように、建築家のハビトゥスは、単調な仕事の中に「クリエイティビティ」の隙間を見つけ、そこからモチベーションを汲み取っていく作用を及ぼしていることがH氏への聞き取りから明らかになった。

5　設備設計士の職業世界

5-1　地方に帰って感じたモヤモヤ

つづいて、X県で設備設計士として活動するK氏のライフヒストリーと職業実践に対する語りから、K氏の内面化している「建築家のエートス」について検討していきたい。

K氏は親が材木商をしていたので、子供のころから木に親しんでいたこともあり、工作が好きな少年として育った。学校で教師に「器用だなとよく褒められていた。それで図に乗ったのかな」と当時を振り返る。中学校に上がっても技術の授業が好きだったという。高校を卒業後は、県外の大学の工学部建築学科へ進んだ。大学では構造設計を専攻しようと考えたが、黒川紀章や菊竹清訓の著作や作品集に触れるうちに、意匠に関心を持ち始め、構造を専攻することをやめて意匠設計を進路として選択した。その理由について「そっちのほうがカッコいいなと思ったから」と語っている。

大学卒業後、建築家になりたいという志を持ってX県に帰郷したK氏は、公共建築を中心とした設計案件を多く受注している建築設計事務所に就職した。働き始めてしばらくしたある日、上司に黒川記章の講演会が市内で催されるのでそれを聴講したいから早退したい旨を伝えた。しかし思わぬ返答が返ってきたという。

> 黒川紀章の講演会が市内であるから、上司に早退したい旨を伝えると、「黒川って誰や」と聞かれてね。とてもショックを受けましたよ。ここでは、建築家の名前も知らん人が建築の設計やっているんだと思いました。その後は、モヤモヤした気持ちを抱えたまま、そこの事務所で二年半勤めました。

当時の黒川紀章はすでにメディアに広く露出し、建築家界のみならず一般の人々にも知られる存在となっていた。

その黒川を「知らない」という上司に対して抱いた失望は相当なものだったのだろう。彼は「ここでは、建築家の名前も知らん人が建築の設計やっているんだと思った」と述べているが、その「ここ」という指示語はこの設計事務所という意味に加えて、X県まで含んでいる。彼の失望と怒りの矛先は、彼が住んでいるX県全体にまで及んでいる。彼が大学生活を過ごしていた都市部では、学生も教員も建築家の話題を共有できたのだが、この職場（この地方）ではそれが通用しない。そうした絶望と怒りがこの「ここでは」という語り口に強く現れている。彼は二年半勤めたその事務所を辞めて、海外の建築を見聞するための旅に出ることを計画した。彼が事務所を辞める決心がついたのは、X県の建築士会が主催するコンペに入賞し、県内の大手設計事務所Zからのスカウトが届いていたからである。

　事務所を辞めた後に、ちょっと海外に行きたいなと思ってお金を貯めまして、それが一〇〇万円ほど貯まったので。それと一カ月～二カ月時間があったのでアメリカとヨーロッパに行きました。

そして海外旅行から帰国後、地元X県でも有数の大手事務所であるZ設計事務所に入所した。そこは県内の公共工事を中心に多くの仕事を抱えていた事務所であった。

　Z設計には二〇数年いました。当時はかなり忙しかった。バンバン建物が建っている状態でした。夜の二三時や二四時まで仕事をしたり、徹夜をしたり。でも、待遇面は非常に良くない。設計事務所ですから、たぶんこんなもんだと思うんですが、建築以外の人だと恥ずかしくてあまり言えないような金額です。でも、大きな建物をやっていたので、勉強になった。他の事務所に行くよりも勉強になったのは事実です。

　ここで語られているのは一九九〇年代中頃の設計事務所の様子である。K氏は、有名建築家に憧れたり、建築を体感する長い旅に出たり、コンペに出したりと、前章でみた建築家志望の者たちと同じような軌跡を歩んでいることがわかる。そして、この「待遇面で非常に良くない」事務所での経験を「大きな建物をやっていたので、勉強になった。他の事務所に行くよりも勉強になった」と語るのである。ここで注目すべきは「勉強になった」という語りである。二度繰り返されている「勉強になった」という語りからは、この事務所での勤務経験を、次の段階への一ステップとして捉えていることがうかがえるのである。しかし、彼は独立して建築家として自立する「踏ん切り」がつかなかった。その結果、「僕の場合は、自分ではあまりやっていく自信がなかったのでずるずると二〇年いた」と語るのである。

5-2 独立するタイミングとは

第4章、第5章において、建築家としてキャリアを始めるには、まず（意匠系の）設計事務所に入り、実務経験を積みながら独立のタイミングを見計らうこと、そして、晴れて独立した後は下請け仕事をするのではなく、コンペにチャレンジするなどしながらチャンスを待ち、建築家としての仕事を請けていく、というプロセスを踏むということが重要であるということを建築家の語りの中から明らかにしてきた。それでは、独立する最適なタイミングはあるのだろうか。筆者が聞き取りをした範囲では二年～五年程度という年月が最も多かった。建築設計事務所勤務の建築家の多くは、独立することを前提で入社することが多い。独立するタイミングは一級建築士資格を取得するなど、資格的に一人で事務所を構えるための公的な裏付けを得たタイミングや、低賃金長時間労働に限界を感じた場合などが多い。しかし、K氏はなかなか独立の決心がつかなかったという。その理由を以下のように語っている。

そうですね、やっぱり待遇面もわるいし、やめたいなあとずっと考えていたんです。でも辞めた後食べていけるのかなと考えるとそれも不安なんでずるずるといきました。ふと、でも五〇歳近くになると後何年しかないなと考えるようになる。後がなくなると、これでいいのかなと思い始めるようになりました。

第4章で紹介したC氏のように、一級建築士の資格を取ったタイミングで独立する者も多い。しかし、建築家になるための修行のつもりで設計事務所に入ったものの、独立しても食べていける保証はない。独立のタイミングを見計らっているうちに、年月が経ち、結婚したり子供ができたりして安定した継続的な収入が必要となり、リスクを負ってまで独立することに躊躇するようになるのである。K氏の場合は、独立して建築家としてやっていきたいという願望は後景に退き、待遇が悪いという現状に対する不満と、辞めた後の生活の不安という要素の間で葛藤が生じていたのである。そうした葛藤を乗り越えて、退社を決意したのは、現状への不満に加えて五〇歳という節目の年の焦りというプッシュ要因、そして何よりも設備設計の専門資格（設備設計一級建築士）を取得したという強力なプル要因の双方が整ったことによるものであった。独立に際して経営リスクを重んじるK氏にとって、意匠系の設計事務所よりも仕事が確保しやすい設備設計事務所としての独立であったというのも、彼の背中を強く押してくる要因であった。

構造設計事務所を営むE氏も同様に、経営リスクという観点から意匠系の建築事務所ではなく、構造設計事務所を開設することにしたという。東日本の設計事務所での勤務経験を持っているE氏は父親が亡くなったことで、X県に戻り、構造建築設計事務所を営んでいた父親の残した構造用CADなどを引き継ぐかたちで、新たに構造建築設計事務所を立ち上げた。

> 構造は意匠と違って毎回新しい施主を開拓する必要がないんです。構造設計をしていると直接オーナーとの付き合いはないのですが、意匠をやっている人よりも構造をやっている人は少ないので（仕事の）数が入ります。一軒当たりの収入は少ないが数をこなせるんです。そして、意匠系の設計事務所から依頼されるので、自分で営業をしなくてもいい。構造をやり始めたのは、構造設計をやっていた父親の遺したCADなどのソフトがあったので。構造もやっているとある程度仕事も確保できるので。

E氏は、同業であった父親の死去という不確定要素があったにしても、ビジネスとして建築の設計を実施していくために、構造設計者であることの有利性を自覚し、リスクが少ない形で独立することに成功している。しかし、「僕が（構造を）やろうと思っていたのは父親がやっていたからかな。面白いのはやっぱり意匠なので、構造やっていて楽しいかと言われると微妙ですけどね」と意匠系の建築家に対する憧れもあったという本音をのぞかせてもいる。

5-3　建築家への対抗言説

当初は意匠系の建築家を志し、長年、設計事務所に勤めて来た設備設計士K氏であったが、建築家としてではなく設備設計事務所に転じて、設備設計者として新しいスタートを切ったのである。そうした背景を持つ彼は、どのようなところに仕事の喜びを感じているのか、また、不満はどのようなところに感じているのだろうか。それについて彼は「今のストレスとしてはあまり良い仕事がないということですかね」と語る。彼の語るあまり良い仕事がない、ということは何を意味するのだろうか。

設備設計士や構造設計士は、意匠系の建築家と協働しながら建物の設備や構造についての設計を専門に行う。全体を統括する建築家に対して、より良い設備の配置やシステムについての提案を行うことも重要な仕事である。しかし、建築家との協働という点がうまくいかないのだという。

（意匠系の建築家は）いい建物があったら喜んで設計してくれるのかなと思っていたけど、そうでもないなと。デザインは凝っているんだけど、それが建物の維持管理まで考えているのかというと疑問ですね。それについて、こちらが意見を出しても受け入れてもらえないというか。これは地方独特かもわからないけどね。同じパートナーとして話し合うというのが、本来あるべき姿だと思うんですが、地方の場合は下請け的な扱いをうけていますね。やっぱり下請けですね。パートナーとしてあつかってくれない。

このように、設備設計士をワンランク下の専門職として見なす建築家を批判するのである。そして、彼の語りは建築家に対するさらなる不満へと繋がっていくのである。

建築家のイメージがすごく悪いんですね。なぜかというとデザインばかり凝るというか、エンジニアの考えを無視して、これはあまりよくないということを言っても、あまり聞き入れてくれないということがありまして。実際、建築家は、設備屋さんとか構造屋さんからは敬遠されているということが、ここX県にはあります。建築家に頼むと好き勝手にされるというイメージがX県の人にはあったりします。だから建築家と一緒に仕事をするのはあまり好きじゃないですね。

この語りでは、彼が建築家と一緒に仕事をするのが好きではないという理由が語られているが、それは「デザインばかり」「こちらの意見を聞かない」というものである。上記では、建築家の「傍若無人ぶり」が語られているのであるが、彼の本音は、対等なパートナーシップの下で協働したいのに、それができないというところにありそうである。以下の語りからもそれがうかがえる。

わりと有名な建築家の方だったらパートナーシップでやっていただけるような感じです。そうでないといい建築ができない。設備や構造からアイデアが出てくる時もあるからね。それはX県ではなかなかそういう風潮はないです。設備や構造からアイデアが出てくる時もあるのに、建築家は我々をパートナーと思ってくれていない。

K氏は、建築家は設備設計者だけでなく構造設計者からも「嫌われている」と述べる。こうした状況について、X

県で活動する構造設計者（一級建築士）E氏は下記のように述べる。

プランだけは煮詰まった状態で、その段階ではじめて構造（設計者に図面を）に出してくることがあります。柱の位置もちぐはぐだし、構造のことを全く考えられていない。これはちょっとひどいなと。もっと早い段階で打ち合わせをするとかできたと思うのだけど。

この語りは、もっと早く、E氏に相談していればスマートな解決方法が見つかった可能性が高いことを訴える。つまり、設備設計者K氏と同様に構造設計者E氏も、意匠を担当する建築家と、設備・構造設計者が対等にパートナーシップで仕事をすれば、もっと良いものができるにもかかわらず、彼らはそれをしない、ということを訴えているのである。

デザイナーが建築家を名乗ってもそもそも国家資格ではないから、問題はない。確かに設計は法律上、認められた書類として作成しなければ誰がやってもいい。でも微妙ですよね。そういう人が、マンガみたいな絵（住宅のスケッチ）を描くだけじゃないか。構造も満たして、法律も満たしていくのが建築家の仕事だと思います。

E氏は建築家を名乗る者たちが、構造や設備、法律といったことを軽視し、デザイン重視でものづくりをしているのではないかと糾弾する。彼がここまで辛辣に建築家を批判するのは、彼らの多くが、構造設計者を協働のパートナーとして見なさないからである。また、こうした理由に加えて、以下のような要素も無視できない。それは、「建築家のエートス」を持った彼らが、意匠系の建築家への辛辣な批判を行うことで、自分たちは意匠系の建築家に物申せる立場であるということを示し、建築家界におけるプレイヤーとして、なんら建築家と遜色ないという矜持を表明しているのである。

6　まとめ

本章では建築家ではない設計者というカテゴリーに属する設計者への聞き取りから、彼らの職業実践と彼らの実践を規定するハビトゥスについて検討した。住宅会社に勤務する建築士のG氏は、住宅という高額商品を売る住宅会社特有の業界のイリュージオを持っている。その一方で、建築家のハビトゥスを形成する機会を持たなかった彼女の実践は、住宅そのものへのこだわりは希薄で、クライアント・ファーストの姿勢であった。

次に登場したH氏については、大学で建築教育を受けていたこともあり、意匠系の建築家を参照した語りの語彙が確認できた。

限られた一部の有名大学の出身者でない限り、建築雑誌に作品が載るようなアトリエ系事務所で修行し、その後独立するという建築家へのファーストステップを踏むことは難しい。筆者も含めて多くの者は、この段階で建築家になる夢を頓挫させる。建築界から身を引き、まったく別の業界に職を見つける者もがいる一方で、なんとか建築界に留まろうとして、建築関係の職に就く者もいる。H氏もその一人である。しかし、そこでの業務は大学時代に夢見ていた建築家の仕事とは全く異なったものである。彼女の仕事はすでに意匠設計の建築家によってデザインされた住宅の構造チェックである。そこではH氏個人としてのデザインセンスは問われない。問われるのは構造的整合性や妥当性である。しかし、そうした仕事を通じて彼女は彼女なりに仕事の中に創造性を発揮する場面を見出し、そこからモチベーションを調達しているのである。そうした語りの断片から、周辺であれ建築家界に身を置く者としての矜持を読み取ることができるのである。

また、設備設計者のK氏は、当初は意匠系の建築家を目指していたものの、独立するリスクを高めに見積もった結果、二〇年という長い期間に渡って設計事務所に勤めることになった。独立後は意匠系の建築家ではなく、設備設計者として建築の設計に関わることになった。面白みはあるがリスクが高い意匠系建築家として独立するのではなく、コンスタントに仕事が確保できる設備や構造の設計者として、建築に関わっていくという選択も業界で生き残っていくための戦略の一つである。

設備設計者も構造設計者も、独立自営の建築家と比べて、その職能の重要さは何ら劣るものではない。しかし、彼らに対する聞き取りからは、意匠系の建築家は、設備設計者や構造設計者を下請けとして一段低く見るのだという。そうした現状から彼らは意匠系の建築家への不信感や不満を口にするのである。とはいえ、その語りの語彙は感情的なものではなく、意匠系建築家の、設備や構造に対する不勉強さを淡々と説くものであった。こうした語りは、彼らの専門性を建築家に対して鋭く対峙させていくものであり、設備設計者、構造設計者としての矜持を示そうとするものであった。

注

（1）平成一八年一二月改正建築士法により、設備設計一級建築士制度が創設され、一定規模（階数三以上かつ床面積の合計五〇〇〇平方メートル超）の建築物の設備設計については、設備設計一級建築士が自ら設計を行うか若しくは設備設計一級建築士に設備関係規定への適合性の確認を受けることが義務付けられた。この設備関係規定への適合性の確認がなされずに建築基準法に定める建築確認申請が行われた場合には、その建築確認申請書は受理されないこととなっている。公益財団法人建築技術普及センター　https://www.jaeic.or.jp/koshuannai/koshu/b1k/index.html（二〇二〇年一〇月一三日閲覧）。

（2）建築は様々な専門職が協働する集約型産業である。全体のデザインを統括し図面を描き、工事を監理する意匠系の建築家（本書では建築家と表記）以外に、構造設計を専門にしている構造建築士、給排水や電気設備など建築の設備を専門に設計する設備設計士が重要な役割を果たしている。彼らは意匠系建築家の支配下にあるわけではなく、協働パートナーというのが本来の姿である。

（3）　ツーバイフォーとは枠組み壁工法とも呼ばれ、建材が二インチ×四インチの大きさの材料を基準として、家の骨組みを構成する工法である。在来工法の木造住宅が柱と梁で荷重を支えるのに対して、ツーバイフォーでは面で支えるので、地震による揺れに強いというメリットがある。また材料だけでなく工法も規格化されているので、非熟練工でも施工しやすい。デメリットとしては面による構造体で住宅を組み上げていくので、間取りの変更がしにくい事などがあげられる。

（4）　ここでいう建築に関連した仕事とは、住宅会社や不動産会社、ビル管理会社といった設計以外の仕事や、設計の仕事であってもCADオペレーターや、G氏の仕事のような下請けの図面を描く仕事などである。筆者が卒業した通信制の大学は社会人が多かったので、卒業後もそのまま現状の仕事を続けている者も少なくない。

補論

建築士受験のセルフエスノグラフィ

1　はじめに

1-1　問題の所在

本章は、建築士という資格について、筆者自身が建築士を受験した際に取り組んできた勉強や製図のトレーニングについてセルフエスノグラフィを通して検討することで、建築士という資格取得に費やされる時間的、金銭的なコストの実態について明らかにしていく。

序章でも述べたように、建築家の職能に建築士の資格は必須ではない。しかし、現実の実務を行っていく上では、建築士資格を取得していなければ設計事務所の開業や行政とのやり取りにおいて、不都合な点も多い。そのため建築の設計を仕事にしようとする者の大多数は建築士の資格を得ようとするのである。本論の第Ⅱ部では、建築家の初期キャリアについて、聞き取り調査から得たデータを元に検討してきたが、職業実践とアイデンティティ管理について時間を費やして聞いたため、建築士受験に関する質問はほとんど実施していない。その理由は、筆者自身が二級建築士、一級建築士の受験経験を有していること、そして足掛け五年間に渡る資格学校における学びの経験を有することから、本章を筆者自身の経験をもとにした建築士受験のセルフエスノグラフィとして提示できると考えたからである。

ここで、筆者が経験した足掛け五年間に渡る建築士資格のための取り組みについて、記述していく理由は以下のようなものである。

まず、学校や職場で身につけるべき建築の専門知が「外部化」され、産業化されている実態を紹介し、その問題点について検討することが必要だと考えたことである。

そして、リスク社会化していく後期近代において、建築士という資格にともなう責任が個人としての建築家（建築士）に帰責される仕組みに問題はないのかという課題を議論するためである。建築士という資格は、国家によってその専門性の確かさを保証されたことを証明するライセンスであり、特定の業務を独占することができる。しかし、同時に、建築士という資格を付与された者は、匿名的な技術者・プロフェッションの集合体でもある専門家システムから、個人としての存在を特定され、責任を厳しく問われうる存在となることを意味する。第Ⅱ部で検討してきたように、決して恵まれているとはいえない待遇に照らして、そうした重い責任が、「割に合う」のかどうかは、しっかり検討されるべき課題であると考える。本章は、そのためのささやかな問題提起の試みである。

1-2　専門職と資格

雑誌や新聞あるいはウェブサイトの広告欄には何がしかの資格に関する情報が掲載されていることが多い。職業における専門性や、その指標となる資格は流動性が高まっている現代社会にあって「資格」は一つの大きな「よりどころ」となっていることは否定できない。

本田由紀は個人が身につける専門性について「ハイパー・メリトクラシーがつきつけてくる、容赦なくかつ捉えどころのない『ポスト近代型能力』の要請に対抗するための有効な『鎧』となる」(本田 2005: 261) と述べ、その重要性を強調する。[1]

本章で照準するのは建築士という資格である。専門性の高い資格であり、一般にはあまり馴染みのないものであろう。しかし、日本には一〇〇万人を超える建築士がいることから考えても、その規模的なインパクトは決して小さくない。

建築士のなかでも、一級建築士の取得は難しい。二〇二〇年度の合格率は学科試験が二二・五%、設計製図試験が三五・二%、最終合格率が一二・〇%であった。資格取得を志すほとんどの者が資格学校に通う。彼らは一〇〇万円近い学費[2]（一回で合格しなければさらに高額になる）をローンを組んで支払い、実務をこなしながら、試験対策に追われている。

本章における問いの中心は、専門職と資格の関係である。医師や看護師などの医療関係の専門職や、弁護士、公認会計士などの高度専門職の場合においては資格が専門職スキルを有していることの重要な指標となっていることは明らかだ。

しかし、本章でとりあげる建築士の場合はどうだろうか。資格を持っていなくても施主の要望を汲み取って、建築基準法を満たした住宅の図面を引ける者は少なくない。

建築士の免許を得るには、学歴と実務経験が必要である。ゆえに受験資格を有する者の多くはそれなりに建築の知識と経験を積んできている。特に受験資格の厳しい一級建築士の場合はそうだ。三〇年くらい前までは、建築業界において「常識的」であると思われることが分かっていれば比較的簡単に合格する試験であった。[3] 建築業界という巨大な労働人口を抱える業界において一級建築士という資格は最高峰の資格である。ゆえに、その資格を欲しがる者が多く

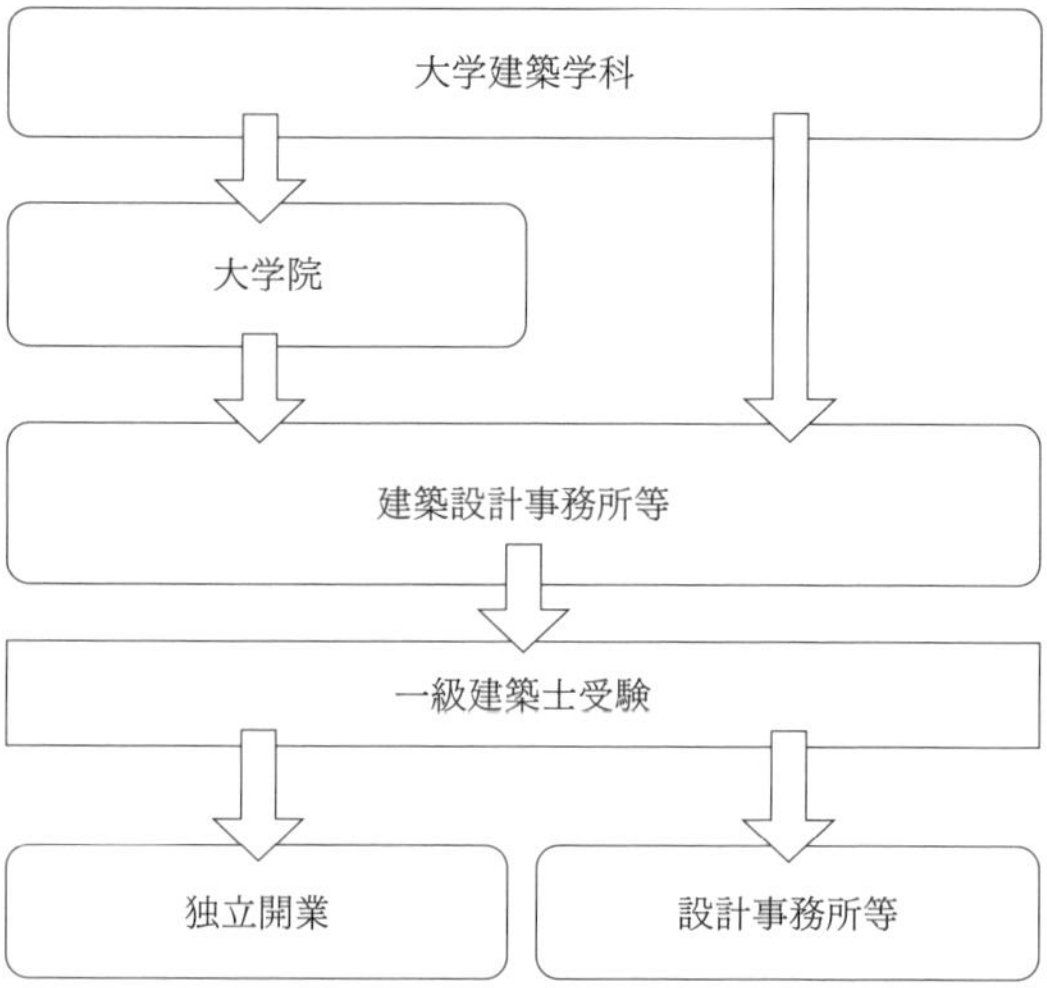

図1 建築士のキャリアパス

なるのも必然である。資格人口の大きさから、そこに商機を見出した資格学校が建築士の受験対策を始める。そこで勉強をした者が合格するようになると、多くの受講生が追随するようになる。そうなると試験を実施する側は「資格学校対策」を講じる。つまり問題を難しくする。そうなればますます資格学校へ通わなければならなくなる。こうしたメカニズムによって、建築士試験の問題は難化を続け、資格学校に通わなければ合格できない現状が生まれたと考えられる。

2 一級建築士を目指す

2-1 まずは二級建築士から——資格学校へ入学

筆者は一九九八年、半年間の「就職留年」を経て社会学部を卒業した。翌一九九九年にZ県にある通信制の芸術大学に入学し二〇〇四年に卒業した。卒業間近の時期のある授業で、大学と提携している大手建築資格学校の入学ガイダンスが行われた。現在の建築士法では、建築学科を卒業するとその年に二級建築士を受けることができる。しかし、一級建築士の受験資格を得るためには大学卒業後さらに二年間の実務経験が必要であった。実務経験は父親が設計事務所を営んでいるのでそこに籍を置き、そこを中心に設計活動をすることによってその要件を満たした。

資格学校が勧めていたコースは一級建築士合格を目標とした三年間のカリキュラムであった。このタイプの学科に入学すると無料で二級建築士講座が付いてくるという。三月に卒業し、早速四月から資格学校に入学し、七月の二級建築士の学科試験を受け、それに合格すれば九月に実施される設計製図の実技試験へと進むというコースである。

しかし、問題は学費だった。三年間の通学プランで一〇〇万年近い金額だ。一括で払える学生は少なく、多くの学生がローンを組んで学費を支払う。筆者もローンを組むことにした。営業の社員が慣れた手つきで月々の支払いをはじき出していく。頭金を少し入れることによって月々の支払いは一万五九〇〇円の四二回払いとなった。金利だけで一〇万円近い額である。受講生が「なんとかなる」と思わせるような月々の支払い金額に設定するのも営業社員の常套手段であろう。そして筆者も月々一万五〇〇〇円程度ならば、「なんとかなる」と思った。そして、契約書に印鑑を押した。四月から学校へ入学することが決まった瞬間であった。

入学が決定すると担当の係がつくようになる。担当は長丁場となる試験勉強のペースメーカとなったり、時には叱咤激励をしてくれたり、相談に乗ってくれたりする存在である。担当職員は受講生の担当をするだけが仕事ではなく、普段は営業の仕事をしている。筆者の担当になったのはK氏という四〇代後半と思しき男性であった。当初は欠席すると彼から電話連絡があったが、本業の営業が忙しくなったのだろうか。しばらくすると連絡をよこさなくなっていった。

2-2　資格学校の厳しさに直面

初回のガイダンスで「絶対に合格する」といった意思表明を一筆入れた誓約書を書かされた。内容は合格を目指してとにかく学習に専念するという、きわめて常識的なものだ。毎回の講義への出欠はタイムカードで厳格に管理され、遅刻すると「叱責」を受ける。欠席すると携帯電話に電話がかかり理由を問われる。多くの者が働きながら資格を取りに来ている。「勉強」から遠ざかって久しい者が多いゆえ、学校の職員は受講生に学習意欲を強く動機付けることも大きな仕事である。

教室の壁には「出席することは合格へ一歩前進」「欠席することは合格から一〇歩後退」「予習、復習なくして合格の道なし！」などと朱色で受験生を啓発する文言が書かれた標語があちらこちらに貼付されている。

また、教室の真正面の上段には「スパルタ教訓」と題した校訓が書かれた額が掲示されている。そこには「一、厳しさを恐れない」、「一、根性を持つ」、「一、人を頼らない」、「一、全員合格」と書かれている。その隣には「教室禁止事項」が書かれた額が掲示されている。「遅刻、欠席、早退」「宿題未提出者の入室」「教室内での飲食喫煙携帯電話の使用」「講義中の居眠り、無駄話、録音」「クラスの和を乱す行為」などが書かれている。

授業の最初には教室長が教壇に立ち、大きな声で「全員起立」という号令をかける。受講生はそれに従い一斉にパイプ椅子から立ち上がる。「気を付け」の姿勢をし、講師の「礼、お願いします」の声に合わせて「お願いします」と唱和する。野太い大人たちの声が教室に響き渡り、「着席」の号令で着席する。授業は最大で一〇〇人程度入る大教室で行われる。中身はＤＶＤによる映像講義である[4]。ここでは居眠りや飲食などは徹底的に取り締まられる、水筒を机上に置くことも禁止だ。皆、真剣な視聴態度を義務付けられる。二級建築士の学科コースに来ている学生は、建設現場で肉体労働をしている風体の若者が多かった。彼らは仕事終わりに、作業着のまま講義を視聴しに来ていた。そのため疲れて居眠りをする受講生も少なくなかった。彼らは巡回に来た職員に肩を揺すられ起こされていた。居眠りは徹底して取り締まられる。居眠りをする学生は高額な金額で購入した学習機会を自ら放棄しているので、まったくの自己責任なのであるが、学校としては「だらけた」雰囲気が蔓延することを恐れていたようだ。

2-3　二級の学科試験をクリア、そして設計製図へ

（1）　手描きの難しさ

やがて七月になり、学科試験本番を迎えた。二級建築士の試験は学科Ⅰ（建築計画）、学科Ⅱ（建築法規）、学科Ⅲ（建築構造）、学科Ⅳ（建築施工）となっている。建築士の試験では数学や物理の知識が必要なのではないかと聞かれることも多いが、基本的には四則演算ができれば対応できる。複雑な公式もあるが、それは公式として意味を覚えてしまえばよい。法規の試験では建築基準法が記載された法令集が持ち込み可能である。『基本建築基準関係法令集』（以下法令集と呼ぶ）という名称で何種類か出版されているが、筆者は学校が推奨する法令集を用いた。総ページ数二一六〇ページ、厚さが七㎝にもなる。レンガ色の表紙がまさにレンガそのものを連想させる。試験会場に持ち込みが可能であるため、この本には試験中、効果的に参照するための様々な工夫を施す。しかしこの本に施せる細工は限られている。傍線を引くことと、簡単な書き込み、そしてインデックスシール貼ることである。二〇〇〇ページに及ぶ法令集の全てが試験に出るわけではない。おおよそ出るところは限られているので、その条文に赤鉛筆で線を引いていく。そして条文が記載されているページにインデックスを貼る作業は重要だが、大変に骨の折れる作業である

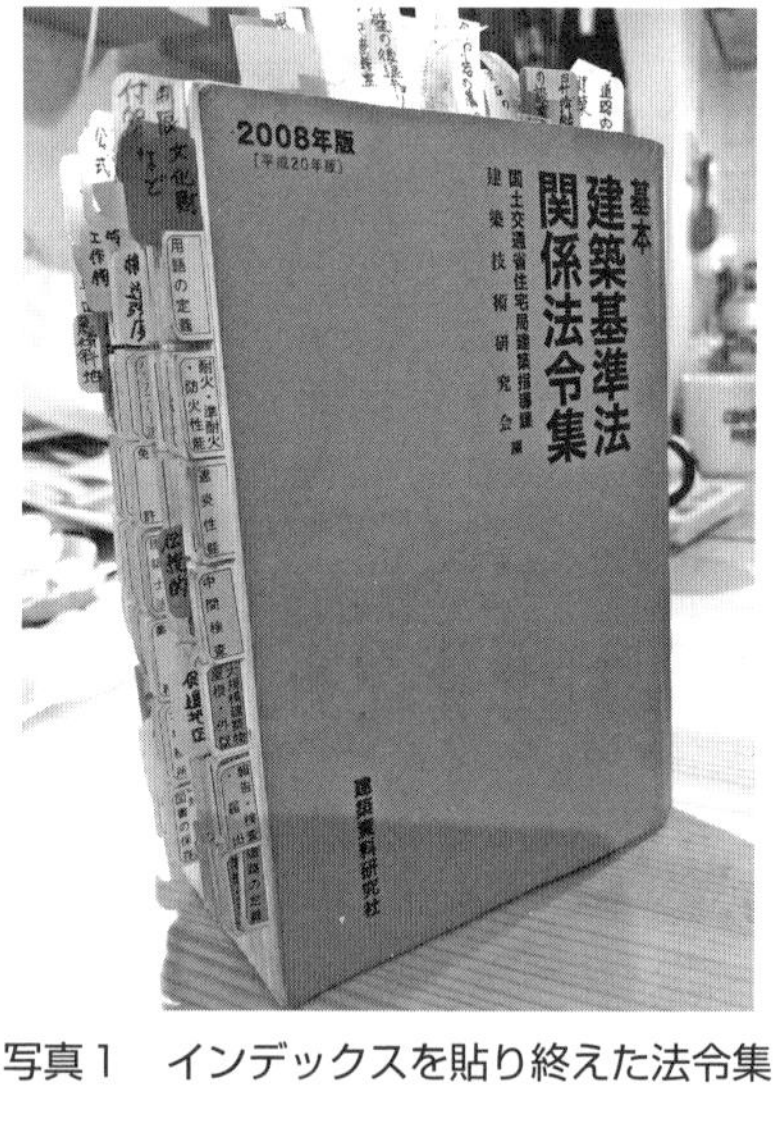

写真１　インデックスを貼り終えた法令集

一級建築士の合格が最終目標である筆者にとって、通過点に過ぎない二級建築士の学科の問題は易しく感じられ、

難なく回答を終え無事に合格できた。

合格発表から間もなく、製図の授業が始まった。製図の授業は一〇人ほどの受講生を一つのグループとし、一人の講師が担当するという形であった。講師は皆現役の建築士であり、日曜日（水曜日コースもある）の休日を利用して学校に教えてきている。多くはこの学校の出身者であった。その講座はリーダー格の講師が全体を統括していた。彼は赤ら顔の五十がらみの男性で、体と声が大きい。「たたき上げの工務店のオヤジ」といった風情だ。

筆者のグループの講師はYさんという四〇代くらいの柔和な雰囲気の男性であった。合格発表から設計製図の試験までわずか二カ月である。その間に、筆者のような「手描きの図面」を一度も描いたことのない者を合格するレベルにまで引き上げるという。これがいかに困難なことであるかをリーダー格の講師は語っていた。同時に、二カ月後にはそのような学生もなんとか、描けるようになるのだということも語った。二級建築士の試験の課題は通常、一戸建ての木造住宅の設計である。通常というのは、数年に一度鉄筋コンクリート造（以下RC造）の課題が出ることもあるからだ。

四時間半の時間で、与えられた課題に則した住宅を設計し、要求図面を描いていく。筆者が受験した時に要求された図面は、配置図兼一階平面図、二階平面図、矩計（かなばかり）図、梁伏図、立面図そして面積表であった。これだけの量の製図を四時間半で書くことは通常の業務では有り得ないことである。

（2）　実力の差を見せつけられる

鉄筋コンクリート造の設計課題が稀なため、講義では、木造住宅が出題されることを前提として進められていく。最初は、線の引き方からだ。垂直線は「上から下」に引くものだと勝手に思っていたのだが、「下から上」に引くものであると教わった。下から上に垂直線を引くことに慣れていないため、身体が思うように動かない。身体に新しい動きを習熟させることの困難さを思い知った。とにかく時間が限られているので、基礎的な訓練は最初の数時間のみで、どんどんと実践的な内容へと入っていく。筆者の隣席の受講生はおそらく二〇歳くらい、明るい茶色に染めた長めの髪、「腰パン」履きしたジーンズとタンクトップという出で立ちだ。タンクトップからは現場仕事で鍛えられた、黒光りする筋肉が盛り上がった二の腕がむき出しになっている。筆者は彼が、その屈強そうな外見に反して極めて繊細で見事な線を引いていくのに見とれていた。速く、そして正確だ。筆者は知人の建築士に借りてきた平行定規に、A2版の用紙をセットしながら、始まってもいないのにすでに自信を失いかけていた。

彼に話を聞いた。二〇代前半の彼は工業高校出身で手描きの図面を描いた経験が相当あるという。改めて教室を見渡すと、筆者のような「素人」は少なく、皆現場でたたき上げたような経験者が多いように見えた。彼は「慣れっすよ」と答え、自分の作業に戻った。取り立てて上達の秘訣などない、ただ「慣れ」があるだけだ。それはあまりにもシンプルな答えだった。ということは、限られた時間の中で練習「枚数」を稼ぐことが合格への唯一の道だということだと理解した。当初はどうなることかと思ったが、彼の言葉通り、慣れてくると時間内で描けるようになってくる。しかし、必要な要素を過不足なく描き込むだけではだめだ。図面の「見栄え」も大きな評価ポイントになる。

皆が描いた図面を教室の壁に貼り、講師が良く描けている図面に絞って講評を加えていく。好評価の図面はたしかに図面にメリハリがある。断面線は太く、見えがかりの線は細めに描く。線にメリハリをつけることによって、図面に表現力が生まれてくることを知った。また図面に書き込む数字や文字も重要であった。図面に記載される文字は独特の形状をしている。建築士の父の書く文字や数字と同じ形状であった。父は筆者が書く文字を「文系の字やな」などと揶揄していたが、なんとなく意味が分かった。文字や数字も重要な記号であるのだ。図面は設計者と施工者を結ぶコミュニケーションツールである。設計者に代わって簡潔にそして的確に意図を伝えるためのツールなのである。それ以来、少しずつ文字や数字の練習も意識して実施するようになった。

（3）　実力不充分、そして本番へ

しかし、本番では「お手本」があるわけではない。出題された条件を全て満たすように、自分でプランを考えていかなければならない。プランを考えていくことをエスキスという。本番ではまず、エスキス用紙を使って一／四〇〇程度の縮尺でプランを練っていく。

この作業が最も重要である。できるだけ完全なプランを作り、全て頭の中に入れておくことが望ましいとされる。実際、エスキス用紙を見ずに図面を描きあげる者もいた。しかし、多くの受講生にとってそれは難しく、たいていエスキス用紙と首っ引きになりながら、図面を作成するのだ。

本番で出題されるのは「近隣の街並みに配慮した車庫付三世帯住宅」という課題(5)だ。構造は木造で、階数は二である。延べ面積は一八〇～二二〇㎡。要求される図面は、一階平面図兼配置図、二階平面図、二階床伏図兼一階小屋伏図、立面図、（以上全て一／一〇〇）そして矩計図（一／二〇）と面積表である。課題のタイトルは事前に知らされているものの、条件が変われば、幾通りも解答が考えられる。

学校では、考えられる様々なパターンの「近隣の街並みに配慮した車庫付三世帯住宅」の図面を作成した。しかし、製図力がついていかず、時間内に完成させることが難しい状態だった。そしてそのような状態のまま本番を迎えた。やはり結果は惨憺たるものだった。図面を描き上げる以前に、プランがまとまらなかったのだ。エスキスの時点で納

得のいくプランが作成できないまま、「見切り発車」で製図を開始した。結果は明らかだった。エスキスを「見切り発車」して本番で描けるようなことは絶対にない。まず、エスキスの段階で、しっかりプランを詰めておかないと、本番ではプランを考える時間など皆無だ。二年目の課題は製図力の向上に加えて、エスキス力をさらに磨いていく必要がありそうだった。

2-4　二級建築士製図二年目

二級建築士の製図に再チャレンジする年度が始まった。本講義が開講されるのは七月だ。それまでの時間は、コツコツと自宅で「自主練」をしていた。

やがて本講義がはじまり、財団法人建築技術教育普及センターから今年度の課題が発表された。今年度（二〇〇六年度）の課題は「地域に開かれた絵本作家の記念館」であり、構造は木造ではなくRC造のラーメン構造であった。これは木造の図面を描くのが苦手な筆者には朗報だった。RC造のラーメン構造は、コンクリートの柱と梁から構成されるシンプルな構造である。ゆえに、複雑な矩計図などに煩わされることがない。ある程度、製図力が付いた二年目にRC造の課題に当たったのは運が良かった。想像通り、RC造の図面は木造の図面に手を焼いていた頃に比べると格段に易しかった。筆者は順調に学校の課題をクリアし、自信をつけていった。

本番では「エントランスが二カ所」という、奇をてらった要件があったが、落ち着いてエスキスをまとめ上げた。そこからは普段通りに図面を仕上げ、時間内に完成させることができた。設計製図試験の合格発表は毎年一二月一日である。筆者は無事に合格することができた。その年の設計製図受験者一万六九三四人、合格者は九四五一人であり合格率は五五・八％であった。

3　一級建築士への挑戦

3-1　二級との違いを痛感した一年目

無事に二級建築士に合格した喜びを実感する間もなく、さっそく翌年の年明け早々に一級建築士のクラスがはじまった。また学科からのスタートだ。一級建築士のクラスに集まっている受講生の面々は二級の受講生比べて随分と雰囲気が異なっていた。二級のクラスが「現場」の人間が多かったのに対して、一級のクラスは設計業務に従事している雰囲気の者が多かった。

「一級は難しい」。何度聞いたかわからない言葉を、やはり通い始めてからも何度も聞かされた。聞かされなくてもテキストを見れば分かる。科目は二級と同様、学科Ⅰ（建築計画）、学科Ⅱ（建築法規）、学科Ⅲ（建築構造）、学科Ⅳ（建築施工）の四科目（現在は五科目）である。しかし、二級とは比較にならないほど難しくまた量も多い。一月の半ばから、毎週日曜日の朝九時から昼過ぎまでカリキュラムが組まれている。一度にテキストを数十ページ進むのでついていくのが大変であった。授業の終わりには確認テストが課せられ、一定以上の点数が取れないと再テストを課せられるのである。本番までに何度か模擬試験があったが、そのどれも思うような点数が取れなかった。

とにかく覚える量が膨大で、なんとか形だけついていく有様だった。そうして、手ごたえのないまま、やがて七月二六日になり、一級建築士学科本試験の当日を迎えた。午前九時に会場となる某大学のキャンパスに到着した。駅から大学前は受験生の長い列ができている。二大資格学校のNとSはそれぞれ大学前にテントを張って、全職員総出で応援合戦を繰り広げている。学校に通っていない独学組に対して、設計製図から入学してくれるように営業活動もしている。筆者は自分の担当職員に会ったので、ウエットティッシュと直前対策冊子が入ったビニール袋を受け取り会場に向かった。

九時半から学科試験の開始である。午前中は計画と構造である。二科目合わせて三時間であり、一科目につき二五問の五択問題である。思わしくないできのまま、時間切れになり、昼食休憩に入った。知り合いを誰も発見できなかったので一人で学内のベンチに座り総菜パンを口にしていると、四方八方から午前の部の答えを教え合う声が響いてくる。構造は計算が壊滅状態だったので、このままでは足切り[6]に引っかかるなと思いながらも、午後で挽回しようと気を取り直して、教室に戻った。昼食休憩を挟んで午後は法規と施工の試験である。試験が始まるとまず、試験監督が順番に、受験生の法令集を念入りにチェックしていく。そう、あのレンガ色のぶ厚い本だ。もし過剰な書き込みなどが見つかったら、その場で没収されてしまう。一問ずつ法令集を照合しながら問題を解くので、法規の試験は法令集がないと絶対に解答できない。ゆえに没収されることは不合格を意味する。幸い誰も没収される受験生は出なかった。結局午後の試験も振るわないまま会場を去ることになった。帰り道で渡される正解番号をもとに、自己採点を済ませ、それを報告するために学校へ戻った。正確な得点は覚えていないが、おそらく四〇点くらいであったかと思う。当時の合格最低点は計画・法規・構造・施工の各教科一二点以上が必要で、総合点六三点以上であった。ここで合格していれば、早速設計製図の試験対策に入るわけであるが、もう一年じっくりと学科対策をすることになった。

3-2 「つかめてきた」二年目

気を取り直して、二年目の学科の学習に入った。筆者は、なんとしても次年度(二〇〇八年度)までに学科試験をパスしておきたかった。なぜなら試験の制度が二〇〇九年度から変更され五科目になることが決定したのだ。五択が四択になるとはいえ、一科目増えるのは相当な負担である。

それはどうしても避けたかった。二年目に入ると勉強の「勘所」が分かるようになってきた。時間をかけるべきところとそうではないところの峻別ができるようになり、前年度よりも効率的に学習を進めることができた。そうして二〇〇八年になり、また一月半ばから七月まで実施される本講座が始まった。基本的に、一度こなしている問題ばかりである。幾分余裕をもって学習を進めた。しかし、模擬試験ではあまり思わしくない成績をとったりもしていたので、合格か不合格かどちらに転ぶかは当日の問題次第だと思われた。前日は朝の九時から午後七時まで図書館で最後の確認をし、帰宅後にもすこし勉強して午前一時に就寝した。

翌朝、二〇〇八年七月二七日の試験当日を迎えた。朝七時に起床し、諸々の準備を済ませ出かけた。受験会場は失敗した前回と同じ大学の教室だ。一時間目は計画と法規だ。昨年あまりきちんとチェックされなかったので、書き残したメモ書きを完全に消さないまま試験に臨んでしまった。試験開始後に、試験監督が回ってきて、一人ひとり法令集をチェックしいく。今年は、じっくり見ているな、それでもまあ大丈夫だろうとタカをくくって順番を待っていた。筆者の横にやってきた試験官がおもむろに筆者の法令集を取り上げ、検分し始めた。試験監督のほうは気にせずに問題に集中しようとする。しかし、なかなか法令集がかえってこない。消し忘れたところがあったか。没収されると、その瞬間、この試験は終わりだ。だんだん心臓の拍動が激しくなり、手のひらがじっとりと汗ばんでくる。筆者はたまりかねて試験官に尋ねた。「何か問題でもありましたか？」試験管は法令集のあるページを筆者に見せながら「これちょっとまずいので消してくれるかな？」と返答した。

そこには純粋に消し忘れた図があった。筆者は書いた事すら忘れていたが、とにかく急いでそれを消して、事なきを得た。この小さなトラブルで少し気分が動揺したが、気持ちを立て直して、続きの問題に取り組んだ。新傾向の問題は割り切って飛ばし、できる問題に注力した。かなりの手ごたえを感じて前半戦を終えることができた。

午前中の試験が終わると一旦昼食休憩に入る。校内にあるコンビニエンスストアが混んでいたので、最寄り駅まで戻った。スーパーで惣菜弁当を買って、その場で食べた。しばらく一人で時間を潰し、再び猛暑の中を歩いて会場へ戻った。会場に着いたら、すでに試験開始の一〇分前だった。ギリギリまで施工の復習と、構造計算の公式を暗記していたら後半科目の開始時間となった。まずは構造の試験である。構造力学の計算問題が六問。内三問は直前に復習しておいた問題だった。「断面二次モーメント」、「全塑性モーメント」「静定構造物」しっかり復習した問題だ、そのため解答に手ごたえがあった。しかし、後半に進むにつれ、あやふやな知識を無情にも突いて来る問題の連発であった。

その年は「アンカーボルトを打つ位置」、「壁率比」など実務で使うような知識が多く出題されていた。施工も同様だった。かなり実務を意識した試験になっていた。途中からバタバタと退席者が目立ち始めた。筆者は最後の最後まで粘って問題を解いた。

自己採点の結果は計画二一点、法規一九点、構造一九点、施工一八点、合計七七点であった。合格最低点は例年六三点前後ということを考えると、学科試験をパスできたことはほぼ確実だ。その年度、全国五九会場で実施された試験の実受験者数は四万八六五一人、合格者数七三六四人、合格率は一五・一％であった。その中には筆者も含まれていた。

さて、ここからがいよいよ建築士試験のクライマックスである。二級建築士学科試験対策から始まった、筆者の一級建築士受験の長い旅路は最終関門へと差し掛かった。憧れでもあった一級建築士の設計製図のクラスへと入門できるのだ。それを思っただけで筆者はささやかな昂揚感に包まれた。

4 一級建築士の設計製図問題をどう解くのか

4-1 設計製図問題の概要

一級建築士の設計製図の体験を記述する前に、ここで一級建築士の設計製図の問題の概要と解答のプロセスを紹介しておきたい。本番ではA３の問題用紙とエスキス用の方眼紙、そして提出用の用紙の三枚の用紙が配布される。配布物はそれだけである。一級建築士の製図試験はまず問題文を熟読するところから始まる。A３の紙にびっしりと要求条件が書かれている。用紙の一番上にはその年の課題のタイトルが書かれている。大きくⅠ．設計条件とⅡ．要求図面等という記述に分かれている。

まずは設計条件からみていこう。まず、この建物がどういう機能を持つ建物で、何を目的にしているのかなどについて記載されている。次に、この建物で特に配慮すべき点が述べられている。[7] 敷地条件に関しては箇条書きの説明のほかに一／二〇〇〇の周辺敷地図が与えられ、周辺状況が確認できるようになっている。つづけて建築物の概要が説明される。二〇〇八年度の課題では「ラーメン構造による鉄筋コンクリート造とし、一部、他の構造種別と併用してもよい。」とされ、さらに「地下一階、地上七階建ての一棟の建築物とし、地下一階を除く床面積の合計は、六〇〇〇㎡以下。」という条件が記述されている。それに加えて特記事項があればここに記入される。二〇〇八年度の試験ではエスカレーターを設置することが求められていたので、エスカレーターの概略図が与えられていた。また、その他の施設として駐車場や駐輪場の必要台数などが記載される。用紙の左半分にはここまでが記載されている。

次は所要室である。どのような部屋が、どのような大きさで、どこにいくつ必要なのかが記載されている。ここが最も重要な個所であり、読み落としは即失格につながる。ここまでがⅠ．設計条件である。用紙の右下一／四程度のスペースにⅡ．要求図面等についての記述がある。ここでは必要な図面とその縮尺が書かれている。二〇〇八年度試験では、一階平面図兼配置図、二階平面図、基準階平面図、そして断面図である。縮尺はいずれの図面も全て一／二〇〇である。そして最後に計画の要点について記述すべき内容が記載されている。

4-2　解答のプロセス

問題用紙を渡されると、まず蛍光ペンで要点をハイライトしていく。とにかくじっくりと時間をかけて読み込む。しっかりと問題文を頭に入れたら次は、二級建築士の時と同様、エスキスと呼ばれる下作業に入る。本番の図面は一／二〇〇であるがエスキスは通常一／四〇〇で描いていく。エスキスで敷地内における建物の配置、部屋の配置、同線の検討などを綿密に行う。特に注意すべきなのは、建築基準法施行令第一二〇条に規定されている直通階段に至る歩行距離[8]、また同一二一条三項に規定されている二以上の直通階段を設ける時に留意すべき「重複距離」というものに特に注意する必要がある[9]。規定に反すると則失格である。この作業には最低でも二時間はかかる。エスキス段階でしっかりと設計をしておく必要があるのだ。しかしエスキスに時間を使いすぎると本番の図面を描く時間がなくなる。とはいえ、エスキスで「見切り発車」をすると、絶対に失敗する。それは先述したとおりだ。本番は、エスキスでまとめたプランを「清書」するというイメージに近い。エスキスが完璧にまとまると、「流れるように」図面が描ける。全体像が頭に入っているゆえ、この線を引いたら、次はこれ、この線とあの線は同時に引こう、などと手が脳とシンクロし自動機械のように手が動いていく。しかし、エスキスが不十分だと、いちいち手が止まる。その時間が積もっていくと大幅な時間ロスとなるのである。

3-3　製図の勉強を開始

（1）選ばれし者たち

資格学校内でも一級建築士設計製図組は、少し「格の違う扱い」を受けていた。少々の遅刻は見逃されたりもしたし、机上にペットボトルを置いていても特に注意を受けたりすることもなくなった。一級建築士の設計製図は二級建築士をはるかに超える難易度である。対象となる建物は、六〇〇〇㎡クラスの規模であり、なおかつ複数の機能を持つ複合施設が出題される。例えば、筆者が受験した二〇〇八年はビジネスホテルとフィットネスクラブからなる複合施設であった[10]。

五時間半の試験時間内で問題を読み解き、要求図面を全て完成させることは二級をはるかに超える難易度である。

九月の合格発表を待ってから試験勉強を開始すると明らかに練習時間が足りなくなる。ゆえに自己採点をして「受かっていると思われる」者は製図の授業に見切り参加することになっている。もしも学科が不合格なら返金される仕組みだ。初回の授業では二級建築士の時と同様、二カ月弱で六〇〇〇㎡規模の建物、しかも、五時間半で設計することがどれほど大変かということが講師から説明され、一瞬で受講生一同を絶望の淵に追いやった。しかし、素人に近いレベルの受講生でも、決められたことをきっちりとこなしていけば必ず合格できるということが伝えられると、少しだけ、教室に安堵の色が広がった。「君たちはもう手を伸ばせば一級建築士が届くところにいる」何度もこの言葉を聞かされたが、「あと一回試験にパスすれば一級建築士になれる」と思うとシャープペンシルを握る手にも力が入った。

（2）　製図コース

製図コースは毎週日曜日の朝八時半に集合し、九時から授業が始まる。初回から数回は、基本的なことを学ぶが、とにかく時間が限られているので、全て実践の中で覚えていく形をとっていた。九月に入ると、午前九時から午後二時半までの五時間半、通しで製図を描き上げる。それから昼食をとり、講評会が行われる。講評会のスタイルは二級建築士の時と同様、壁に受講生の作成した製図を貼付し、講師がコメントを加えていくというスタイルだ。時にはグループ学習も行われ、お互いの図面を見せ合いながら議論したりする。皆一級建築士でこそないものの、建築実務に長けた者たちである。彼らとの議論を通して学ぶことは少なくなかった。

一〇月に入ると、見慣れた教室の仲間たちの姿にも疲労の色が見え始める。あと少しで本試験である。ほぼ全ての受講生が働きながらの参加である。一日ゆっくりして身体を休めたい休日に朝から晩まで製図と格闘しているのだ。この時期になると肩や腰の慢性的な痛み、そして眼精疲労からくる頭痛に悩まされるようになった。

4‐4　設計製図はじめての本番

（1）　会場のセッティングと五時間半の人間関係

試験会場の座席につくと、まず平行定規をセットするところから始まる。たいてい、会場は大学や高校なので一人あたりのスペースは不十分である。小さな学習用の机には平行定規を乗せることはできない。そこで平行定規に角度をもたせるために「マクラ」というものを使う。ボール紙を組み立てた三角柱である。これは試験会場にいけば資格学校の職員が配布をしている。マクラを平行定規の下に敷き、ずれないように念入りに「布製のガムテープ」で留める」「紙製のガムテープ」は跡が残るので使用が禁止されているところが多い。

次に、「製図用具入れ」をセットする。製図用具とは、ブラシや定規、テンプレートなどなどである。筆者はＶＨＳテープのカバーをガムテープで机の際に留めておき、その中にこれらの道具を入れておいた。

これらをしっかりと固定をすると、今度は前後の受講生に挨拶をしておく。もちろん、そのような決まりがあるわけではない。ではなぜ挨拶をしておくのか。図面の作成は平行定規と大きな三角定規の二種類の定規を主に使用する。三角定規の鋭角の部分が前の座席の人の背中を「刺して」しまうことが頻発する。あらかじめ、それを断っておくのである。後ろの人に関しても同様に、少しは気を使ってもらえるように「五時間半の人間関係」を作っておく。試験を受けているとあっという間に感じるが、五時間半という時間は決して短くないのだ。挨拶を契機に、ささやかな談笑が発生し、それによって張りつめた気持ちを少し解放してやることができた。

また、当日の服装にも気を使う必要がある。筆者は深い部分までボタンで開閉できるポロシャツの上に、長袖のシャツを羽織る。空調が聞いていない部屋も多く、暑さ寒さは衣服の脱着で調整せざるを得ないのだ。下半身はポケットがたくさんあるカーゴパンツを履いている。ポケットの中には飴玉や「カロリーメイト」、予備の消しゴムなどを入れている。靴は着脱のしやすいスニーカーを履く。製図が始まると靴と靴下を脱いで裸足になる方が集中できるからだ。当日も、筆者はエスキスが終わって「清書」がはじまると靴と靴下を脱いで裸足になって図面を描いていた。

（2）　想定外の出題

本試験の課題は「ビジネスホテルとフィットネスクラブからなる複合施設」であった。問題は事前に発表されるので、ビジネスホテルやフィットネスクラブを見学したりもした。そのため、ある程度それらの構造や導線についてはわかっているつもりだった。しかし、問題文を読みながら筆者は青ざめた。敷地周辺にあるペデストリアンデッキ(11)からアクセスできるようにするとある。ペデストリアンデッキと、スポーツクラブのエントランスの位置との間には、必ず高低差が生まれるのだが、その処理方法を筆者は知らない。これは困ったと思いながら、課題を読み進めていくと、エスカレーターを設置せよという条件があった。エスカレーターは資格学校では一度も図面を描いたことがないので収め方が分からなかった。この二つの未知の要素のおかげで筆者のエスキスは二転三転し、時間を大いに失った。エスキスを失敗すると挽回はほぼ不可能だ。案の定筆者は全てを描き上げることができずに五時間半の持ち時間を使い果たした。一面でも図面の未完成があると即失格である。解答用紙を提出した瞬間、筆者の合格は来年以降に持ち越された。

その日の夜、インターネットの掲示板では今回の試験についての感想や講評で溢れていた。筆者にとっては途方もなく難しいと思われた試験だが、整合性のあるプランにまとめ上げている者も多かった。エスキス力、製図力全ての足りなさを痛感した一年目であった。

5　一級建築士製図二年目

5-1　ラストチャンス

受験資格があるので、もう一度受ける意思は揺らぎなかった。しかし、また資格学校に通うには三〇数万の学費がかかる。学費ローンの残金に新たに払い込んだ三〇万円が加えられ、さらに二年ローンの完済期間が延びた。

二〇〇九年になり、二年目の製図の授業が始まった。筆者は気分を変えるために平行定規を新調した。新品は高価なのでヤフーオークションで落札した。これまで使っていた平行定規は、肩に食い込むほど重かったので通学の行き帰りが随分と苦痛だった。しかし、新しい平行定規は軽く、それだけでも随分と気分は軽くなった。筆者はこの年に母校の大学院に入学した。平日の昼間は大学院での授業、夜は塾の講師、そして休日は一日中製図の授業という生活がはじまった。

二年目のメンバーは去年から引き続いて受ける者が何名か目についたが、それ以外のメンバーは初めて見る顔が多かった。現在は一度学科試験に合格すれば三回まで製図試験が受けられるが、筆者が学科を合格した年度までは製図のチャンスは二度までだった。ゆえに今回がラストチャンスである。これに失敗するとまた最初から学科試験の受け直しである。しかも次年度からはは五科目である。何としても今年受かっておきたかった。それに、もう休日をこの薄暗い校舎の中で一日中過ごしたくなかった。休日の空いている電車に乗り、駅を降りて人気のないオフィス街を抜け学校に向かう。帰りは疲れた体を引きずって、休日を満喫した人々を乗せた電車に乗り込むのだ。筆者はそんな生活に疑問を感じることが多くなっていた。筆者がここまでして、取りたい一級建築士という資格って一体何なんだ？それは筆者をどうにかしてくれるのだろうか。資格をとれば、そこから先はバラ色なのか。その日の課題がうまくいかなかった日は特にこのような思いにさいなまれながら帰宅の途についた。

5-2「フリハン」の脅威

一年「先輩」であるので最初の数回は余裕があった。初めて受講する人たちが慣れない手つきで平行定規をセットする横で、さも分かったように手際よく用具をセットするのが筆者にとっての小さな快感だった。しかし、そんな小さな優越感に浸れたのも、ほんの最初のうちだけだった。周りの「初心者」たちが製図のスキルを上げていったからだ。周りの「初心者」たちが上達していく中、筆者の製図スキルは停滞状態であった。理由はエスキスが上手くまとまらず時間が足りなくなる、というよくあるものだった。その分、製図のスピードを上げればいいのだが、元来手先が不器用な筆者では限界があった。そんな筆者をしり目に、驚異的なスピードで製図を描く者がいた。彼は「フリハン」と呼ばれる手法を用いていた。「フリハン」とはフリーハンド、つまり定規を一切使わないで描く方法である。設計製図で定規を使わないなんていうことがあり得るのかと思ったが、彼はそれを成し遂げていた。それはもはやアートの領域であった。一級建築士の試験はアートなのか。あるいは、図面を早く描ける「特技」の持ち主が合格する試験なのか。こうした疑問が頭をもたげ、この試験の本質がだんだんと分からなくなっていた。製図の講師は自分が現役の頃は最速で何時間で描きあげた、などと武勇伝を語っていたが、速く描くという「技能」がなかなか身につかない筆者は、徐々にクラスに対して疎外感を覚えるようになっていった。

6　資格学校の面々

一級建築士の設計製図クラスには様々な人々がいた。やはり多くが設計の実務をしながら独立開業するために必要な一級建築士の資格を取得することを目的としていた。設計事務所、建設会社はどこも待遇は厳しい。ある者は今の恵まれない待遇から抜け出すために、一級建築士をとって独立したいと切望し、またある者は会社の中での待遇アップのために一級建築士を目指していた。子どもが生まれたばかりの若いお父さん、子育てがひと段落した中年の主婦、定年間近の建設会社の社員、建築設計事務所に勤めるオシャレな若者。年齢も性別も様々だった。しかし皆それぞれ現状を変えようと思って、貴重な時間と高い学費をつぎ込んでこの場所に来ている。現状が満ち足りている者はおそらくここにはいない。漫然とスキルアップしたいという動機を持つ者や、具体的にいつのことかわからない「将来」のためにこの資格を取ろうとしている者もいない。一級建築士の資格を取ることで、多かれ少なかれ、確実に未来が変わると皆信じていた。やはり建築実務者にとって一級建築士は喉から手が出るほど欲しい資格なのだ。

束の間の昼食休憩や駅までの帰り道くらいでしか、彼らとプライベートな会話をする時間はなかった。一日中図面と格闘していると、人と会話をしたくなるのだ。筆者は、帰りは必ず誰かと一緒に駅までの道を歩くことにしていた。

製図クラスの者ではないが、印象に残っている者がいる。彼はもう何年も学科試験に挑戦している五十がらみの男性だ。薄くなった頭髪は白髪交じりで、いつも黒いフリースジャンパーと、くたびれたジーンズを履いていた。彼は、学校内ではちょっとした有名人だった。彼とは通っているうちに顔なじみになり、筆者に「松ちゃん、松ちゃん」と愛想よく話しかけてくるようになった。彼は、「今仕事はしていない。工務店で働いていたが業績不振で解雇された」と語った。そんな彼がどうやって生活費と学費を捻出していたのかは謎のままだった。そして、一級建築士を取ったら就職活動をしたいとも語っていた。しかし、まだ一度も学科試験をパスしたことはないようだった。模擬試験の成績を聞いても芳しくなかった。何年も勉強をした結果がこれなら、この先も彼が合格するのは難しいのではないかと、勝手に彼の将来を悲観し暗澹たる気持ちに囚われていた。

おそらく資格学校もそれはわかっているはずだ。しかし、彼が学費を払い続ける限り、彼は一級を目指して頑張り続けることができる。資格学校の言い分は「今後の頑張り次第」では可能性はゼロではない、だからこれからも応援していく、というものであろう。さらに言えば、彼は、一級建築士は建築業界では「必要」な資格ではあっても、「十分」な資格ではないことを理解しているのだろうか。おそらく薄々気づいていたはずである。それでも、建築業界に身を置く無資格者、あるいは二級建築士である人々にとって一級建築士という資格は輝いて見えるのだ。もちろん筆者にも輝いて見えた。筆者の父親の頃は一級建築士を取ると親族や関係者を招いて宴席を設けた、という。しかし、資格がその後の建築家や建築士人生の安泰を保証してくれるわけではない。無職の彼にとって、一級建築士を目指して学校に通うことそれ自体が彼の人生の「よりどころ」となっていたのだと思う。

7　そして最後の本番

二〇〇九年一〇月一〇日、これが最後のチャンスと思って臨んだ試験の当日がやってきた。昨年に比べると製図のスピードも、精度も上がっているはずである。

今回の課題は「貸事務所ビル」である。一階部分が自動車販売店、二階以上は貸事務所である。今回特筆すべきは「基準階有効率」（レンタブル比）というものを考慮することが求められていたことだ。レンタブル比とは基準階の賃貸部分の床面積を基準階の床面積で割った値で表される。つまり単純に言うとレンタブル比が高ければ高いほどそのビルの収益性は高いということが言える。今回は七〇％以上が必要とされていた。

昨年のエスカレーターに続いて、今年の「サプライズ」は地下に設けられる機械式の駐車場であった。地上にはターンテーブルとカーリフトを設けるとされ、その寸法が図示されていたが、筆者には機械式の駐車場がよくわからない。機械式のタワーパーキングの図面なら練習時に描いたが、機械式の地下駐車場というものが分からずに相当困惑した。

可能な限りの想像力を働かせ、地下の駐車場を図面に収めた。昨年とは違って、なんとか制限時間内にで描きあげることができた。しかし、学校へ戻って確認すると大きなミスに気がついた。一つの部屋のレンタブル比が七〇％を割っていたのだ。六九・九％、単純な計算ミスだった。そうして筆者の五年間に渡る一級建築士受験はひとまず幕を下ろした。

足かけ五年間という時間と一〇〇万円を超える金額を投資しても筆者は一級建築士の資格を得ることができなかった。後には腰痛とローンの返済が残された。筆者はこれで一旦資格取得を諦めた。再び学科から受験しなおす気力が残っていなかったからだ。もちろん、大学院に入って建築士から研究職を目指そうと進路変更したからという理由もある。

試験というものは結果が全てだ。どんなに努力をしても、惜しくても、結果が不合格ならば投資した時間と金は無駄になる。もちろん、（実務では全く必要とされない）手描きの図面の描き方や、座学の内容は身についたかもしれない。しかし、建築の「知」は基本的に、現場で身につける「知」なのだ。一級建築士の資格ができた当初は、建築の実務をこなしているものに対して、さほど難しくない条件で付与されていたことは冒頭で述べたとおりだ。

現在では、資格取得のプロセスが建築の実務と切り離され[12]、多くの者は高い授業料と膨大な時間を費やし、一人前の建築士となるための通過儀礼と「割り切って」資格取得を目指す。建築設計の実務を志す者にとって、建築士資格の取得は、決して低くはないハードルとして存在している。

一級建築士という巨大な資格が民間の資格学校にとっては、巨大なビジネスとなり、行政にとっては大きな「利権」となってしまっている側面も否定できない。また、リスク社会化する後期近代において、建築士という資格に付随する責任はますます重いものになっている。次節では、まとめに代えてこうした後期近代と建築家の職能について議論する第Ⅲ部へと繋がる課題を提示したい。

8　リスク社会としての後期近代と資格

8-1　天災から人災へ
――信頼のメディアとしての「資格」のゆらぎ

一九九五年の阪神・淡路大震災において、多くの犠牲者の死因が建物の倒壊による「圧死」であったことから、建築物の耐震基準が大幅に見直された。地震は、防ぎようのない天災としての側面から「防ごうと思えば防げたにもかかわらず、それをしなかったことによる人災」の側面が焦点化された。人災であれば、責任の所在を明らかにすることが求められる。行政は早速建物の耐震基準を見直し、一九九五年に「建築物の耐震改修の促進に関する法律[13]」を施行させた。この法律では主に一九八一年以前の耐震基準によって設計されている建物が対象となっている。特に学校、病院、役所などの不特定多数の人々によって利用される一定規模以上の建物を「特定建築物」とし、それらにかんしては、「建築物が現行の耐震基準と同等以上の耐震性能を確保するよう耐震診断や改修に努めること」という「努力義務」が記載されている。ここでいう人災はリスクと言い換えることもできるだろう。そのリスクを最小化するために、現代社会で重要視されている事として「警戒・用心」を挙げている。そのような「警戒のパラダイムが支配する社会では、災厄が顕在化してしまってからでは遅すぎるという精神に基づいて、あらゆる危険の可能性を前もってチェックし、常にそれをモニターしつづけることでリスクに対処しようとする」（三上 2010: 59)。ゆえに、建築物も巨大な地震に耐えられるかどうか「耐震診断」が行われ、不適合であれば補強が施される。そして設計に携わる建築士に対しては、「不正」をしないように監視が行われるのだ。

二〇〇五年に発覚したA元一級建築士による「耐震偽装事件[14]」は一級建築士という資格に対する信頼を著しく貶めた。結果的にはA元一級建築士個人の犯罪ということで決着が付いたが、世間一般の人々の間では「本当にAだけなのか」という疑念がいつまでも払しょくされないままであった。そのような「民意」の後押しもあり、行政は迅速に動いた。二〇〇六年には改正建築基準法案を国会に提出した。それは間もなく可決され、翌二〇〇七年六月二〇日に施行された。改正内容は、一定規模以上の構造計算にピアチェック（第三者によるチェック）の義務づけや、一度提出した確認申請は誤字脱字以外の訂正そして書類差し替えを認めないなどである。しかし、審査される側の建築士はもとより、する側の審査機関にとっても「全貌が明らかにならない」状態が続き現場は大混乱した。その結果審査がストップしたり大幅に遅延したりして、住宅着工戸数は前月比二三・七％減となり、倒産する建設関連会社が増えた。「官製不況」と言える状況であった。

また建築士法も同時改正された。「耐震偽装事件」を生んだ背景には建築士の資格制度をめぐる根本的な問題があるとみなした行政は、大規模な改変に踏み切った[15]。

その結果、建築士という専門職は国土交通省をはじめとする行政の監理・監視が徹底されることとなった。

資格取得後のコストも無視できない。例えば二〇二〇年現在、一級建築士免許を登録しようとすれば、登録免許税六万円と申請手数料二万八四〇〇円を支払う必要がある。さらに平成一八年一二月二〇日に公布された新建築士法により、三年毎に定期講習が義務づけられた。こうした重くなる責任に加えて、建築士は毎回、一万二九七〇円の受講料を支払い、五時間の講習と一時間の終了考査を受ける必要がある[16]。また建築士事務所を開設しようとすれば、管理建築士の資格が必要になった。管理建築士となるには、管理建築士講習を受ける必要があり、一万二〇〇〇円の講習料を支払い所定の講習を受けて、終了考査に合格する必要があるのだ。さらに一定以上の建物の設計には構造設計一級建築士や設備設計一級建築士という新たに創設された資格が必要になった。

不況により仕事が激減するなか、資格や講習が「肥大化」し、それらが建築士にとって時間的にも経済的にも大変な負担になっていることを指摘しておきたい。

8‐2　リスク社会と建築士資格

本書の序章でもすでに述べたとおり、建築士の資格を取っても建築家として仕事ができるわけではない。建築士資格は必要条件であり、十分条件ではない。建築士資格を持たずに建築家として仕事をしている者もいるため、必要条件ですらない。

建築士という資格は不思議な資格である。有資格者であるはずの建築士が作成した設計図書は、建築確認申請という段階で役所や指定確認検査機関にチェックされるのである。

これについて、E氏も以下のように苦言を呈する。

本来免許を渡されている人がなぜチェックされないといけないのか。医者が手術をするのにいちいち厚生労働省の役人が見に来るのでしょうか。

社会学者の三上剛史が「知と無知とのアンビバレンスを抱えた信頼に、半ば信仰にも似た投企に賭けるよりは、事の成り行きをしっかりとモニターし、責任ある者達を監視することの方が合理的に見えるとしても無理はない」(三上 2008: 18) と述べているように、建築士という専門家は、二〇〇六年のA元建築士による「耐震偽装事件」以来、行政による監視の対象となったといえる。[17]

建築士という専門職への信頼が揺らいでいることで、「信頼のメディア」としての資格がますます強く要請されるようになっている。すでに資格を保有している者に対しては定期講習の義務付けや罰則の強化、建築設計事務所に対しては所管行政庁への定期報告の義務化という対応がなされ、これから試験を受ける者に対しては受験資格の見直しが実施された。建築士（とりわけ一級建築士）という資格が建築士という専門家の唯一の信頼のメディアとして機能しているために、あらゆる問題に対する責任が一級建築士という資格に帰せられるのだ。

ゆえに、皮肉なことではあるが、一級建築士という資格を保有していることが、むしろリスクであるということもできる。[18] 経済的時間的に多大なコストを支払って取得した建築士免許が持つ責任の重さは年々増大するばかりである一方、長引く不況は、その資格の責任の重さに釣り合うだけの収入を保証してくれないのはこれまでみてきたとおりだ。[19]

さらに、第9章でも少し触れることになるが、まちづくりの現場で活動する「建築家」のなかには、建築士の資格を持たずに活動する者も増えている。まちづくりの現場では、新築の物件よりも、リノベーションの需要が多い。確認申請の必要ない軽微なリノベーションを主たる業務とするならば、わざわざ高いコストを支払って建築士の資格を取る必要などないし、むしろ資格を取るほうがリスクが高いという認識が広く共有されれば、資格離れが進む可能性も否定できない。

第Ⅲ部において詳しく検討していくが、後期近代を特徴づける脱埋め込み／再埋め込みという終わりなきプロセスにおいて、建築家は再埋め込みのフェーズにおける、顔の見える専門家としての役割を果たせると筆者は考えている。脱埋め込みフェーズを担うのは専門家システムであるが、再埋め込みフェーズでは、人々が必要とする専門知へのアクセスポイントとなる「顔の見える専門家」が必要となる。技術者が匿名性を帯びることを宿命付けられている技術者・エンジニアが脱埋め込みフェーズを担う専門家なら、技術者・エンジニアの側面を持ちつつも、個人として発信し、個人として責任を引き受けてきた建築家は、「顔の見える専門家」としての資質を十分に有していると考える。しかし、第Ⅱ部を通してみてきたように、その責任の大きさと期待される役割に比して経営基盤は脆弱で不安定であり、人々の職能に対する理解も低いのが実情である。

第Ⅲ部では、後期近代という時代特性と、景気変動や災害、そしてテクノロジーの進歩によって翻弄されていく建築家という職能について、多面的な検討を行っていく。

注

（1）阿部真大はこのような本田の主張に対し、専門性という「鎧」の必要性は認めつつも、「時にその専門性が労働者の足をひっぱってしまう場合もあることに注意」（阿部 2008: 282）しなければならない必要性を強く訴える。阿部がこのように述べる理由として、専門性は多大なコストと労力をつぎ込んで身につけるものであり、仕事が合わなくなったからといって、簡単に捨てたり、代えたりできるようなものではないという専門性の持つ性質を提示している。この視点は本章の阿部が照準している職業はケアワーカーであるが、阿部の指摘は本章で照準している建築士という資格にも当てはまる。

（2）もちろん、「一発」で合格しなければ翌年も学費を払い続けることになる。

（3）建築士である筆者の父親（一九七〇年代に一級建築士取得）の話から。

（4）かつては講師によるライブ授業だったようだが、講師の質が均一ではないため教室間で合格率に差があったようだ。それを解消するために全国画一の映像講義を東京から配信している。

（5）二〇〇六年から二〇一〇年までの出題課題は以下の通り。二〇〇六年「地域に開かれた絵本作家の記念館」〔鉄筋コンクリート造（ラーメン構造）二階建〕二〇〇七年「住宅地に建つ喫茶店併用住宅」（木造二階建）二〇〇八年「高齢者の集う趣味（絵手紙）室のある二世帯住宅」（木造二階建）二〇〇九年「商店街に建つ陶芸作家のための工房のある店舗併用住宅」〔鉄筋コンクリート造（ラーメン構造）三階建〕二〇一〇年「兄弟の二世帯と母が暮らす専用住宅」（木造二階建）。

（6）　全ての科目に基準点が設けられており、一科目でもそれを下回ると総得点で合格点を上回っていても失格となる。通常一一点から一五点程度である。

（7）　例えば二〇〇八年の試験では、①ホテル部門、フィットネス部門及び共用部門の異なる機能を適切にゾーニングした計画とするとともに、高齢者、障害者等の利用に配慮した計画とする。②一階及び二階のエントランスホールは、二階でペデストリアンデッキと、一階で歩道とそれぞれ接続し、エントランスホールに設けるエスカレーター及びエレベーターを利用して、常時、自由に通り抜けができる計画。③建築物全体が構造耐力上、安全であるように計画。④建築物の環境負荷低減に配慮した計画。となっている。

（8）　建物の種類と規模によって、直通階段に至る歩行距離が規定されている。おおむね三〇mから五〇mである。

（9）　建築基準法施行令第一二〇条第三項の規定より。第一項の規定により避難階又は地上に通ずる二以上の直通階段を設ける場合において、居室の各部分から各直通階段に至る通常の歩行経路の全てに共通の重複区間があるときにおける当該重複区間の長さは、前条に規定する歩行距離の数値の二分の一をこえてはならない。ただし、居室の各部分から、当該重複区間を経由しないで、避難上有効なバルコニー、屋外通路その他これらに類するものに避難することができる場合は、この限りでない。

（10）　二〇〇〇年から二〇〇八年までの課題は以下の通り。二〇〇〇年「世代間の交流ができるコミュニティセンター」、二〇〇一年「集合住宅と店舗、からなる複合施設」二〇〇二年「屋内プールのあるコミュニティ施設」二〇〇三年「保育所のある複合施設」二〇〇四年「宿泊機能のある『ものつくり』体験施設」二〇〇五年「防災学習のできるコミュニティ施設」二〇〇六年「市街地に建つ診療所等のある集合住宅」二〇〇七年「子育て支援施設のあるコミュニティセンター」二〇〇八年「ビジネスホテルとフィットネスクラブからなる複合施設」。

（11）　高架状になっている歩行者専用道路。

（12）　もちろん全く関係ないわけではないが、「試験と実務は違う」という物言いは受講生、講師問わず頻繁にある。

聞かれた。

（13） 第一章、第一条には「この法律は、地震による建築物の倒壊等の被害から国民の生命、身体及び財産を保護するため、建築物の耐震改修の促進のための措置を講ずることにより建築物の地震に対する安全性の向上を図り、もって公共の福祉の確保に資することを目的とする。」と記載されている。

（14） 二〇〇五年に発覚したA元一級建築士による、構造計算書の偽装事件。本来構造的な強度を満たしていないにもかかわらず、設計図書を改ざんすることによって、あたかも法律を満足しているかのように見せかけていた事件。

（15） それらは次のようなものである。「定期講習の義務づけ」「建築士試験の受験資格要件（学歴要件と実務経験要件）の見直し」「構造設計一級建築士・設備設計一級建築士制度の創設一定の建築物に対する法適合チェックの義務づけ」「建築士事務所を管理する管理建築士の要件を強化」「管理建築士などによる重要事項説明の義務づけ」「再委託の制限」「建築士名簿の閲覧、顔写真入りの携帯用免許証の交付」政府広報オンライン http://www.gov-online.go.jp/useful/article/200809/4.html（二〇〇八年一〇月一日閲覧）。

（16） 改正建築士法（平成二〇年一一月二八日施行）の規定による。管理建築士になるためには、建築士として三年以上の設計その他国土交通省令で定める業務に従事した後、国土交通大臣の登録を受けた登録講習機関が行う「管理建築士講習」の課程を修了することが必要となる。

（17） 先述したとおり、その萌芽は一九九五年の阪神大震災を契機に現れたと考える。

（18） 商店建築や内装をデザインするインテリアデザイナーなどは資格を持っていないゆえに、建築士法の埒外にいる。

（19） この場合もちろん「個人差」が大きく関与するので一概には言えないが、人口の減少や空き家が数百万個存在するという事実は建築士の業務にとって大きなマイナス要因である。

第 III 部

後期近代と建築家の変容

第7章

脱埋め込み化の進行と建築家の役割の変容
――一九七〇年代以降の建築と都市をめぐる状況から

1 はじめに――脱埋め込みの進行

本章の目的は建築家の職能の変容を、後期近代における「空間」の変容と関連付けながら、とりわけA・ギデンズが述べる脱埋め込み／再埋め込みとの関連で論じることである。後期近代論においては、その特質の一つとして「時間と空間の分離」が挙げられているが、それに関してギデンズは以下のように述べている。

前近代社会では、ほとんどの人々にとって、社会生活の空間的特性は「目の前にあるもの」によって――特定の場所に限定された活動によって――支配されていたため、場所と空間はおおむね一致していた。モダニティの出現は、「目の前にいない」他者との、つまり、所与の体面的相互行為の位置的に隔てられた他者との関係の発達を促進することで、空間を無理やり場所から切り離していった。(Giddens 1990=1993: 33)

ここで述べられているのは脱埋め込みという過程の一端である。ギデンズは脱埋め込みのメカニズムをさらに以下の二つに分けて考察している。一つは「象徴的通票」の創造である。「象徴的通票とは、いずれの場合でもそれを手にする個人や集団の特性にかかわりなく『流通』できる、相互交換の媒体」（Giddens 1990=1993: 42）であり、ギデンズはその代表的な例として貨幣をあげている。

もう一つは「専門家システム」の確立である。「専門家システムとは、われわれが今日暮らしている物質的、社会的環境の広大な領域を体系づける、科学技術上の成果や職業上の専門家知識の体系」（Giddens 1990=1993: 42）のことをいう。

他方、地理学の分野でも「空間論的転回」以来、社会学の理論を積極的に援用した議論が展開されている。空間論的転回とは「情報・輸送技術の発達による空間的障壁の溶解や空間経験の断片化と相まって、近代を支えてきた空間の自明性の揺らぎが逆説的に空間概念への関心を高めたことに端を発」する（南後 2006: 190）ものであり、「時間と空間の圧縮」（Harvey 2012=2013）が極限まで進んだ結果、空間は消滅するのではなく、「多様な空間イメージ、そして差異をもった場所を作り出そうとする試みが噴出」していく（長谷川他 2007: 204）のである。

一九九五年の阪神・淡路大震災と二〇一一年の東日本大震災という二つの未曾有の大災害は建築・専門家システムの脆弱性を次々と暴露させた。その一方で、都市や道路といったインフラの復興の意外な速さは、建築・専門家システムによって暗黙裡に作動する知や技術がこの社会の隅々にまで徹底的に行き渡っていることを知らしめるものでもあった。それは「個的」なものなど一切介入する余地のないほど徹底化されたシステムである。

一九九五年の阪神・淡路大震災から二〇一一年の東日本大震災を経るなかで「安全・安心」という「象徴的通票」が創造され、「専門家システム」が前景化されていく一方で、個々の建築家への期待が後景に退いていくというプロセスが静かに、確実に進行していった。そうした状況下、「個」としての建築家に対する社会的なまなざしは、一部のアーティスト的に活動する建築家を除いては、建築・専門家システムにビルトインされた一個のエージェントにすぎないという見方がなされるようになるのである。一例として建築家の山本理顕と社会学者の上野千鶴子の対談をみてみよう。

山本：上野さんが保田窪団地の調査をされたときに、エージェントという言葉を使われましたよね。社会学の調査では日常的に使われる言葉なのかもしれませんが、僕にとっては非常に新鮮だった。建築家もエージェント、それを取材するメディアもエージェント。そのプロジェクトを巡るさまざまな人たちがそれぞれエージェント＝作用因という言葉で並列されちゃうというのがおもしろかった。そうか、僕はエージェントだったのか、と思ったんですよ。

上野：それ以外の何だと思っておられたんですか（笑）。

山本：いや、建築家として僕こそが主体的に関わっていると思っていましたから。先ほどの作家性とも関わっていますけれども、私の作品という意識がやはり一方にはあるわけです。（上野 2002: 253）（傍線筆者）

山本は一九九〇年代後半からの建築家は主体性の発揮が期待される建築家から、システムにビルトインされたエージェント＝作用因に変容したという現実を受け止めながらも、それでも「個」としての建築家の主体性を発揮できる回路を模索する姿勢を崩さないのである。(1)

2　「個」としての建築家の後景化

2-1　シェルター化、パッケージ化する建築

伊東豊雄は「七〇年代以降、建築家は社会から期待されない存在になってしまいました」（伊東 2012: 157）と述べている。また隈研吾は「建築家、あるいは建築というものが自信を喪失しはじめたのは、一九七〇年代ぐらいまでさかのぼれる」（隈 2006a）と語っている。このように「個」としての建築家の存在感が後景に退いていく、そのターニング・ポイントについては、それを一九七〇年前後に求めるのが通説になっている。それでは一九七〇年前後に

どのようなことが起こったのだろうか。それを理解するために、ここで一本の論文に着目したい。それは建築史研究者で建築批評家の神代雄一郎が一九七四年に発表した「巨大建築に抗議する」という論文である。神代はこの論文で、建築の「適正な規模」について論じている。神代は当時建設されようとしていた「四〇〇〇人のホール」について、その建築規模が「非人間的な」規模であり、それが「地域社会から切り離され根なしで大きすぎる」と論難した。そして人間のコミュニティの持つ適正な規模はせいぜい二〇〇戸の家と一〇〇〇人の人口であると述べている。神代はそのような「非人間的な」スケールの建築を手がける建築家を「自らの社会的責任を放棄した」と舌鋒鋭い批判を浴びせている。

その一方で、彼が評価している建築家は地域性を取り入れたバナキュラーな建築をつくるアトリエ派の建築家であった。例として、香川県で活動した山本忠司(2)『瀬戸内歴史民俗資料館』、鬼頭梓『日野の図書館』、槇文彦『代官山ヒルサイドテラス』、前川國男『岡山県立美術館』などが挙げられている。神代の評価基準はあまり明快ではないが、一つの基準として、それが地域やコミュニティといったものを考慮しているかという観点が挙げられる。俯瞰的な視点からみれば、こうした建築作品は、本書の主題に引きつけて論じれば、脱埋め込みフェーズに寄り添った当時の大多数の建築作品に対して、再埋め込みを担うものであったといえる。つまり、神代はモダニズム建築以来続く脱埋め込みフェーズに加担する建築の氾濫に警鐘を鳴らし、再埋め込みフェーズにコミットしていく建築家の出現を待望していたのである。

この論文の重要性を象徴するもう一つの出来事は、本論文に対する反論が林昌二によって書かれ、激しい議論をひきおこす契機となったことである。林は神代論文が発表された翌年、「その社会が建築を創る」と題した論文を発表し「現代日本の建築家は、現代日本に固有の条件の中で、何とかよりよい暮らしが成り立つよう、独自の建築をつくりだす役割を負わされているのです」（林 1975: 140）と述べ、建築は社会の要請によって創られるもので、すでに「個」としての建築家が影響を及ぼせるものではないということを論じた。彼らの論争はアトリエ派と呼ばれる作家性を前景化させる設計事務所と、組織系と呼ばれる組織・ゼネコン系設計事務所の「対立」の発生のきっかけとなった。

「現代建築史」ではアトリエ派設計事務所と組織・ゼネコン系設計事務所の「対立」の起源を一九七〇年代半ばにみており、それ以降前者が作家性を、後者が社会性を前景化させ、「アトリエ派は都市から、組織系は批評から、それぞれ完全に撤退し」それによって「都市空間における設計者の二層構造化は決定的となった」(藤村 2009: 81) と言われている。ここで述べられている「二層構造」とは「巨大プロジェクトから住宅に至るまで、表層を顕名的なアトリエ派の建築家が、深層を匿名的な組織系の設計事務所が分担するという設計者の二層構造」(藤村 2009: 81) のことを指している。このような「業態」としての二層構造化に加えて、もう一つの重要な出来事は「シンボリックな二層化」である。それについて大阪万国博覧会 (以下大阪万博) を例に、考察していきたい。

一九七〇年に開催された大阪万博のメイン会場は「お祭り広場」と呼ばれる広場である。大阪万博は建築家の丹下健三がプロデューサーを努めながらも、シンボリックな建築は建設されず、そのかわりに太陽の塔を中心にして、大屋根が架けられた広場が設置された。そのことについて、隈研吾は一九六四年の東京オリンピックの会場になった代々木体育館と比較しながら、代々木体育館が「日本という国の復興、成長のシンボルとなるような、モニュメンタルなものをつくろう」という迷いのない意志が感じられる一方で「一九七〇年の大阪万博のときは、すでにモニュメントをやる自信がなかったのではないだろうか」と述べている (隈 2006: 246)。また井上章一は、もはや国家が丹下を必要としなくなったと次のように述べている。

かつての丹下はすばらしかった。日本という国家を、一九六〇年代までの丹下は建築でかがやかせようととする。国家もまた、そんな丹下をたのもしく思い、さまざまな企画をゆだねてきた。だが、一九七〇年代以後、国家はその志をかえていく。高度経済成長をへて、経済効率を何より重んじるようになった。国家の体面を建築にたくそうとする意欲は、うしなってしまう。おかげで、国家につくそうとした丹下は用済みとなった。（井上 2014: 444）

磯崎新は、国家を飾るシンボリックな建築の需要が失われていく兆候をいち早く嗅ぎ取っていた。磯崎は自身が中心的な設計者として関わった「お祭り広場」のコンセプトを「広場の装置を可動にして、不確定なイヴェントの発生に対応できるようにするべき」であると主張し、これが基本線として確認されたと述べている（磯崎 1984: 145）。「お祭り広場」のように象徴的で巨大な建築物を建てるのではなく、アクティビティを誘発するための仕掛けを設計するという試みは、一九六〇年代にすでにセドリック・プライス[3]の「ファン・パレス」計画において試みられていた。磯崎はこれを高く評価し、詳しく分析しているが「ファン・パレス」とは以下のような機能を有する施設である。

ひとびとが容易に訪れることができ、余暇の時間にさまざまな活動が提供される。（中略）いわばそれは、移動演劇の小屋であり、サーカスのテントであり、ブック・モビールであり、これらの組み合わせのなかから、地域社会のなかで活動をひきおこしながら、空間的に移動していくアミューズメント・センターなのである。（磯崎 1984: 151）

この「建築」計画はモニュメンタルな構造物ではなく、そこで起こるであろう行為を誘導し、促進していく不定形なプログラムであり、従来の固定的で定型的なハコとしての建築の枠組みからは大きく外れている。「全過程を支配するハードウェアのシステムに関心がそそがれ、建築がシステムのなかに消去されてしまった」という評価を下しているのである（磯崎 1984: 156）。磯崎が企画に携わった「お祭り広場」も「ファン・パレス」同様に、そこで行われるアクティビティのコントロールを前提とした計画であり、シンボリックな全体像を有していない。このような建築の「変化」について森川嘉一郎は万博における「お祭り広場」の登場を一つの画期として捉えたうえで「〈建築〉とは有り体に言ってしまえば、太陽の塔の形をした大屋根のようなものである」（森川 2003: 167）と喝破する。

つまり、宗教や、それに代わって台頭した国家権力や資本など建築の表現に力を要求してきたものが細分化し、流動化した結果、その象徴を永続的に要求する主体が失われていったのである。その結果、建物はシェルターとしての機能を前景化させ、表象機能は別のもので代替されるようになったのである。「『お祭り広場』と『太陽の塔』は、シェルターと表象機能のこの分離を、すなわち建築デザインの失効を、見事に描き出していた」（森川 2003: 167）のである。

このような、建築のシンボリックな役割の失効は九〇年代半ばに日本中を震撼させた新宗教の教団施設において改めて浮き彫りになった。それは、オウム真理教のサティアンと呼ばれる施設である。一九九五年に発生した地下鉄サリン事件等、一連の無差別テロ事件の容疑で教団本部に家宅捜索が入った時、その施設の異様さが全国にテレビ中継された。山梨県旧上九一色村に点在していたサティアンと呼ばれるその施設は工場の廃墟のような建物であった。およそ宗教施設には見えないその外観は建築関係者には大きな衝撃を与えた。例えば隈研吾はその衝撃を以下のように語っている。

> オウムの人々の作った宗教施設もまた、従来の建築観の根本を揺るがした。従来の宗教は、建築の可能性を最大限に利用した。天にもとどくようなシンボリックな外観、天上からの光に満たされた荘厳な内部空間。それらの建築的ディバイスを総動員して、信者の宗教的感情を高揚させようと企んだ。（中略）しかしオウムは違った。彼らは建築に全く期待をしなかった。彼らの作ったサティアンと呼ばれる建築群は、かつてのどの宗教建築とも似ていなかった。ただの粗末なバラックであった。（隈 2004: ii）

建築家を驚愕させ、そして失望させたのは、教団の施設が「眼に見える様式への圧倒的な無関心である。安手の新建材でカバーされた、ただのパッケージとしての建築」（石山 1998: 183）であったためである。このように、一九七〇年代から一九九〇年代にかけての約二〇年間という短い期間に、国家や都市の威信を象徴する建築は、そのシンボル性を失い、シェルターと化し、さらにはパッケージと化していくというプロセスを辿ったのである。

2-2　ハコモノ化する建築

このように、建築がかつて有した象徴的な価値は、一九七〇年代を境に徐々に失われていったのであるが、それは建築に対する侮蔑的な意味を含む呼称が人口に膾炙していく過程とパラレルなものであった。それは「ハコモノ」という呼称である。バブル経済が崩壊して、株価が低下傾向を示し始めても、数年間は建築物に対する投資は伸び続けていたことが図7-1を見ればわかる。日経平均株価が三万八九一五円という最高値をつけたのが一九八九年であったが、建築物に対する公共投資が過去最高を記録したのは一九九四年であった。もっとも、建築物は長いスパンで計画されるので、好景気だったころの計画がその後数年を経て竣工を迎えるということは当然考えられる。しかし、株価がピーク時の約半値へと下落するなか、建物に対する投資が過去最高額となってしまった事態は、建築物に対する人々の心象を大いに悪化させていくことになった。その象徴的な事例の一つが「ハコモノ」という言葉である。

図7-2はハコモノという単語が新聞紙上にいつ頃から、どれくらい使用されてきたのかを集計したものである。これをみると、最初にハコモノという単語が使用された記事が登場するのは一九八五年であるが、一九九三年頃まではほとんど使われていない。しかし、建築物に対する公共投資がピークに達する一九九四年ごろから増え始め、ピーク時の二〇〇九年には一八三件を数えるまでになった。

日本は一九七〇年代から「地方の時代」と言われる時代がはじまったのであるが、その中身は近年叫ばれている

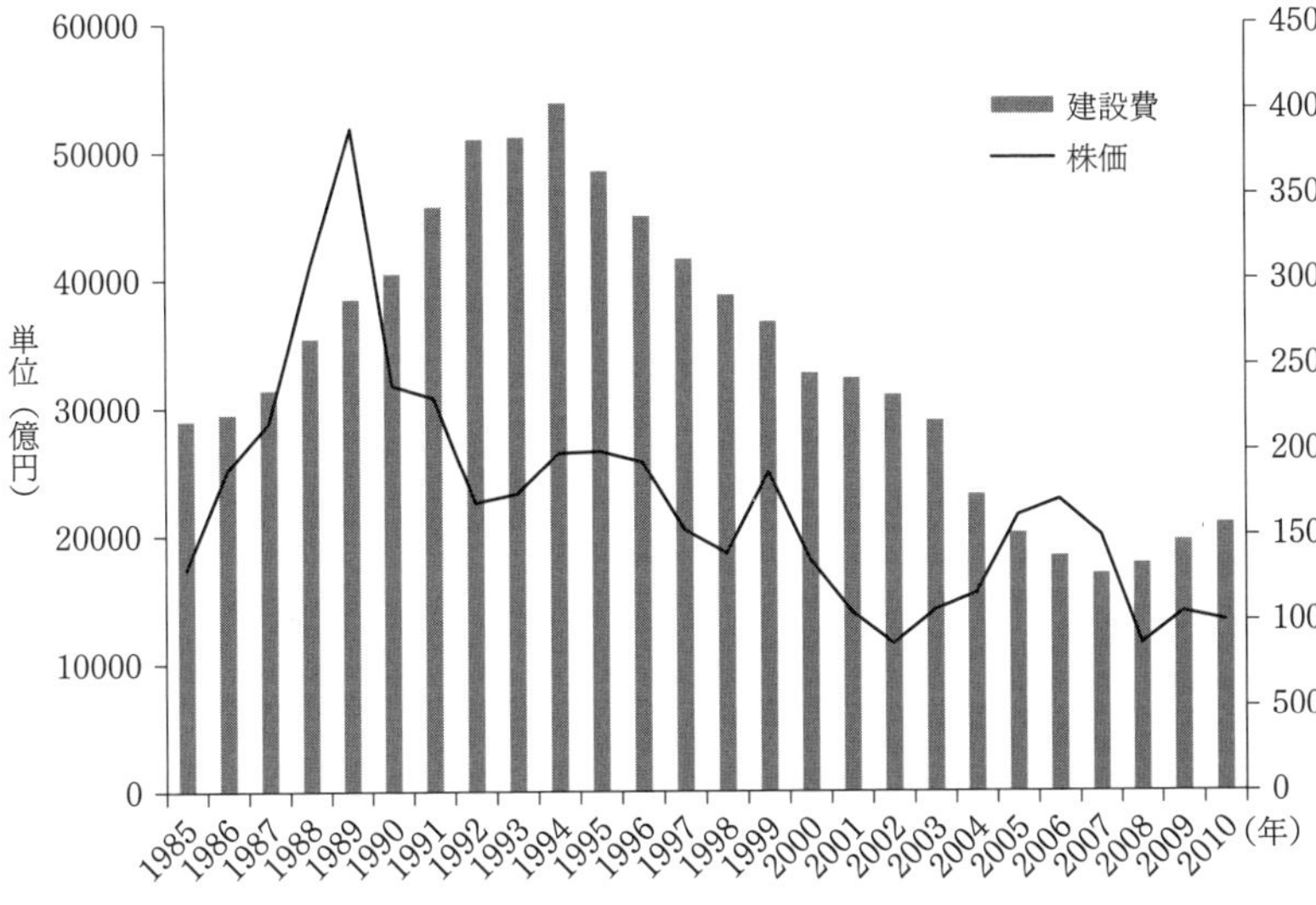

図７－１　日経平均株価と建設費の推移

ような地方分権という色合いではない。むしろ、地方は国土開発のフロンティアとして位置づけられ、魅力的な投資先として考えられていたのである。その流れは八〇年代に入り加速し、政治家は地元に公共施設や道路、橋梁などのインフラを建設することを使命とし、住民もまたそのような利益誘導型の政治家を選ぶ傾向にあった。建設に比較的長い年月がかかる道路や橋などよりも、在任中に竣工する公共建築物が政治家に好まれ、庁舎や各種ホール、あるいは美術館や博物館などの文化施設を地元に次々と建設した。以下に紹介するのは、ハコモノという言葉が新聞誌上に初めて登場した記事からの抜粋である。

文化会館、美術館、図書館、博物館などは「ハコモノ」と呼ばれる。地方ではなかったり、貧弱だったり。その建設が、文化の地方分散を主張する自治体の課題となったのは当然だろう。ハコモノ・ブームは、まだ途絶えていない。ただ公民館、文化会館、市民ホールといった施設はほぼ一巡、いま美術館、図書館、博物館へと移っている。（中略）ほかにもハコモノへの膨大な投資や不似合いな豪華さが問題化している例が少なくない。もちろん、

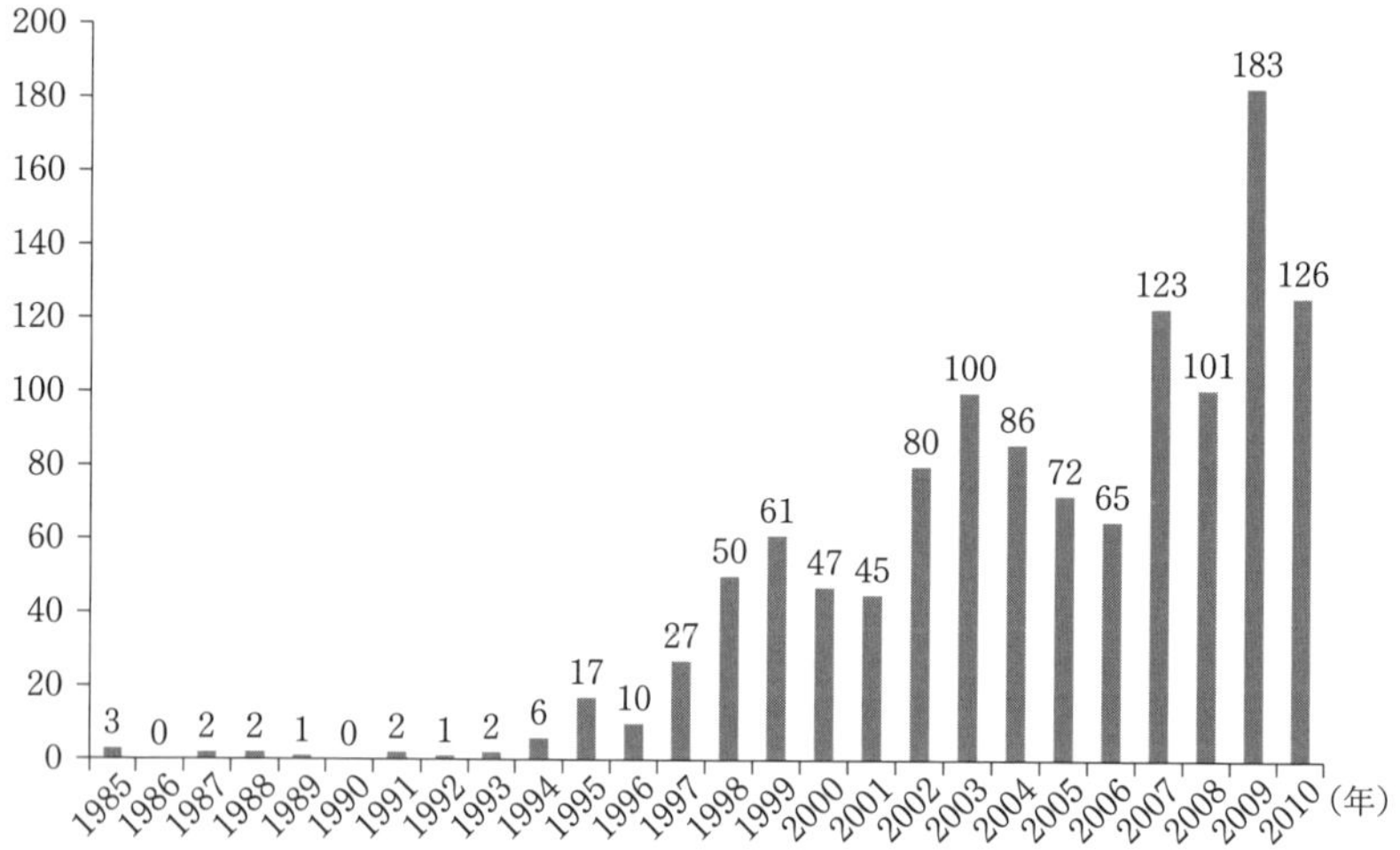

図7-2　新聞紙上における「ハコモノ」という語の登場頻度

> 豪華施設がすべて悪だというわけではない。（中略）要は、住民の要求に応じ、適切に活用しているかどうかであろう。「ハコモノよりココロ」というのだ。（『朝日新聞』一九八五年一月六日付朝刊、川島正英編集委員）（傍線筆者）

「行政の挑戦　ハコよりココロに」と題されたこの記事には指摘すべきポイントが二点ある。一点目はこの記事においては「ハコモノ」という言葉は「建物」の単なる言い換えであって、その使われ方に批判的な含意はないということである。しかしながら、「ハコモノよりココロ」という文言は建物優先でその中で行われるべきアクティビティへの目配りが不十分であるという意味で使われており、そこには後の批判の中核となるような要素の萌芽が看取できる。二点目は「行政の文化化」という言葉である。「地方の時代」が謳われた一九七〇年代以降、地方には様々な行政施設が建設された。それが一巡した後には、記事にも言及されているように、図書館、博物館、美術館などの文化施設が建設されるようになった。この記事も「行政の文化化」のためには地方にも都市に匹敵する文化施設の必要性に、積極的ではないが賛同している論調である。つまり、一九八五年当時においては、ハコモノは建物の言い換え以上の含意はほとんどなかったのである。

2-3　問い直されるハコモノ、そしてポストモダン建築

しかし、ハコモノという言葉が人口に膾炙しはじめる一九九四年以降は、あきらかに建物に対するバッシングの意味が込められるようになっていく。とりわけハコモノが記事になるのは、選挙のタイミングである。一九八五年から二〇一一年一〇月までのハコモノが登場する記事一三〇七件中四九四件が選挙に関係するものであった。これ以降、ハコモノという言葉は主に選挙の争点として紙上に表れてくる。例えば一九九五年の練馬区長選挙をめぐる記事には以下のような記述がある。

区債の問題は、四人が立候補している区長選で争点となり、新顔陣営は「豪華庁舎に象徴されるハコモノ優先の行政の結果。区民一人あたり約二十一万円の借金をしている」「ゼネコンのための区政を行い二十三区最大の借金を負わせた」などと現職候補を批判している。（『朝日新聞』一九九五年四月二一日付朝刊、東京版）

この記事に象徴されるように、最も多いパターンはハコモノの建設を決めた現職と、ハコモノ批判を展開する新人との戦いという構図である。ハコモノを前政権の負の遺産として糾弾したり、新顔同士の選挙戦では、有権者の支持を得るためにすでに予算がついているハコモノの廃止を主張したりするものが多い。景気が後退していくバブル崩壊以降の状況にあって、「ハコモノ＝無駄遣い」という図式が醸成されていく中、新人にとってはハコモノを争点に選挙戦を戦うことは有権者の支持を得やすく、大きな利点となった。そのため、ハコモノはますますバッシングの対象となっていくのである。

多くの有権者は選挙のたびに、なにかしらの「ハコモノ」の是非を織り込んで投票行動をしてきたということになる。

またハコモノバッシングが盛んになりはじめた頃、建築界ではポストモダンと呼ばれる奇抜なデザインの潮流が全盛であった[(4)]。松葉一清[(5)]は「総体的に語るなら、一九八〇年代にはモダニズムを排除し、建築家に全権を与える形

でポスト・モダンが選択された。そして、現実に、バブルの豊かな資金が、様々なデザインの冒険を可能にして、都市を活性化する試みが世界中で企てられた」（松葉 1995: 167）と語る。しかしポストモダン建築はその奇抜なデザインが裏目に出るかたちで、ハコモノの汚名をきせられ一斉に批判の矛先を向けられたのである[6]。

経済は低迷し、なかでも建築業界、不動産業界は最悪の状態にあった。建築、不動産こそがバブルの象徴、諸悪の根源という見方が生まれて、世論もジャーナリズムも建築を敵視する風潮が生まれた。敵視されれば当然こちらの気分は暗くなる。憂鬱だった。海底の気分だった。実際の僕の仕事をかえりみても、この「失われた一〇年」にはほとんど東京での仕事がなかった。地方の小さな町や村で、小規模のプロジェクトに関わりながら食いつないだ。（隈 2009: 282）

このように、一九七〇年を画期としてシンボリックな建築は後景に退き、建築はデザインよりも機能やコストを重視したものへと変わっていく。宗教の伽藍はサティアンに、建築はハコモノに変わっていったのである。

3　外観が消えたハコとしてのショッピングモール

ここまでみたように、建築は一九七〇年代を境にそのモニュメンタルな機能を失っていく。ハコモノという言葉が人口に膾炙するにつれて、建築はそれがかつて有していた象徴的、文化的な意味を剝奪されていくのである。その結果シェルターとしての建築、パッケージとしての建築が前景化されていくのであるが、それはショッピングモールにおいて結晶化するのである。一九九〇年代後半からは、その典型的な事例としてショッピングモールが、とりわけ人文社会系の研究者や批評家によって盛んに議論されはじめる。大山顕はショッピングモールの建築的特徴を以下のように述べる。

モールは内装でできているということです。たとえば都庁と言ったときに内装をイメージするひとはまずいないように、なにか建築物を思い浮かべようとしたときには、その外観を想起するのがふつうです。しかしショッピングモールは、外観が記憶に残らない。ラゾーナ川崎や越谷のイオンレイクタウンの建物をイメージしようとしても、全然思い浮かばない。代わりに想起されるのは内装です。(東・大山 2016: 72)

ショッピングモールは、なぜ内装でできていて外観が印象に残らないのか。このことに関して東は「僕はモールには車で行くことが多いんですね。車はそれ自体が密室なので、家から車でモールに向かうと、感覚的には途中の街が存在しない。家を出て車に乗り込み、次に外に出るのはもうモールのなか」という感覚を語っているが、これこそが建物の内と外とを反転させていることの要因であろう(東・大山 2016: 75–76)。そのように外部を簡素化させたショッピングモールは、内部空間を充実させるための「設計」にその資源を注ぎ込んでいるのである。

阿部潔はショッピングモールの快適性が「敷居も間仕切りもない『オープンスペース』」や頭上から全方位を監視できる監視カメラなど「『快適な空間』を演出するいくつもの『仕掛け』」によって基底的に支えられていると指摘している(阿部・成実 2006)。このように、ショッピングモールにおける快適性は高度な監視技術や身体工学に基づいたテクノロジーによる身体レベルの快/不快の徹底したコントロールと、異質なものを監視し、排除するための様々な「監視のテクノロジー」によって支えられているのである。このようなショッピングモールのあり方は、脱埋め込み化によって生じた「安全/安心」「便利/快適」といった象徴的通票が徹底的に追求された空間なのである。

これらの議論はショッピングモールに限定されず、都市空間にも敷衍されていく。東浩紀は自信がオタク文化批評で展開したデータベースの層とシミュラークルの層という概念を援用しながら以下のように述べている。

データベースの層というのは、工学の層であり、技術の層であり、システムの層であり、社会デザインの層なんですね。これに対してシミュラークルの層は、言語の層であり、象徴の層であり、理念の層。それで僕の社会観というのは、理念や言語が社会を大きく動かす時代は終わっていて、都市計画や情報システムのようなインフラの構造がダイレクトに人々を動かす時代になっている、というものなんですね。（大塚・東 2008: 119）

このように、建築施設や都市空間を二層のレイヤー（層）状に把捉し、不可視化された基底部によって表層がコントロールされるという見立てが主流となっていくのである。このような言説は建築界にも見られるようになっていく。例えば以下のような言説である。

経済のグローバル化と、情報環境の整備による情報化が進展した一九九〇年代、新しい空間の原理が生まれた。それは特に阪神・淡路大震災、オウム真理教事件によって既存の都市インフラの脆弱性が露呈し、「Windows95」が発売され、「インターネット元年」と呼ばれて新しい情報インフラの可能性が顕在化した一九九五年以後のことである。その原理は、とりわけ不動産開発とインテリアの分野に代表される商業建築で、商業的な効率を最大化するという意志とそこで培われた経験に基づき、法規、消費者の好み、コスト、技術的条件などの情報が蓄積されたデータベースを即物的に扱う社会工学的な方法論と、人々のふるまいを物理的にコントロールする人間工学的な方法論とが結びつくことで生まれている。（藤村 2009: 78）

建築家の藤村龍至も、やはり社会工学的な方法論と人間工学的な方法論の二層に分けたアプローチの有効性について言及している。このような時代にあって、階段や壁や採光といった素朴な建築言語でしか空間を設計できない建築家は、人間工学や環境心理学といった、あらゆる最先端の知が投入された「アーキテクチャ」の「設計」にはもはや参与できず、せいぜい表層（ファサード）のデザイン程度の仕事しか回ってこないという指摘がなされ始める。

宮台真司は、一九七〇年代からそれはすでに始まっていると述べ、建築家がアンチモニュメントを掲げ始めた時期から、社会システムの実態と建築家の意図との間に乖離が生じはじめており、目に見えるものをつくる建築家の意図が空回りしはじめたと述べている（宮台 2007）。さらに宮台は、建築家はこれからの社会システムによって需要されるだろうが、それは表層のデザインなど極めて限られた部分へのコミットになると論じ、建築家がシステムの基体や基軸にかかわる設計にかかわることはもはやないと述べている（宮台 2007）。

4　創造的復興と脱埋め込み――阪神・淡路大震災をめぐって

4-1　阪神・淡路大震災と建築技術への不信

一九九五年一月一七日午前五時四七分、淡路島北部を震源とするマグニチュード七・三の巨大地震が阪神地区を襲い、死者六四三四人、家屋被害二五万棟という甚大な被害を出した。阪神・淡路大震災による建物や都市インフラの崩壊は、建築・専門家システムに対する信頼を根本から揺るがし、建築家もまた自信を喪失していく。隈研吾は「阪神大震災では一生分の蓄えをつぎこんで建てた家が倒壊した。その家は幸福の証であり、社会的な成功の証でもあった。その証を震災は狙い撃ちしたのである。震災後は家を持ったばかりに不幸になったという逆転現象がおこった」（隈 2004: ii）と述べ建物を設計する建築家の職能についてやり場のない怒りと無力感を表明している。

例えば、阪神・淡路大震災のような状況になって建物が壊れる。それは予想されなかったことなのかどうか。私は社会の人たちがプロフェッショナルを見ている目がすごく今、不信感にあふれているように思うんです。専門家に任せておけばいいと思っていたけど、とんでもない話だったと思っている。建築家の側にも言い分はありますけれども、しかし、その本当の理由を説明しなかった。つまり「こういう結果になりますよ」と言わなかった。それを言うことがプロフェッションだと私は思うんです。デザインとか、表面上のことはいろいろ言っても、一番肝心なところが抜けている。つまり、アカウンタビリティがなってないことが一番もんだいなんですよね。（内井 2000：229）

震災直後はこうした建築家による建築への反省や失望が多く聞かれたが、その復興過程において、彼らの力が活かされることはほとんどなかった。復興において召喚されたのはシステムとしての専門家であり「個」としての専門家ではなかったのである。

4－2　創造的復興という脱埋め込み化の進行

筆者は一九九五年一月一七日に阪神・淡路大震災を兵庫県西宮市の下宿先で直接経験した。その後の被災地の復興は比較的早かったが、神戸から西宮までの間の主要な駅前市街地の様相は震災前と一変した。木造アパートや旧い商店街や市場は、ほとんどが木造モルタル造の店舗住宅などで構成されていたため、軒並み壊滅的な被害を受けた。そのため多くの商店街や市場は再建されず、駅前の高層マンションが併設されたビルに移設された。道路は拡張され、広い歩道が確保された。公園も改めて整備され、真新しい遊具が持ち込まれた。その公園は、子どもたちの遊び場や地域の人々の憩いの場という位置づけだけではなく、災害時に避難場となることが想定されており、そのためのあらゆる機能（マンホールを使った簡易トイレや炊事場等）が実装されている。また、街区を見渡すと、あきらかに震災前と比べて見通しが良くなった。それは震災直後に高まった体感治安の悪さを払拭する狙いもあった。たしかに不審者が身を隠せるような場所はことごとく取り払われている。ところが、復興が進み、被災地域の都市がその新しい姿を見せ始めるにしたがって、次々とその景観に対する違和感が表明され始めたのである。例えば、生まれ育った実家が被災した経験を持つ経済学者の松原隆一郎は、以下のように復興後の景観の違和感を表明している。

私の実家は神戸市灘区魚崎町にあるが、当時は一九九五年一月一七日の阪神淡路大震災で最も被害の大きかった地域である。その実家が被災したため、私は二日後の一月一九日、自転車をかつぎ電車で現地入りし、実家周辺を見て歩いた。近所に多かった旧い木造家屋や黒塀の酒蔵の大半が全壊しており、懐かしい景観は見るも無惨な状態であった。だが、景観が受けた被害という点でいえば、問題はその後に起きたのではないか。神戸市は全壊・半壊と被害の程度に応じて被災家屋の撤廃費用を肩代わりした。それゆえほとんどの家が半壊以上であったような魚崎地区では、期限内に撤廃が完了しかつての家屋の建材は廃棄されたため、現在は一帯がずらりと新築され、モデル住宅の展示場のように、あたかも足場の浮き上がったかのごとき居心地の悪さとなっているのである。（松原 2002: 58）

このように、松原は被災地の受けた被害を、実質的な建物の被害と、景観の被害の二つがあることを述べているが、景観の被害に関して、平山洋介は、復興後に再建された住宅の多くが採用している新建材が、まちなみを質的に変えてしまった要因となっていることを以下のように詳述している。

市街地の復興は乾燥した景観を作り出した。プレハブ住宅の外壁材料として使用されるのは乾式塗装パネルである。新しい一戸建て住宅の敷地では駐車場が設けられ、震災以前に比べて植樹面積が減少した。三階建て住宅の一階部分は駐車スペースに割り当てられる。残存している〝原っぱ〟は駐車場として利用されることが多い。市街地を歩くときに目線レベルに形成されるのは、塗装パネルと駐車場が連なる平板なシークエンスである。市街地の空間からは陰影と湿潤が奪い去られた。マンションの外壁ではタイル張りが増加した。タイルが覆いつくすダブル・スキンは景観をいっそう乾燥させた。（平山 2003: 48）

平山の言説を理解するために、そのまちに暮らしていた住民の感想を引いておきたい。広告デザイン事務所を経営する田中良平は阪神・淡路大震災における自宅の倒壊からその再建に至るまでを一冊の著作にまとめている。彼にとっての自宅とは「神戸市東灘区森南町に建築して三十数年、三回の大改造をへて、僕たちの暮らしにすっかり馴染んだ木造二階建ての住まい」（田中 1999: 6）であった。しかし、そのように慣れ親しんだ住宅は、再開発によって取り壊された。彼は「被災地のまち並みは変貌をつづけて被災前の風情が消え、見覚えのない景観が現れ始めている」「国が定めた文化的な価値はないが、住民たちに育まれたまちなみの歴史や文化が、建物の倒壊とともに、いま、消滅しようとしている。これでいいのだろうか」（田中 1999: 8）と述べ、率直な疑問を呈している。このような状況は被災地復興の現場で多くみられた。平山はこのような状況に陥った被災地をマーケットシティ(7)と表現している。「そこは住宅・建築・土地の市場が形成され、空間の商品化が進行する。市街地では区画整理・再開発の大規模な事業が始まった。（中略）被災都市の大半を動かすのは市場である」（平山 2003: 39）と看破している。

このような被災地における再開発を促したのは「創造的復興」の大合唱であった。「創造的復興」とはどのような復興だろうか。以下の言説を確認してみよう。

> まず、復興の目標と理念である。〝禍い転じて福となす――〟の言葉が示すように、単に震災前の状況に戻すことではなく、二十一世紀を先取りした安全都市として復興することである。もとより、生活、教育、文化、福祉、医療、産業、住宅等の復興もそれぞれ創造性ある復興でなければならない。（財団法人阪神・淡路大震災記念協会 2005: 27）

すなわち、震災を奇貨として、都市をさらに発展させていこうとする姿勢である。そもそもなぜ、災害からの復興が、「以前よりもよくなる」という理解(8)のもとに進められていくのだろうか。それに関して宮原浩二郎は以下のように述べている。

「災害前より良くなる」ことは、ほとんどの場合、防災力の向上や被災者・被災地への心理的鼓舞をはるかにこえて、都市や地域全体の総合的開発・再開発が意味してきたからである。逆にいえば、「復興」＝「都市（地域の開発・再開発）」というイメージが政府・自治体や防災学界、さらにマスメディアを通じて国民一般のなかに沈殿している。そのために、「復興」＝「災害前より良くなる」というイメージが一般化したのではないだろうか。（宮原 2006: 9）

また、「創造的復興」が掲げる「創造的」というタームには『過去のことは知ったことではない』という過去精算の含意がある」（宮崎 2017: 56）という指摘にみられるように「創造的復興」が過去を積極的に忘却する性質があることも重要である。このような、「災害前より良くなる」という阪神・淡路大震災の被災地の再開発で「創造的復興」のかけ声の下で進行していった空間開発こそ、ギデンズが述べる脱埋め込みの先鋭化した姿であった。ギデンズは後期近代や再帰的近代という時代区分を使用することで、現代をモダニティが徹底された時代であることを強調している。そして時間と空間の分離がモダニティの徹底にとって必要不可欠であると述べる。時間と空間が分離し、それらが標準化された「白紙」（タブラ・ラサ）な次元を形作っていくことで、社会活動は目の前の特定の脈絡への「埋め込み」から解き放たれるというのである（Giddens 1990=1993）。

5　再埋め込みフェーズと「顔の見える専門家」

5－1　「個」としての建築家の奮闘――阪神・淡路大震災と坂茂の挑戦

ここまでみてきたように、一九七〇年代以降、都市と建築をめぐる状況は「個」としての建築家を排除していく方向に進んでいった。「個」としての建築の職能が、基本的には「場所」に結びついている仕事であるとすれば、ギデンズが述べるような脱埋め込み化が進む後期近代社会においては、そのような建築家の仕事は必要ではなくなっていくのは必然であるといえる。脱埋め込み化によって「安全／安心」「快適／便利」といった指標は大きな価値を有するようになった。再埋め込みフェーズにおいてはこうした「安全／安心」「快適／便利」といった指標は一層重視され、具体的な実践や物理的な施設が希求される。こうした期待に応えるものとして「顔の見える専門家」の必要性が高まっていくと考えられる。

以下、建築家の坂茂の事例を検討しながら建築家が主体性を取り戻す回路をいかにして模索したのかについて検討してみたい。

坂茂の名を広く大衆に知らしめた契機は、神戸市長田区を襲った震災の後の火災で焼け落ちた鷹取教会を、紙（強度を持たせた紙管）を使った建築で再建したことであった。坂は震災前から「建築家の社会貢献」に強い関心を抱いていた建築家である。例えば以下のように語っている。

一九九五年一月一七日に阪神・淡路大震災は起きた。ショッキングな出来事であった。自分が直接設計した建物ではないにせよ、建築により多くの人命が失われたということに、建築家としてある種の責任を感じずにはいられなかった。医者や一般人、ＮＧＯは、早速ボランティアに駆けつけた。建築家としての自分にはいったい何ができるのであろうかと思わずにはいられなかった。（坂［1998］2016: 2）

阪神・淡路大震災が発生した一九九五年はボランティア元年と呼ばれるほど、多くの人々がボランティアとして現場に入って様々な支援を行った。現場は瓦礫の撤去や食料の運搬など、とにかく人手が必要なので、「建築家としての坂茂」ではなく、一個人としての坂茂による貢献でも良かったはずである。しかし、彼はそうではなく、「建築家として」貢献したかったのである。彼があくまでも「建築家としての貢献」にこだわったのは、震災を奇貨として建築家の職能を問い直したかったに他ならない。

そのように主張する根拠としては、この貢献が相当な困難を背負いながらの「貢献」であったことが坂自身によって語られているからである。カトリック鷹取教会の建設は建設費と建設ボランティアを全て坂が集めるという条件であった。坂はそのために、義援金を募った。さらなる費用を捻出するために、講演会や展覧会も開催した。また、坂は専属のスタッフを二名現地に派遣していたが、彼らの給料は坂の持ち出しとなったという。金額は明らかにされていないが、坂は相当な金銭的な負担をしていると思われる。それでも坂が最後までやり通したのは、「ずっと以前から、『我々建築家は果たして社会のために役に立っているのだろうか？という疑問をもっていた』」（坂［1998］2016: 168–169）という坂が、震災という出来事を通じて「建築家は医者や弁護士と全く同じように、社会的な何かの役割を果す」（吉田編 1997: 184–185）ことができると考えたからである。坂にとっての阪神・淡路大震災は「個」としての建築家の復権、そして「社会的な役に立つ」建築家の職能の模索の場でもあった。坂の試みは奏功し、坂は被災地における建築家の社会貢献という一つのモデルを提示した。それは二〇一一年の東日本大震災においても踏襲されている。

5-2　東日本大震災と建築家――再埋込みフェーズと寄り添い型の貢献

二〇一一年三月一一日、午後二時四六分、東北地方を震源とするマグニチュード九の大地震が東日本一体を襲い、その後の津波による被害で二万二千人を超える死者・行方不明者人を出すという未曾有の災害となった。浜辺の街は津波によって跡形もなく流され、崩壊した。それは、多くの建物が地震によって倒壊した阪神・淡路大震災後の風景とはまるで違うものであった。阪神・淡路大震災からの復興支援に尽力し、注目を集めた坂の奮闘もむなしく、またも、建築家には復興支援の公的な要請はなかったのである。このことに関して五十嵐太郎は以下のように語っている。

建築界に関しては、震災の後、建築家が行政から頼りにされていないことが判明したというべきだろうか。ゼネコンや大手コンサルティングは、多くの人員を被災地に派遣し、復興事業に大きく食い込んだが、一方で、伊東豊雄や隈研吾など、世界的に活躍する建築家にすら声はかからなかった。建築家は、美術館や図書館などの文化施設をデザインするという意味での評価は認められているが、災害時には関係をもてないことが震災直後にはっきりした。(五十嵐 2015: 69–70)

また、震災を受けて伊東豊雄は以下のように語っている。

復興が動き出すなかで、土木の専門家には各自治体から声がかかりますが、建築家が呼ばれるケースはほとんどありません。多くの建築家は自分が呼ばれないことに失望していますが、その責任は建築家の側にもあります。復興に参加したいのなら、普段から個人の表現行為にばかり固執していないで、もう少し謙虚に社会参加するための活動をしないとまずいのではないか。その意味で今回の震災は、そんなことを考えるほんとうに重要な機会なのです。(伊東 2012: 27)

伊東は、復興支援プロジェクトの要請が建築家にはなかったことを、むしろ奇貨と捉えて建築家の仕事を見直す機会とするべきであると述べている。

震災の直後から、多くの人たちが自分たちにできることは何かを真剣に考え始めました。では、建築家としての自分には何ができるか。その問いを発した時に、同時にもう一つの問いが浮かびます。「日本の社会で、建築家は本当に必要とされているのか」という苦い問いです。(伊東 2012: 22)

一九九五年当時の坂茂と同様の問いを伊東はここで改めて問い直している。阪神・淡路大震災において坂があまり自覚していなかったことを伊東は強く自覚している。それは「建築家は皆、社会のためと考えながら建築をつくっているのに所詮は作品という個人的表現に行き着いてしまう」と建築家の自己表現と社会貢献のあいだに生じるジレンマである（伊東 2012）。つまり建築家の「個」の部分を表に出すべきか、出さざるべきか、さらには、自分は社会の外側にいて、外から社会を批判する立場で建築を考えているのではないかといったことについて逡巡しているのである。そこで、伊東はもっと社会の内側に入ってポジティブに建築をつくりたい、という思いをいだき、そのためには建築家という鎧を身に纏うのではなく、ただひとりの人間として建築を考えてみる必要性について繰り返し語っている（伊東 2012）。伊東は震災を「自分自身を変革する千載一遇の機会」、あるいは「建築家が社会との関係を取り戻すまたとない機会」（伊東 2012: 34）と述べているように、震災を契機に、後景化している「個」としての建築家の職能を前景化させたいと考えていたのである。伊東は被災地に入り被害の状況をつぶさに見て回った。そして被災地の仮設住宅で不自由な暮らしをする被災者の生活をみて、「こうした人々が一緒に話し合ったり、食事のできる木造の小屋をつくることができないかと考え始め」（伊東 2012: 67–68）たという。そこで伊東は、一九九八年から関わり続けている「くまもとアートポリス」の会議の席で、当該構想の話題を挙げた。するとメンバーは賛同し、熊本県知事の支援を取り付けることにも成功した。その結果、伊東の復興支援プロジェクト「みんなの家」は「熊本県から被災地にプレゼントされる」かたちで、仙台市宮城野区の公園内に設置されることが決まったのである（伊東 2012）。伊東はこの集会所プロジェクトに「みんなの家」という名前をつけた理由を「被災地の高齢者と話すのに必要なわかりやすさ」を担保した結果であると述べている。「みんなの家」のコンセプトは「一〇坪ばかりの木造の小屋で、そこには大きなテーブルを置いて、一〇人以上の人々が食事をしたり酒を飲んだりできるような場所」であるという。

工事はせんだいメディアテークを請け負ってくれた建設会社が赤字覚悟でやってくれることになりました。屋根材やガラス、キッチンや衛生陶器、照明器具なども多くのメーカーが無償で提供してくれました。このように多くの人々の心がひとつにつながって、正しく言葉通りの「みんなの家」が実現できる運びとなりました。
（伊東 2012: 72–73）

伊東は「みんなの家」が業者の援助や寄付によって完成したことを告白している。伊東の下に寄付が集まり、建材が整い、職人が集結し「みんなの家」が完成したという事実(9)は、確かに伊東豊雄の貢献ではあるだろうが、はたしてこれは建築家に何ができるか、という伊東の普遍的な問いに答えたことになるのだろうかという疑問が残る。それについて「世界的な名声を有する伊東だからこそ可能になった貢献である」という評価を下すこともあながち的外れではないだろう。それでは伊東のように有名性を有していない建築家の貢献としてはどのような実践が行われているのだろうか。最後に被災地における建築家の社会貢献ネットワークとして活動している「アーキエイド」をとりあげてみたい。

アーキエイドとは東日本大震災に直面した建築家によって震災直後に立ち上げられた賛同者三〇三人のネットワークであり、地域支援、人材育成、情報共有という三つの活動網表を持ち、七自治体と連携した数十地域での活動を通じて、建築家ネットワークが拓く復興まちづくりの可能性を広げている。（福屋 2013: 38–39）

福屋粧子は東日本大震災におけるアーキエイドの活動が、建築家の職能を拡張する契機になっていると述べ、以下の三点から建築家の職能の拡張を論じている。

一点目は、「ビジョンを共有する」ということである。被災地におけるキャンプを通じて、建築家と学生が一体となって集落全体の復興ビジョンを作成した。それは「応急的状況での建築的能力の拡張」であるという。二つ目は、「プロセスを並走する」というものである。ここでは東京工業大学の塚本由晴研究室が実施した神社再建の試みが例示されているが、合意形成や建設に長い時間を要するコミュニティやコミュニティの中核を成す施設（寺社等）の再建に長い目で取り組むということである。[10] そして三点目が、「議論のプラットフォームをつくる」ということであるという。アーキエイドには実践的議論のプラットフォームとして半島支援勉強会があり、それには毎回一二〜一五の大学が集合し、月に一回のペースで活動が実施されているという。ここで述べられている活動は「これまで建築家の職能の中心として考えられてきたものとは大きく離れて」いるという（福屋 2013）。「これまで建築家の職能と考えられてきたもの」とは第二章で提示した隈研吾や安藤忠雄の実践、つまりアーティストとしてのブランドを獲得し、クライアントとの安定した信頼関係の中で作品としての住宅（や他の建築物）を設計するというものである。そのような「旧い」職業実践は、すでに成功したごく一部の建築家を除き、後景に退きつつあることがここでも示されている。

6　まとめ

ここまで脱埋め込みプロセスの進行という視角から、建築と都市をめぐる一九七〇年代以降の状況を検討してきた。一九七〇年代以降、都市と建築に生じた現象は建築の後景化と、アーキテクチャの前景化であった。したがってシンボル性をまとった建築は不要になり、その設計者である「個」としての建築家は用済みになった。そうした中、アーキテクチャを支える一エージェントとして専門家システムの中に組み込まれていく流れが静かに進行していった。もっとも一九八〇年代のバブル経済による突発的な建築ブームの到来によって、その進行は見えにくくなっていたが、バブル崩壊以後はハコモノ批判という形で再び表面化した。

さらにその後は、建築の不在は可視化された状況として進行していった。例えば、それは外観を持たないショッピングモール、プレファブの安普請に建物と同規模のサイズの看板を装着したロードサイドショップ、そしてオウム真理教の教団施設であるサティアンであった。

さらに阪神・淡路大震災の発生とその復興は、脱埋め込み化を加速させ、インナーシティの様相を一変させた。「安全/安心」「便利/快適」という象徴的通票が広く流通した結果、阪神間の駅前には高層マンションとショッピングモールが建設され、いたるところに公園が整備された。幅員をたっぷりとった歩道を併設した広い道路が縦横に整備され、街区の見通しは良くなり死角は消えた。「きれい」で便利になった街には人々が押し寄せ、阪神間の主要な駅前はまさに「創造的復興」そのものといった様相を呈している。

阪神・淡路大震災における坂のボランティアや地元の人々との協働で成し遂げられた教会の再建プロジェクト、そして東日本大震災の復興における伊東豊雄やアーキエイドの活動は、脱埋め込み化によって捨象された「個」としての建築家＝専門家が、その主体性を悪戦苦闘しながら恢復させようとする試みであった。そうした彼らの姿は、取りも直さず後期近代における再埋め込みフェーズで求められる「顔の見える専門家」の姿でもあった。

坂は、二〇一一年に発生したクライストチャーチの震災においても紙管を使った教会を建設している。彼はそれを「市民に愛される『モニュメント』」(五十嵐・山崎 2011: 43) であると述べていることからも、その姿勢は「創造的復興」の延長上にある。

伊東の試みは、「みんな」の「家」を再建するという意味において、再埋め込みへの加担の実践であった。また、アーキエイドの試みも、「ビジョンを共有する」「プロセスを並走する」「議論のプラットフォームをつくる」といった三つの要素の、そのほぼ全てにおいて再埋め込み化への参与であると解釈できる。再埋め込み化のプロセスは顔の見える専門家の息の長い活動が必要とされるのである。アーキエイドの建築家たちはその役割を十分に果たしているし、それを果たすことで、新しい建築家の職能のフィールドが開拓されていくのである。第9章では、そうした新しい建築家の職能を切り拓いていく建築家の職業実践について、インタビュー調査と参与観察から得た実証的なデータを示しつつ、議論を深めていくことにする。

注

（1）山本理顕は建築や建築家と社会との関連に最も自覚的に思考してきた建築家である。例えば建築家高松伸との対談では、自分が設計したあるクリニックの評価に関して以下のように述べている。

> 例えば、批評家は、細いH鋼を使い今までとはちょっと違うものを作ったと、建築家の軌跡の一端としてこれを評価するかもしれません。しかし、そうした言い方と、これがアルツハイマーの人たちにとって新しい試みであるというのは、また違う評価の仕方です。そして二つの評価の仕方は、今まではうまく噛み合っていなかったのではないか。（高松 2001: 6）

（2）建築家（一九二三～一九九八）。香川県出身。香川県庁建築課に長く勤めた。『瀬戸内歴史民俗資料館』で日本建築学会賞を受賞。

（3）建築家、都市計画家（一九三四～二〇〇三）。

（4）橋爪紳也はポストモダン建築を特集した『ニッポンバブル遺産建築一〇〇』のなかで、ポストモダン建築の意匠を、後にバブル経済と呼ばれた時代状況に当てはめて以下のように論じている。

> バブル経済期に流行し、その頂きを極めたポストモダニズムの建築群は、工業化社会の金科玉条である「合理性」「機能性」、そして結果としての「効率」に反旗をひるがえす。様々な手法で「均質」を打ち破り「差異」を強調する。いかに自由に発想し、隣あうものと異なる建物を生み出すのか。ポストモダニズムを標榜する建築家たちのわがままな自己主張に、施主であるデベロッパーや企業、自治体も、そして資金を融通する銀行やノンバンクも納得していた。誰もが時代に踊らされていた、いや踊っていたのである（橋爪 1999: 8）。

（5）元朝日新聞記者・建築評論家・武蔵野美術大学教授（一九五三～二〇二〇）。松葉は朝日新聞記者として旺盛にポスト・モダン建築を取材し、新聞という媒体を使って広くそれを大衆に紹介した。さらに『東京ポストモダン』（一九八五）『現代建築ポスト・モダン以後』（一九九一）などポスト・モダン建築を主題とした著作を発表し、ポスト・モダン建築を人口に膾炙させる役割を果たした。

（6）社会学者によるポストモダン建築批判として宮台真司は「建築家がハコモノ単体に付加価値を与えようとしてつくり上げる様々な物語と、実際にその場所で人々が営んでいるコミュニケーションの現実とが、深刻に乖離した時代」であると述べ、具体的には建築家が趣向を凝らした意匠をまとわせた建築が「ほぼ例外なくテレクラの待ち合わせ場所」になっていたことを半ば揶揄的に語っている（宮台 2007: 474）。

（7）このような状況は被災地に限らず、ポスト戦後住宅システムの潮流として一九九〇年代半ばから始動する、橋本内閣下における規制緩和の一つである、土地と金融政策のスキームの見直しが、二〇〇一年の小泉政権下における大規模な都市再開発プロジェクトを準備した。そこでは土地や不動産は「所有から利用へ」とそのパラダイムを変えていき、土地の流動性を高め都市開発を加速させることを意図していた（佐幸 2011）。

（8）宮原は「しかし、冷静に考えれば、『復興』＝『災害前より良くなるとする理解』は、この言葉の字義を逸脱している。『復興』の字義は『一度衰えたものが、再び盛んになること』、である」と述べている（宮原 2006: 9）。

（9）竣工した「みんなの家」は国際的な名声をほしいままにしてきた伊東の他のどの建築作品にも似ていないものになった。外観は一般的な民家そのものである。世界的な現代建築家として名を馳せる伊東豊雄の手がける建築が、木造の躯体に切妻屋根を戴いた「普通の民家」という意匠であったことに対して、伊東は周囲から驚かれたということを告白している。

（10）建築家が地域性のシンボルである神社の再建に継続的に関わっているという事実は建築家が再埋め込みにコミットしていることの証左である。建築家の再埋め込みの実践に関しては第9章で詳しく論じる。

第8章

コンピュータ・テクノロジーの進展と建築家の職能の変容

1　本章の目的

1－1　問題の所在

序章で述べたように、後期近代において、専門職をめぐって生じているのは権威の失墜や信頼の低下、つまり下方に向かって一方向に向かう動きではない。むしろそれは、専門職の信頼構造の変容、専門職サービスの多様化、さらには新しい専門職の誕生といった、生成と変容を繰り返すダイナミズムなのである。したがって、そのダイナミズムを取りこぼさない動態的な研究視角が求められる。

本章ではこのような問題関心の下、建築家を巡る（コンピュータ）テクノロジーの進展と脱専門職化の関連を、「リスク社会における専門職の信頼」という視角から実証的に検討していく。具体的には建築家の設計現場が、手描きからCADと呼ばれる設計支援ソフトを使用したものへと変わる過程において、職能やクライアントとの関係性がどのように変化していったのかについて、建築家へのインタビュー調査から得られた語りのデータを検討することで明らかにしていきたい。

これまでの技術論における CAD や図面に関する議論は、図面を建築家の思考を固定するための手段と、意思伝達の手段という図面の持つ二面性に着目したり、あるいは設計労働を創造的な過程とルーチン的な過程に区分したりして捉えるという、設計労働の一つのプロセスが持つ二面性について検討するという視角が前景化されてきた（森本 1993）。しかし本章では、そのような「手段」や「過程」として図面を捉えるのではなく、シンボルとして図面を位置づける。つまり建築家が描く図面に向けられたまなざしを検討していくのである。そうすることで、技術論では見えてこなかった技術系専門職としての側面を有する建築家の職能の変容を可視化できるようになると考える。

1-2　建築家の未来予測

建築家の仕事場にコンピュータが普及し始めた当時、コンピュータ化の未来予測が盛んに語られた。例えば建築史家の鈴木博之は、建築の場面にコンピュータが高度に進出した場合の未来予測を以下のように語っている。

仮にもしこの試みが成就されるとすれば、建築家の職能というものが本質的に変わってしまう可能性がある。建築のデザインは、もはや難しいドローイングの技術や、計画の方法、装飾などに対する経験的知識をマスターした一部の限られた者のみの占有物ではなくなるであろう。建築のデザインについてのゲームがより知的に洗練されたものとなり、建築家でなくても誰でもがプレーすることが可能になるわけだ。このとき、建築家がもはや一品生産の実態を作る必要はない。建築家に代わって、このゲームを作る建築文法設計家とコンピューター（ママ）のオペレーターがいれば十分だということになる。（鈴木他 1989: 261）

鈴木の指摘から約三〇年を経た現在、その予言が描き出すような仕組み、つまり「建築文法設計家」と「コンピュータのオペレーター」による建築物の設計の仕組みは実現していない。たしかに、CAD オペレーターという仕事に実施図面を描かせる建築家は少なくないが、それが建築家の職能を凌駕するほど、あるいは匹敵するほどには影響力を持ち得ていない。

しかしながら、この「予言」の重要なところは、統合されていた建築家の職能が二つに「分離」するというところにある。それは「個」としての建築家にシンボリックに統合されていた神秘性や秘儀性をまとう様々な技術や技能が分解され白日の下に晒されていくということであり、それは建築家の職能にとって極めて大きな意味を持つのである。

1－3　高度情報化社会と建築家

第1章で述べたように一九六〇年代に成立した住宅産業は、その後規模を拡大し続け、現在では日本の経済を支える巨大産業へと成長した。住宅は建てるものから買うものへと変わり、住宅を求める人々の意識は消費者へと変わった。その結果「住宅のイメージにしろ、その生産技術にしろ、その主導権を担っているのは各メーカーの商品住宅であって、建築家ではない。住宅について建築家に残されているのは、個別の住宅設計という極めて自閉的な回路でしかない」という状況下で開始された（布野 1989: 216–217）。

その一方で、商品化された住宅とは一線を画する住宅を設計することで、その存在感を保ち続けてきたのが建築家であった。その住宅はときに個性的で奇抜なデザインを有するものであり、ときに住宅のあり方を根本から問いかけるような批評性を含むものでもあった。第2章で述べたように、彼らの設計する住宅は、画一化された「商品住宅」に飽き足らない一定数のクライアントの要求に応え、ブランド的な価値を付与されることで、消費社会の中に確かな地位を築いた。

そのような彼らの建築家としての仕事に対する信頼を支えていたのは、手描きの図面やスケッチであった。南後由和の言うように、建築の生産のプロセスは設計→構造→設備→施工→管理という集団制作のフローによってなされるが、建築家の個人生産の次元は、設計の際のドローイング図面にある。それら手の痕跡が「署名」ともなるのである（南後 2008）。

しかし一九九〇年代前後から、設計の現場にＣＡＤと呼ばれるコンピュータ・システムが普及していくにつれて、手描きの図面は姿を消していく。現在では、現場における図面作成はほぼ一〇〇パーセントＣＡＤが使用されている。ＣＡＤの普及は現場の建築家の仕事を効率化・合理化した。ところが、効率化・合理化されたことにより、彼らに対する設計の依頼が増え、結果として収入も増えたのだろうかというと、そのような結果にはなっていないのである。むしろ逆に、建築家の職能に対する信頼を縮減させていくような事態を招き寄せているのである。

ＣＡＤは建築家にとっては、製図のための道具であるにすぎない。しかし、その道具であるＣＡＤの普及が、意図せざる結果として建築家の専門家としての信頼を縮減させ、権威を凋落せしめている可能性があるのである。そこで本章では設計のコンピュータ化が、建築家の職能をどのように変容させているのかについて記述分析を行っていく。

2　ＣＡＤはどのように建築家の仕事を変えたのか

2－1　建築家の設計労働とそのＣＡＤ化

建築家の労働である設計とはどのような労働なのだろうか。一般的な定義では「製作・工事などに当たり、工費・敷地・材料および構造上の諸点などの計画を立て図面その他の方式で明示すること」（広辞苑第四版）とある。労働的な側面からみれば「紙を労働の対象として、定規・平行定規・ドラフター・計算器などの間接的労働手段や、へら・墨さし・筆・烏口・エンピツなどを使って設計図書を作成する過程である」（森本 1993: 663）といえるだろう。

建築設計の現場においては、一九八〇年代から徐々にＣＡＤの導入が進み、一九九〇年代から一気に普及が進んでいった。(1)ＣＡＤとはComputer-Aided Designの略語であり、コンピュータの高度な図形処理機能を利用した建築などの設計システムのことである。建築家はシャープペンシルの代わりにマウスを握って図面を描くようになったのである。CADの登場は建築家を製図という肉体労働から解放した。かつてそれは常に手首や指先の腱鞘炎や腰痛、頭痛などといった身体的苦痛と背中合わせの重労働であった。CADがもたらしたものは単なる製図という仕事の省力化だけではなかった。高度なシミュレーション機能により内観や外観のイメージの確認や曲線を多用するなどした、より複雑な形態の構築が可能になったのである。

2-2　自由な形態の実現

これらの技術は一九八〇年代から現れ始めたポストモダンと呼ばれる一連の新しい建築の表現様式を次々と可能にした。一九九四年に竣工した「関西国際空港ターミナルビル」の設計はイタリア人建築家レンゾ・ピアノ(2)と岡部憲明によって行われたが、その三次元曲線を多用した造形はコンピュータなしでは実現不可能であった。こうしたCADの性能の高まりによって一九九〇年代後半にはアイコン建築と呼ばれる強い記号性と象徴性を持つ建築が世界各地で実現され始めた。例えば建築家フランク・O・ゲーリー(3)が設計した『ビルバオグッゲンハイム美術館』(一九九七)などはその好例である。

彼は建築の意匠に有機的な形態を取り入れ、実体化していく手法を確立した建築家である。そのために彼は、航空機を設計するために開発された三次元の複雑な形態を扱えるソフトウェアCATIA(4)と三次元スキャナー、及び3Dモデラーを導入することで、模型の形態をコンピュータの仮想空間の内部で三次元のまま具体化していくことを可能にした。それにより彼は「建築物を、彫刻家が彫刻をつくるように、あるいはファッション・デザイナーがドレスをつくるように形づくることを可能」(Gehry 1999=2008: 216) にしたのである。事実、ゲーリーは「建築を曲面で形づくることを可能にしてくれました。結果的に私たちが手に入れたのは、デザインの自由度です。形で遊ぶことができるようになりました」(Gehry 1999=2008: 48) と述べている。

ＣＡＤの発展はゲーリーの作品に見られるような造形面への貢献だけではなく、その業務内容も大きく変えた。離れた場所の構造設計者や設備設計者とのやりとりも、図面をデータ化しそれをネットで送信することによって容易に行うことができるようになった。それまでは図面の現物を携えた技術者が現場を走り回っていたのであるが、ＣＡＤの登場により建築家の作成する設計図書がデジタル情報となり、オンラインによる情報のやりとりへと姿を変え始めた。それによって設計変更も容易になり、設計の現場は大幅に効率化された。

ここまで見てきたように、建築設計という職能において、ＣＡＤ化は一方で建築家に自由自在な造形を可能にする「魔法のツール」として、もう一方では、業務に革新的な効率化をもたらす、理想的な技術進化として建築家や研究者は捉えている。このような状況はギデンズが述べる以下のような状況を生み出したのである。

情報テクノロジーの普及拡大は、労働力の一部の部門に、刺激に満ちた好機を確かに創りだす。たとえば、メディアや、広告、デザインの領域では、情報テクノロジーは、たんにその専門領域の創造性を高めるだけでなく、一人ひとりの労働形態にフレキシビリティを導入する。(Giddens 2006=2009: 758)

このように有名建築家の名声を飛躍的に高め、市井の建築家たちの日々の業務を軽減させた技術革新であるが、それにともなう「副作用」を同時にもたらしていくことになるのである。

3　手描きからＣＡＤへの移行がもたらしたもの

3－1　ＣＡＤは創造性を奪うのか？

ここまでみてきたように、ＣＡＤは建築家の仕事を大きく変えた。Ｒ・セネットは『クラフツマン』の中で、ＣＡＤが「建築事務所ではほとんど欠かせないものになっている」ことの理由について「ＣＡＤ（コンピュータ支援設計）の魅力はそのスピードに、またそれはけっして疲れないという事実に、そして極めつけとして、苦心しながら手描き設計をするよりも計算能力が優れている現実にある」（Senett 2008=2016: 147）と述べ、現場における省力化の効用を強調している。しかし、現在ＣＡＤは建築設計の現場においては「誤用」されているという。

このように便利な道具が一体どのように誤用されるというのだろう？　ＣＡＤが初めて建築学教育に導入されて手描きによる製図に取って代わったとき、マサチューセッツ工科大学（ＭＩＴ）の若い建築家は次のように述べたものだ。「用地の図面を描いたり、等高線や樹木を描き入れたりするとき、そうしたものはしっかりとあなたの頭の中に植え込まれる。コンピュータではできないようなやり方で、あなたは現場を認識するようになるのだ。……地勢は、何回も図面を描き直すことによって認識されるようになるのであり、あなたの代わりにコンピュータにそれを『再生』させてもそうなる訳ではない」。これはノスタルジアではない。彼女の意見は、ディスプレイ上の作業が手描きに取って代わった場合に精神的に失われるものについて、述べているのである。他の視覚的な実践の場合と同じように、建築用のスケッチはしばしば可能性の像である。つまり手描きによって可能性を結晶化し精緻化してゆく過程で、設計士はちょうどテニス選手やミュージシャンと同じように前進し、その過程に深く関わり、それについての思考を成熟させていく。ＭＩＴの若い建築家が述べているように、建築用地が「頭の中に植え込まれる」（Senett 2008=2016: 80–81）のである。

セネットは手描きとＣＡＤを対比させながら、手描きには可能であるがＣＡＤにはできないことを強調している。それは図面の作成を通した現場の地勢や素材に対する深く精確な認識である。建築は計画段階では紙やモニターの中で構想されるが、最終的には物質として立ちあがってくるものであるという事実を鑑みた時、手という身体の一部を使って「物理的に」紙に刻み込ませることで、現場や素材への深く精確な認識を獲得し、結果的に瑕疵のない建物の建設に資するという議論である。セネットはさらに「建物が必要とする煉瓦や鉄鋼の数量を驚くほど精確に計算できるが、フラットなコンピュータの画面は、様々に異なる材料の質感を十分に表現できなかったり、材料の色を選ぶときに役に立たなかったりする」（Senett 2008=2016: 82）と述べる。

また、建築家の内藤廣はセネットと同様な意味において手描き図面の重要性を語っている。

建築の設計でもCAD化の勢いはすさまじい。しかし、その図面は、設計の全体を把握しにくい。きれい過ぎて、何であれ、全てうまくいっているように見えてしまう。手を経ずに、頭の中だけで作業が完結してしまっているからだろう。トレーシングペーパーに鉛筆で苦労をして描かれた旧来の図面は、そこに描く人の感情が入っている。（中略）描いた当人の自信がなければ、鉛筆の線にもその迷いを見て取ることもできる。慣れてくると図面上の線から、描いた人の経験的なレベルや人柄さえ分かるようになる。手書きの図面には、すてがたい様々な種類の情報が塗り込められている。（内藤 1999）

ここでセネットや内藤が述べていることとは、冒頭で述べた「手段」と「過程」に関することである。つまり図面の作成における創造性の「過程」がCADの導入によってルーチン化することで、建築家が持っているとされる創造性の力が減衰するという議論である。

たしかに、セネットや内藤の述べる危惧はその通りなのだろう。手描きからCADに変わったことによって、若手建築家や建築家志望の学生の寸法感覚が甘くなったという話は比較的よく耳にする。それでは、CAD化によって致命的な設計ミスが頻繁に起こっているのだろうか。そのような事実は筆者が聞き取りをしてきた限りでも生じていない。つまりこの説明では、CAD化によって、建築家の職能の権威が低下し、結果としてクライアントを得ることが難しくさえなっているという現状の仕組みが解明できない。つまり、手描きからCADに変わったことよって技術とは違う次元で建築家の職能を支える構造の転換が起こったと考えるべきであろう。

３-２　図面のシンボリックな意味

それを読み解く手がかりとして、別の建築家の語りをみてみよう。

> ＣＡＤ、ＣＧによって描かれた図面からは、個性が現れにくい、手描きの図面からは、描いた人間の思いや迷い、文化的背景といったものまで読み取れたのですが、ＣＡＤの図面は一見完成度が高く充実した内容を伴っているように見える反面、世界中の誰が描いても似たような表情になってしまう。そこには文化が宿らないのではないかという懸念が生じるのも当然のことです。（安藤 1999: 27）（傍線筆者）

> わずか数年間で、私のアトリエの製図板のうえからT定規が消えて、みんながコンピューター端末と向い合ってしまったことだ。（中略）かつてはトレシング《（ママ）》ペーパーが破れるまで消したり、インキングの跡をけずったりしたものだった。書き込みだって、レタリングの練習などする必要ない。きれいに印字されている。活版が写植にかわったとき、印刷された紙の表面からアウラ（霊気）が消えたように感じた。（磯崎 1996:10–11）（傍線筆者）

建築家が描く設計図は、建築家が設計の意図を現場やクライアントに正しく伝えるためのメディアである。つまり、情報（設計意図）の中身が重要なのであって、図面という紙媒体そのものが重要なわけではないし、「文化」や「アウラ」の有無も問題ではないはずである。それにもかかわらず、安藤はＣＡＤの図面には文化が宿らない、磯崎はアウラが消えたように感じた、とそれぞれ述べている。彼らが、図面から「文化」や「アウラ」が消えることを危惧しているのはなぜなのだろうか。それを正しく読み解くことが、建築家の職能を理解することに繋がるのである。そのためには、図面が建築家の設計意図を施工者に伝えるための情報伝達メディアに留まらず、建築家の職能を象徴するシンボルとして機能しているということを明らかにしなければならない。しかし、ＣＡＤによる図面作成に替わればそのシンボル性が減衰されていくと安藤や磯崎は懸念しているのである。そして彼らの懸念は現実のものとなっているのである。以下の建築家の語りを見てみよう。

施主の意識として、建物に対しては何千万というお金は出しても、紙に書いた図面に何百万というお金は払えないというものがあるような気がします。平面図となると、プランニングなら素人の描いたものと一見あまりかわらない。しかし、そこに至る過程には法的な根拠、構造的な根拠があるんだけど、そこが理解できてない。この一枚ができるのに何日かけたのか、そりゃ物理的に描くだけなら二、三時間でできますけど、それがこの形になるのに何日もかかっているのですから。時間かけるほうが悪いなんて言い方はどうなのかなって思いますね。その時間がかかっているということに対して、正当な報酬をいただけない。寝ても覚めても考えている。それも本来なら評価されるべきだと思います。（E氏）

この語りから見えてくるのは、建築家の描いた図面が、もはや単なる意思伝達メディアとしての道具的な意味しか持ち得ていない事実である。建築家の職能を象徴するシンボル性が失われた図面には、建築家がその図面を描くために「身体的に」費やした時間以上の価値は汲み取られないのである。なぜ、このような認識がクライアントに醸成されてしまうのだろうか。

一つの理由は、脱専門職論で言われているようなクライアントとの間の知識ギャップの縮減であろう。現在、一見すると建築家が描いた図面とそれほど変わらないクオリティの図面を描画できるソフトウエアが比較的廉価で販売されている。それを使って平面図や立面図は比較的容易に作成できる。それゆえに、見た目だけなら建築家が描いた図面とクライアントが自分で描いた図面との差異が、クライアント目線では明白には把握できないのである。これが手描き図面であれば、建築家が描いた線と素人のクライアントが描いた図面は明確な差が確認できたはずである。

この事例からも建築家にとって、図面とはクライアントや施工現場との情報伝達という役割以上に、クライアントとの間のインターフェイスであり、ほぼ唯一の「職能の証」としても機能する非常に重要な存在であることがわかる。それゆえに、それが手描きによって加筆修正の痕跡を残しながら生産されるのと、コンピュータによって綺麗に印刷出力されるものでは、「重み」が異なると考えられるのである。その「重み」を安藤は図面に宿る「文化」と述べ、磯崎は「アウラ」と呼んだ。建築家のプロフェッションとしての威信は、手描き図面が醸し出す、「文化」や「アウラ」を拠り所としてきたのである。

それでは、そもそもなぜ手描き図面を職能の拠り所とする必要があったのだろうか。そのことを理解するために、「日本において建築家がどのように位置づけられてきたのか」という歴史と、戦後の商品化住宅の展開について、ここでもう一度検討しておく必要があるだろう。

4　建築家と工学

すでに第I部で述べたように、日本における建築家という職能は明治時代に国家の近代化を担う専門職としてイギリスより導入された。工部卿の任にあった伊藤博文は一八七五年に工学寮で美術教育を開始させ、教頭にあたる都検としてグラスゴー大学出身の機械学者ヘンリー・ダイアーを選定し、彼が教育カリキュラムの策定にあたった（桐敷 2001: 83）。

ダイアーは学科構成の中に土木、機械、電信、科学、冶金、鉱山に加えて「造家」を入れたが、それは、イギリスにおける工学教育機関と異なっていた唯一の学科であった（河上・清水 2015: 19）。このように欧米と違って工学の一部として初められたことにより、日本における建築家はプロフェッションとしての職能確立が結果として困難になった。それでは、なぜ建築学が工学に位置づけられたことで、プロフェッション化が妨げられるのか。それを読み解くために、日本において工学が置かれてきた立場と、工学と専門職に関するコリンズの議論を参照しながら検討を加えていきたい。

日本においては、すでに明治時代から技術者の社会的な地位の低さが議論されており、それは一九一八年に「工政会」という運動団体の誕生へと繋がった。それは「官庁、帝国大学、民間企業の中ですでに高い地位を得ている技術エリートたちを主要メンバーとして結成され、とりわけ官界の工業行政面における専門家としての技術者の地位向上を目指して活動を開始した」（大淀 2009: 20）。大淀は一九二二年五月に開催された工政会・農政会・林政会の三政会主催技術者大会における、東京帝国大学農学部教授であった川瀬善太郎の言葉を紹介している。川瀬は「技術はこのようにすぐれて大事なものであるにもかかわらず社会一般は技術者を雇人か丁稚小僧のような扱いしかしておらず、また技術者も技術が社会へどういう影響を及ぼしているか、また技術にかかわる仕事の経営といったことにおよそ無関心である」（大淀 2009: 22）と技術者を冷遇する社会を非難している。このような工学技術者が低い地位に追いやられる理由をコリンズは以下のように語っている。

医者や弁護士とくらべて、技術者は皮肉な弱点をもつ。支配集団形成のための最強の文化資源は、とくに高い情緒的緊張状況で、非常に多くの儀式的印象性を含むものである。しかし、技術者は、比較的に非論争的・非情緒的な職務をとり扱い、したがって、政治的・道徳的に印象的な文化を欠いている。それ以上に皮肉なことには、技術者や技術工が彼らの技術の成功そのものによって損をしている点である。彼らの業務の結果は一目瞭然であり、したがって部外者は、たとえその仕事をつねに判断できなくても、完成した仕事に対する比較的単純な判断によって、技術的雇用者を統制できる。他方、顧客に対する医者や弁護士の強みは、彼らの治療や法的措置の効果が必ずしも有効であるとは限らず、したがって、その失敗に対しても多くの責任を蒙らないというまさにその事実にある。技術者や技術工の業務は生産労働であり、医者や弁護士のそれは基本的には政治労働なのである。一方には現実に成果を産出するが、他方は外観や信念を操作しようとするものである。政治領域での不確実性や神秘性とくらべて、最高度の熟練者でさえ比較的に報酬を少なくしているのは、生産領域での確実性そのものなのである。(Collins 1979=1984)

コリンズは、技術者の仕事を「一目瞭然」であるといい、それこそが完全なプロフェッションを達成するためのボトルネックとなっているという。これはつまり、技術者の仕事が基本的には「標準化された技術」で構成されていることを意味する。一方の、医師や弁護士の仕事は、不確実性や神秘性をまとうものであると述べられているように、「標準化されない技術」で構成されている。

第2章で確認したように、建築家は住宅メーカーと競合しないことで、その生き残りをはかってきた。画一化された標準仕様で設計された住宅メーカーが打ち出してくる住宅に対して、オリジナリティや個性化といったものを前景化させることで、建築家が設計する住宅は存在感を示してきた。住宅メーカーのデザインの水準が高まり建築家の設計する住宅との間に差がなくなれば、次は建築家自身がブランドになった。そうすることで、坪単価や総工費といった経済的な水準に均されていくことを回避してきたのである。そのブランドを担保してきたものが建築家の図面やスケッチである。それを通して彼らの仕事が、秘儀性や不確実性を含有した「標準化されない仕事」となった。しかし工学やコンピュータ技術が前景化していくことは、彼らの仕事から秘儀性や不確実性が失われていくことを意味する。それは職能の存続にとって極めて重要な問題である。

建築家にとって手描きの図面やスケッチは、それが職能における重要な段階を担うものであると同時に、「標準化されない技術」が発露されるものであった。逆にいえば、手描きの図面やスケッチの存在のおかげで「技術者」や「技師」ではなく「専門職」として生き残っていくことができたともいえる。

それでは、実際の現場では、手描きからＣＡＤへという製図方法の変化はどのような影響を建築家に与えているのだろうか聞き取り調査を元にしたデータから検討していきたい。

5　CAD時代の建築家の職能の信頼構造

5－1　住宅会社との競合

図面の描画方法が手描きからCADに変わって、現場の建築家の職業実践はどのようになっているのか。「ポスト手描き時代」を生き抜いていく必要がある現代の建築家が直面している問題を検討してみよう。第Ⅱ部で登場した建築家のC氏は以下のように述べる。

最近は3Dが簡単に出すぎちゃってますよね。今って模型とかじゃなくて、どんどん3D（パース）を住宅メーカーとかがすぐ出しちゃうじゃないですが、お客さんってすぐにそういうものが出てくると思っているんですけどそんなことはないです。

この語りを注意深く読むと二つの重要な含意があることがわかる。一つ目は、クライアントは住宅メーカーが提供しているサービスと同様のものを建築家にも求めていること、二つ目は、そのようなサービスがすぐに、簡単に提供されると思われているということである。すでに見たように、建築家の設計する住宅は住宅メーカーが販売する大量生産された商品化住宅から一線を画する事で、その存在感を示すことができていた。ところが、この語りにみられるように、CADによる図面の作成が一般化し、住宅のオリジナリティを支えた「手描き図面」を失うことで、建築家の設計する住宅のオリジナリティが毀損された。その結果、住宅メーカーと横並びに位置付けられることになったのである。住宅メーカーと横並びに位置づけられるということは、彼らの仕事もまた、建築コストやランニングコスト、安全性能、納期やアフターサービスを始めとした様々な付帯サービスが当然のように求められるのである。

5－2　監視のツールとしてのコンピュータ・グラフィックス

そのような住宅メーカーとの横並び状況は、限られた人員と零細な経営体力しか持ち合わせない建築家の設計事務所には極めて厳しい。そして、それはさらなる職能不信を招き寄せかねない。再び建築家C氏の語りを参照してみよう。

今のクライアントは、早く自分の家のパースが見たいという。見てないからわからないみたいなこと言われるんですね。わからないでいいんじゃないかと思うんですが。そうはいかないようなんですね。昔の人（クライアント）って委ねていたと思うんですよね、建築家に。この人に頼んだら素敵なものができると。どうしたって（図面という二次元の）紙で見せるんだから（限界がある）。でも、きっといいものができるに違いないと委ねて、任せていたと思う。（（　）内は筆者補足）

この語りからは、建築家がクライアントから「仕事のスピード」を求められていることに対する困惑が読み取れる。しかしそれ以上に注目したいのは、「昔のクライアントは建築家に家づくりを委ねていた」という点と、現在はそれが失われつつあるという点である。

語りの中で彼女は、クライアントから、設計中にもかかわらず完成予想図をＣＧパース（コンピュータ・グラフィックスを用いた立体的な透視図）で見せることを要求されている。建築物は、契約してから設計し、それをもとに施工を行っていくので、当然完成するまで現物は存在しない。したがって、クライアントは、「きっと良いものができるに違いない」と期待しつつ、信頼して建築家に任せていたのだ。

ギデンズは、建築家や大工のような技術的専門家システムは信頼を本質的にあてにしていると述べつつ、その信頼は過去の実績や経験に基づく「確信」だけによるものではなく、コミットメントへの跳躍であり最小限の「信仰」を含んでいると述べる（Giddens 1991=2005）。そのような「信仰に近い信頼」を勝ち得るために建築家は、エートスを内面化し、耐えざる自己研鑽によって建築家らしいふるまいを可能にするハビトゥスを身につけてきたのである。
しかし、リスク社会といわれる現代において、専門家への信頼は確実に変質している。三上剛史は「もはや、中身のわからぬ因果関係やプロセス、真意のわからぬ相手への信頼に賭けるよりは、はじめから監視にエネルギーを注ぐ方が社会的負担の総量は少なくて済むと、人々は考え始めているように思われる」(三上 2008: 18) と述べクライアントの信頼が、「監視」にかわり、「監視」に向けてエネルギーが注がれるようになったことを述べている。
二度にわたる巨大な震災を経験し、耐震偽装事件、あるいは欠陥住宅などの報道が繰り返されてきた現代では、零細事業者である建築家に住宅を依頼することをリスクが高い選択と見なすクライアントもいるだろう。それゆえに、クライアントは建築家に対する信頼や、ギャンブル的要素を含んだ「コミットメントへの跳躍」に賭けるよりも、監視のテクノロジーが担保する「手っ取り早く」確実にリスクを最小化できる手段を選択するのだ。だからこそ、自分が注文した住宅がどのように完成するのかという青写真を、それもできるだけリアルなものを見たがるのは当然の帰結であろう。自分が依頼した住宅の完成予想図が一刻も早く見たい。そのようなクライアントの要望に答えるべく、業務時間の合間を縫ってコンピュータ・グラフィックの技術に習熟し、高価なソフトを導入することでクライアントの希望に応えようとする建築家も少なくない。建築家C氏はそのようなクライアントの依頼に応えることの苦悩を以下のように漏らす。

いま、私が使っているソフトで3Dをやろうとすれば、しっかり熟練しないと描けないから。なんとなくラインだけならかけるけど、色を付けたり影を付けたり、いろいろなことをやろうとすれば、ちゃんと仕事で経験してないとできないしね。それが簡単にできると思っているから困りますよね。

そのような苦労を重ねてソフトに習熟し、CGを提示できるようになっても、それは信頼を取り戻すという意味においては奏功しないばかりか、「最高度の熟練者でさえ比較的に報酬を少なくしているのは、生産領域での確実性そのものなのである」（Collins 1979=1984: 228）というコリンズの言説に明示されているように、それがより早く、よりリアルになればなるほど、ますます建築家の権威は縮減していくという裏腹な事態を招き寄せてしまう。コンピュータでどれほど高度なものを作って見せても、それにシンボル性は宿らず、「便利なもの」以上の価値を持ち得ない。さらに、それらの技術は建築家の仕事を監視するツールとなり、建築家はコンピュータに対する技術を高めれば高めるほど、自らの職能に対するクライアントからの監視の精度を高めていくことにつながっていくのである。

6　一方向的な信頼から双方向的な共感へ

6－1　自然素材を扱う建築家の事例

このようにテクノロジーに依存するほど、職能の信頼や権威を縮減させていく現実は、後期近代と専門職の関係性を象徴的に映し出す。しかし、そうした事態を乗り越えることができている建築家もいる。その事例として、第Ⅱ部でも登場した、天然の木材を使った住宅の設計を得意とする建築家F氏の事例を検討していきたい。彼は、実家が経営する工務店と協働することで、木材の仕入れから設計、施工まで一貫した家造りを行っており、設計スタッフは彼を入れて四名である。

彼の事例はこれまでみてきたような、商品としての住宅を販売する住宅メーカーと横並びにされている多くの建築家とは異なり、その職能の権威を保ちつつ、経営も順調である。どのようにしてそれが可能なのかに関して、以下において検討していきたい。

すでに述べたとおり、彼の事務所は地元産の木材を用いた家造りをしているため、工業用合板や新建材を用いた住宅に比べるとはるかに「割高」である。それでも、彼のもとには多くのクライアントが住宅の設計を依頼するために訪れるのである。どのようなクライントが彼に設計を依頼するのだろうか。Ｆ氏は自らのクライアントの特徴を以下のように述べる。

若い人にクライアントの中心が変わってきていますね。若い人はお金を持っていないんですが、子供のころからそれなりに裕福な生活をしているんですよ。いろんなものを見てきたというか。だからいい物は欲しい、でもお金はないという人たちがけっこう多くて。安物ならいらない。変なものはいらない。本物がほしいと思っている。だから、家が予算の都合で小さくなるということに何の抵抗もないですね。小さくても、いいものが欲しいなっていう。「やっぱり、家は大きくないと」という人たちがすごい減ってきた感じがします。ある意味物質はもう満たされてしまって、精神的な豊かさを求めだしたのかなって思う。

彼の事務所を訪れるクライアントは、年齢は三〇代から四〇代が中心である。広さにはこだわらないが、自然素材を「本物」と見なし、それを使った家造りを望んでいるのである。Ｆ氏の事務所はウェブサイトもなければ、事務所には目立った看板もない。それでも、彼の事務所には設計依頼が絶えない。つまり、コストや納期といったリスク社会の論理で横並びにされつつある他の設計事務所とは異なり、「本物」志向のクライアントを惹き付ける「自然素材」を使った住宅を提案することで、有利に職業実践を展開できているのである。

6－2　自然素材を使った住宅づくりとはどのようなものか

彼の家造りは、ドアや窓のサッシュといった現在では工業製品として規格化されている部分も手作りをしたり、木材を使ったオーダーメイドの製品を取り入れたりしている。それゆえに、時には水漏れといった大きなクレームにつながりかねない事態が起こることがある。

木製建具なんて、風が吹いたらガタガタいうし、台風が来たらじゅわーって水が滲んでくるんですよね。お客さんに「水が滲んできてます！」と電話で言われたりするんですよ。でも「そりゃ木なんで滲みますよ」とこちらが言えば、「それはそうですよね」なんて話で収まるんです。全部アルミサッシュにしてしまってゴムで止水して、風圧いくらまで大丈夫ですという話とは違う場がそこに現れているような気がしてます。木が好きなのですねってよく言われるのですが、木が好きなのではなくて、今の社会では非常に面白い素材ではないかと思うんですよね。

建築家にとって、「雨漏り」とは最も恐れるべきクレームである。「雨漏り」が発生すれば設計者である建築家の瑕疵としてその責任が追求される。しかし、F氏のケースでは、現状報告の連絡があったものの、自然素材であるから仕方がないという建築家の一言の説明によってクライアントは言下に納得しているのである。なぜ、クライアントは彼の説明にいとも簡単に納得するのだろうか。

F氏がクライアントを説得する際に使った語彙は、自然素材が持つ「不確実性」である。大きな嵐が来れば漏水するかもしれないし、あるいは全く大丈夫かもしれない。それはその時々の天気、気温、湿度の影響を受けるし、建材として使用した木材が持っている「個性」にも左右される。それではなぜ「不確実性」を全面に押し出した語彙が信頼の源泉となっているのだろうか。それについては、コリンズの以下の言説が参考になる。

技能は訓練を必要とするほど困難なもので、結果を産出するに十分に確実なものでなければならない。しかし、あまりに確実すぎてもいけない。そうなると部外者が結果によってその職を判断し得て、その判断によって専門職従事者を統制し得るからである。理想的な専門職は、結果の完全な予測性と完全な非予測性との中間点を占める技能をもつ。(Collins 1979=1984: 174)

自然素材を扱う建築家の技能は、コリンズが理想的な専門職の要件として述べる「結果の完全な予測性と完全な非予測性の中間点を占める技能」であるといえよう。F氏は自然素材を扱うことによって、意図せざる結果として理想的な専門職の位置を達成できているのである。

6-3　リスクの共有による信頼の獲得

しかしながら住宅はクライアントが多額の出資をして手に入れるものである。そのため、住宅の性能に直結する部分が「不確実性」というベールに覆われていることに対する不信感は致命的である。F氏はこうした不信感をどのように払拭しているのだろうか。それについて、F氏は次のように説明している。

> 一方的にこちらが安心安全を担保した商品だけをだしていくのではなくて、そのリスクみたいなもの、リスクという言葉じゃないのかもしれないですけど、共有していくようなカタチのほうがいいなと。そう思うと自然素材とか人の手が一個一個つくったようなものが、別の意味で面白く、豊かなものになってくれるのではないかという気がします。木を使うことによって、人と人が、物を介して通じ合えるような感じがするんです。（サッシュに使う）アルミニウムを介在させると責任とかリスクとか、そんな話ばっかりになってしまう気がして、その構図が嫌なんです。人の手とか、やわらかい自然素材とかを、人と人の間に入れたほうが面白いと思うんです。

F氏は、アルミサッシュのような工業製品を使うとクライアントとの関係性において「責任とかリスク」が前景化されると危惧する。客観的にみれば、アルミサッシュよりも木製建具のほうが雨漏りリスクは大きい。それでも、クライアントは木製建具を選び、その後のクレームもほとんどないのである。そのように、彼が信頼を勝ち得ているのは、「リスクを共有する」関係をクライアントとの間に構築できているからである。そのために彼は、木という自然素材を建材に使う場合のメリットとデメリットをきちんと説明している。そして重要なことは、クライアントにだけリスクを背負わせるのではなく、設計者にとってもそれはリスクであるということを説明し、理解を得ている点である。自然素材を使うということは設計者にとっては施工精度や材料強度といったリスクがある。一方、クライアントにとっては、雨漏りや腐食といったリスクがある。すなわち、F氏とクライアントは、作り手／住み手に立場は別れているが、互いに木という自然素材に共通の価値を見い出し、さらに、そのリスクを共有した上で、それを使った住宅を創り上げる「協働者」なのである。そのような関係を構築するために彼は、長い時間をクライアントとの対話に費やしている。

住宅の設計をやっているとカウンセラーみたいな気分がしていて、設計っていうけど、実はカウンセリングみたいな。まあ説教まではしないけど、こういう風に考えたらどうですかとよく言ってます。（一軒の住宅にかける仕事の）半分くらいはそういうことをやってるんじゃないかと思います。

現代の日本の家造りの大半は、極論すれば規格化・標準化された建材の組み合わせである。だからこそ、品質の保証が何よりも希求され、設計ミスや施工ミスによる瑕疵はもっとも忌むべきものとされている。ところが、F氏の家造りは、そのような家造りの現状を真っ向から否定するものである。ここに看取できるのは、クライアントから専門家への一方通行の信頼関係ではない。

そうではなくて、家づくりという共通の目標を分かち合った協働者としての専門家とクライアントとの関係である。だからこそ、その関係性は、かつて頻繁に見られたような、建築家を「先生」と呼ぶような権威主義的なものではなく、フラットなものである。F氏はクライアントとの関係を「むしろ専門的な技術的な話はけっこう少ないなあという感じがしますね。それはそっちでやっといてと言われているような気がするんで」と軽やかに語ってみせる。住まう―造るという行為がここでは、「ゆるやかな分業体制」の中にあり、F氏はその分業体制の中において設計を割り振られている一方の分業者なのである。

さらに、ここで共有されているのは木だけではなく「哲学」でもある。「家は狭くても質の良いもの」を「なるべく環境に負荷をかけない材料や工法、できれば地場の木材を使う」といった「想い」＝「哲学」も共有しているのである。

7　まとめ――リスクを共有する信頼構造

ＣＡＤが普及し始めた当初、建築家たちは、設計がコンピュータに取って代わられる、あるいは建築家が豊富に有しているとされる創造性が失われていくことを懸念していた。しかし、それが失われるということはなく、専門職の信頼構造が問い直されるようなより深刻な事態を招き寄せる結果となっている。

その理由を明らかにするために、本章では手描きの図面が建築家の職能をシンボリックに支えてきた側面に着目した。何度も線が重ねられ、繰り返し修正された痕跡が残る図面やスケッチは、アウラを有し、建築家の権威を担保するシンボルとして機能したのである。ところが、ＣＡＤをはじめとするコンピュータ技術の発展と普及は、業務の合理性・効率性に多大な貢献をした一方で、建築家の描く図面を職能のシンボルから単なる情報伝達メディアへと変えた。「標準化されない技術」によって支えられた建築家の職能の基盤を掘り崩していった。その結果、住宅を求めるクライアント＝消費者に対して建築家は特権的な地位を失い、住宅メーカーと横並びにされた選択肢の一つに過ぎなくなったのである。

また、ＣＡＤを中心としたコンピュータ・テクノロジーの進歩は建築家の職業実践から秘儀性や神秘性を奪うだけでなく、クライアントにとっての監視のツールとして機能しはじめていることを指摘した。一九九五年の阪神・淡路大震災、東日本大震災を経た日本は、後期近代におけるリスク社会の側面を前景化させている。クライアントはそれまでの専門家に対する「信仰に似た信頼」を捨て、リスクを前提とした職能の監視へと態度を変容させているのである。そうした状況では知識ギャップを前提としていた専門職／クライアント関係は、成立し難くなってきている。このような状況を乗り越える事例として本章では「リスクの共有」という概念を提示した。それは、クライアントと専門職が住宅に対する価値観を共有し、共にリスクを負うというものである。そのためには事前にあらゆるリスクを開示し、それに対処するための技術も開示していく必要がある。つまり、ここにはコリンズが述べるような「標準化されない技術」が持つ神秘性や秘匿性などは存在しない。ここにあるのは、ひたすらオープンに、包み隠さず情報を開示し、建築家とクライアントがそれらを共有していくプロセスなのである。

注

(1) 一九九七年にはフリーソフトであるjw_cadが登場し、CADの普及に大きな影響を与えた。コンピュータの建築への組込みは、当初、設備機器の制御装置としての役割を果す目的が中心だったが、やがて建築デザインや構造体の設計に応用されるようになった。

(2) 建築家（一九三七〜）。ミラノ工科大学卒業。主要作品としては『ポンピドゥー・センター』『関西国際空港ターミナル』などが挙げられる。

(3) 建築家（一九二九〜）。カナダ・トロント生まれ。南カルフォルニア大学卒業。上述した作品以外の代表作には『ヴィトラ・デザイン・ミュージアム』『ウォルト・ディズニー・コンサートホール』など多数。

(4) ダッソー・システムズが開発した3DCADソフト。

第9章 「脱エートス」の建築家像と後期近代

1　本章の目的

本格的な人口減少時代に入り空き家の増加[1]や中心市街地の空洞化が全国の地方都市で問題となっており、官民をあげた取り組みが始まっている。そこに期待されるものは、空き家／店舗のリノベーションに地域の人々が関わっていくボトムアップ型のまちづくり[2]である。そうした取り組みのうち、現在注目されているものに「参加型リノベーション」による空き家再生がある。ある工務店向けの専門誌[3]は、「ＤＩＹはお祭りだ」と称した巻頭特集記事を組み七組の「参加型リノベーション」を実施する建築家を紹介している。

「参加型リノベーション」とは、施工の一部をイベント化することでＳＮＳを主とした告知によって広く参加者を募り、協働で施工を行っていくという手法である。こうした手法は宣伝効果も期待できることから、特に店舗やコミュニティスペースの施工において好まれる手法になりつつある。このような「参加型リノベーション」を主導的に展開しているのは自前の施工部門も持つ工務店や大工であるが、設計監理が専門の建築家も参入しつつある。

この動きは、建築家の職能を捉え返したとき、画期となる出来事であるといえる。なぜなら、すでに確認したように、「建築家を介すことなく建築を造ってきたわが国」（速水 2011: 4）において、建築家は一連の建築的営為の中で設計と施工を分離することでようやく成立した職能であり、それゆえ建築家は施工には携わらないという規範を遵守してきたからである。

建築家の業界団体である日本建築家協会（ＪＩＡ）は「設計施工一貫体制を基本的に認めていない」とし、その理由について「設計者と施工者が同じ企業に属する工事では管理は円滑だがチェックが甘くなり、真の意味での監理にはならない」（ＪＩＡ二〇年史編集会議編 2007 : 98）とその理由を指摘している。しかし、「参加型リノベーション」に参画する建築家は施工を行うことをためらわないのである。だとすれば、「参加型リノベーション」に参画するにあたって、「設計施工兼業」という業界の倫理規定を踏み越えることに正当性を与えるのに十分な意義が存在しているはずである。

そこで本章の目的は、「参加型リノベーション」に進出した一人の建築家の実践に対する継続的な調査から、建築家の規範を踏み越えてでも「参加型リノベーション」を実践している建築家の職業実践を検討することで、彼が参照している新しい建築家の規範を明らかにしながら、後期近代における「建築家のエートス」のほころびの実態を明らかにしていきたい。そして、こうした検討を通して後期近代における新しい建築家像の一例を提示したい。

2　研究対象・方法

本章の研究対象は「参加型リノベーション」に参画することで職能を拡張しようとしている建築家である。筆者は二〇〇九年から主に独立自営の建築家に対する聞き取り調査や参与観察を実施してきたが、二〇一四年以降は、複数の「参加型リノベーション」の現場に対する参与観察も行ってきた。本章ではこの中でも建築家としての活動歴が長いＬ氏を対象とした記述分析を行う。Ｌ氏以外のインフォーマントを除外している理由は、彼らが設計施工業態の工務店や大工であるため、本書で問いたい「建築家のエートス」をめぐる諸問題とは無縁の人々であるためである。

L氏は一級建築士の資格を持つ建築家であり、年齢は三〇代後半である。彼は、国立大学の工学部で建築を学んだ後、大学院に進学した。その後複数の建築設計事務所に勤務しながら、公共建築から個人住宅まで幅広く設計監理の経験を積んできた。その後独立し建築設計事務所を設立したのである。

しかし独立しても簡単に仕事がないのはこれまで見てきた建築家と同様である。仕方なく彼は知り合いの設計事務所で週に三回ほど、製図のアルバイトをすることで生計を立てていたが、最近ようやく仕事が増えてきたという。現在、新築物件の市場は住宅メーカーや地域ビルダー、パワービルダーといった設計施工型の業態に席巻されており、作家性を確立できた一部の建築家を除き、多くの建築家は予算不足や、狭小・変形敷地などを理由に住宅メーカーに発注を「断られた」クライアントからの案件の受注や、ローコスト住宅の設計で生き延びているのである。

こうした状況を一つの背景にして、建築家の生き残りをめぐる戦略に関する議論が活発化している。その一つが建築物の設計・監理だけでなく、多方面に職能を展開していこうという職能拡張論[4]である。それは、先程述べたような空き家の増加や中心市街地の空洞化と不可分である。そうした中、どのような新築物件を建てるかではなく、既存の建物＝ストックをどう利活用するかという方向性を提示する職能が前景化されている。例えば建築家の栃澤麻利は「現在（特に若手の）建築家の仕事は新築建築物の建築設計という枠組みからはみ出して、かなり多岐にわたってきている」と述べており、具体的には「リノベーション、インテリアデザインといった新築以外の建物の設計から、まちづくりや街を活性化するための企画・提案・時にはテナントのディレクションや不動産仲介まで」といった職能の拡がりについて論じている（栃澤他 2013: 193）。

松村秀一はこうした動きを受けて、これからは「場」の産業が建築家の仕事の主流になっていくと主張する（松村 2013）。「場」の産業とは「膨大な数のストックを人々の楽しく豊かな生活の場として仕立て直し、組み立て直す新しい仕事」（松村 2013）であると定義している。日本建築学会も「建築の仕事がなくなっていくと言われて久しいが、建築の職能を再構築するためにも、社会の期待に応えるためにも、建築のいとなみを拡張していくことが、今必要とされている」（日本建築学会 2014: 4）という認識を示している。

3　建築家の職能拡張をめぐって

ここで、建築家の職能の拡張の試みについて振り返ってみたい。「参加型建築・まちづくり運動」に関わる専門家の支援活動に焦点を当てた研究を行っている近藤民代によれば、イギリスでは一九六〇年代から「コミュニティ・アーキテクチャ」とよばれる住民主体の建築まちづくりがはじまっており、それは住人たちが居住環境を自律的かつ継続的に維持・監理・創造していく運動であるという。またアメリカにおいても同時期に「コミュニティ・デザイン・センター」と呼ばれる非営利組織を拠点としながら、主にマイノリティの権利を擁護する立場から、彼らに建築やプランニングの技術的な支援を無料、もしくは低料金で支援している。そうした組織の運営費は連邦政府や自治体の補助金、また民間からの寄付によって調達されている。近藤はこうした英米の「参加建築・まちづくり」運動が社会の広範な支持のもとに展開されているのに対して、日本ではまちづくりに対する高い意識を持った建築家やまちづくりプランナーの個人的な尽力によって展開されており、社会的な支持が十分に得られていない点を問題視している（近藤 2003）。また、日本における専門家（建築家）とまちづくりの関係性を論じた研究として、大野勝彦（1988）、布野修司（2000）があげられる。

大野は地域と深く切り結ぶ建築家の新しい職能に「建築師」という呼称を与え、その存在意義について論じている。大野のいう「建築師」とは施主の求めに応じて住宅等の建物を設計するだけではなく、地域コミュニティやまちづくりを見据えた活動を行っていく職能である。そのために「まず地域の住宅＝まちづくりにかかわる〈人〉としての存在を確立しなければならない」（大野 1988: 63）と述べ、具体的には「対象とすべき自分の町にきちんと住みついており、その仕事場が町場に開いた形で成立していなければならない」（大野 1988: 63）という条件を論じている。注目すべきはその職能の中身である。大野は以下のように「建築師」の職能の拡がりとその可能性について書き記している。

> 仕事のチャンスはあらゆる面にごろごろあるわけで、家づくりに限らず、庭づくり、部品づくり、公園づくり、集いの場づくり、研究チームづくり、メディアづくり、祭りづくり、歴史的記録づくりなど方法はいくらでもある。住宅＝町づくり運動のキーパーソンとしての役割が期待されているのである。（大野 1988: 67）

建築設計に限定されない幅広い職能がここには描かれており、それは建築家の限定された職能を超え出ていくものである。だからこそ大野はそうした新しい職能に「建築師」という耳慣れない名称を与えている。

一方、布野は日本における「コミュニティ・アーキテクト」の可能性を「タウンアーキテクト」という職能を想定し、その可能性と課題について問うている。布野は日本の都市計画は「地域住民の意向を的確に捉えたまちくづくりを展開する仕組みがない」ということが決定的な問題であるとし、日本型のコミュニティ・アーキテクチャを実践すべく、その中核となるような「自治体と地域住民のまちづくりを媒介する役割をもつ『タウンアーキテクト』という職能」について考察を巡らせている。布野によれば、それは全く新しい職能ではなく、建築家の職業実践における「プランナー」や「コンサルタント」としての側面を前景化させたものであるという。さらに、「タウンアーキテクト」は必ずしもそのまちの住人である必要はないが、そのまちに継続的に関わることが求められるという。具体例として以下の様な役割が位置づけられている。

①まちの景観デザインのあり方について調査を行い、その将来にわたってのあり方についての基本的考え方

をまとめる。あるいはそれを議論する場を恒常的に維持する。

②まちの景観デザインに関わる公共事業のあり方について自治体に対するアドヴァイスを行う。特に公共建築の建設維持管理について体系化を計る。

③公共建築の設計者選定について、その選定方法を提案し、その実施についてアドヴァイスを行う。

④住民の様々なまちづくりの活動、建築活動について景観デザインの観点からアドヴァイスを行う。あるいはそのためのワークショップなど様々な仕組みを組織する。

⑤地区を定常的に観察し、その将来のあり方についてアドヴァイスする。また、定常的に町のあり方を考えるボランティアを組織する。

（布野 2000: 227）

このように、布野が提唱する「タウンアーキテクト」は自分たちが現在住んでいる良好なコミュニティを良好なまま維持していくため、あるいはさらに良くしていくことを目的とした職能であるといえる。具体的には専門家としてまちづくりに対して有用な助言を提供するというコンサルタントに近い職能であり、日本型「コミュニティ・アーキテクト」ともいえる職能である。しかし大野が掲げる「建築師」もふくめて、このような職能は持続的なコミュニティの存在を前提としていることである。しかし、後期近代といわれる現代社会にあって、持続的なコミュニティは脱埋め込み化されており、そうしたコミュニティの存在を前提としたまちづくりは困難であると言わざるをえない。

そのような持続的なコミュニティの存在そのものを疑い、それを前提としないまちづくりとそれに関連する職能について考察した研究としては藤田忍の「ストック時代のハウジングの課題」をあげることができる。藤田はそうした持続的なコミュニティを前提としないまちづくりにおける、フレキシブルな専門家の関わりについて論じている。具体的には、人口減少に伴う空き家の増加とそれを適切にリノベーションしたり、再生させたりする専門職能である。ここで藤田が挙げている職能は「マンション建替えのコーディネーター」「団地再生の専門家」「コーポラティブ住宅のコーディネーター」「まちづくり建築士・まちづくりコンサルタント」「ファシリテーター」である（梶浦編 2004）。

本章の主題と照らして強調しておかなければならないことは、先行研究において言及されてきた建築家の職能が多様な広がりを見せてきているとはいえ、いずれも施工に直接携わることはなく、設計と施工の分離の原則を踏襲している点である。

4　施工業との兼業禁止という規範と建築家のエートス

前章でみてきたような、拡張された建築家の職能は、コンサルタント、アドバイザーなどの業務であって、施工を伴うことはない。つまり、それらは建築家が通常行っている業務の延長上にあると解釈できる。それに対して、「参加型リノベーション」への参画は建築家自ら施工を行うという点において、これらの職能拡張とは決定的に異なっている。それは建築家の長い歴史の中でタブー視されてきた施工を手がけるものであり、それは建築家個人が内面化している「職業倫理＝建築家のエートス」に抵触するものである。ＪＩＡの行動規範（ガイドライン）には「正会員は、自己の独立の立場に疑問をもたれる利害関係があるとみなされる職業、例えば施工業や建材業等を営まず、またその組織に属さない。」（行動規範Ⅱ・5）と明記されている。

それではなぜ、建築家が施工業を兼業することが職業倫理に抵触するのだろうか。ＪＩＡのウェブサイトは、建物をオーダーする建築主と施工を請け負う施工業者との間の「利益衝突」を挙げている。質の良い建材を使って、且つ可能な限り建設費を安価に抑えたい建築主と可能な限り高い金額で受注し、安価な建材を使ってより多くの利益を得ようとする施工業者は常に利益相反する相手であると考えられてきた。そこで建築家は、この両者の間に入り施工業者の不正によって建築主が不利益を被らないようにすることが期待されている。具体的には施工業者を決定する際には複数の施工業者を参加させた相見積もりを取り、適正な材料を使って適切な施工がなされているかをチェックする監理業務がこれに当たる。

しかし、こうした兼業を禁止する法律はない。これはあくまでも職業倫理に抵触する問題である。とはいえ、職業倫理に抵触したとしてもそれがすぐに懲戒の対象になるわけではない。それでも多くの建築家がガイドラインに従ってきた背景には、建築家という職能がこれまでみてきたように制度的、経済的に極めて脆弱な基盤の上に成立していることと無縁ではない。建築士という国家資格と多くの点で共通するが同一ではなく、建築家という職能のみを確実に裏付ける法律や根拠は存在しないのである。そこで建築家は、長い教育課程の中で建築家のエートスを内面化し、建築家というカテゴリーを自己執行し続ける必要がある。こうした状況についてはすでに本書の中で確認した通りである。

建築家としての職業倫理に違反するということは、こうした多くの建築家の地道な職業実践の積み重ねを反故にする行為であると解釈されかねない。例えば、ある建築家（建築家の民間団体である建築家協会の地方支部の役員）は施工を行う建築家を以下のように論難する。

> 「ビフォーアフター」という番組あるでしょ。建築家協会に所属している人でそれに出演している人がいます。「ビフォーアフター出ました」ってクライアントにアピールしている。カッコ悪いと思わないのかな。まあ建築家ではなく「匠」という名前で出ているからまだマシだけど。自分で天井やら壁やらぶち抜いたりしている時点で施工してしまっていますよね。

彼は協会支部の役員を務めている建築家である。当該番組に出た建築家を処分することはなかったが、それでも除名という言葉を口にするなど憤りを隠さなかった。建築家生命が危機に晒されるほどのサンクションが加えられることはないが、倫理規定を踏み越えようとする建築家には厳しい目が同業者から向けられるのである。

5　正統性の調達と行動を可能にする規範

それでは「参加型リノベーション」を中心に施工も行う建築家Ｌ氏の職業実践はどのようにして可能になっているのだろうか。それについて明らかにするために本章では規範に着目した記述分析を行う。サックス（Sacks 1979=1987）は規範が行為を可能にすると説いたが、この定説に従うなら、Ｌ氏の職業実践を可能にしているのは建築家のエートスが促してくる「建築家の規範」ではなく別の規範であることが推測される。つまり、その規範はどのようなもので、どのように内面化し、その正統性をどのように調達しているのか、という問いに答えることがＬ氏の職業実践を解明する鍵になるのである。それではＬ氏が新たに内面化しているのはどのような規範なのだろうか、ここでＬ氏の語りを参照してみたい。

まちのお医者さんって、風邪を引いた程度でも診てくれて、僕らにとったら気楽な存在ですよね。でも、最先端の医療情報や技術や民間療法まで敏感でないとだめだと思うのです。それと同じように、その人の状況や求めるものに合わせて、既製品でも自然素材でも自在に使いながら、建築家としての最先端の知識と技術とセンスで、最適な判断を下し、場合によっては大手術もこなせるのはかっこいいなと思うし、関わった人がきっとみんな嬉しいよねと思います。自分の体を大事にいたわるように、いろんな人の思いがつまった空間で、長く、楽しく暮らせるようにサポートするまち医者的建築家でありたいと思います。

ここでＬ氏は、自らの職能をまち医者になぞらえて「まち医者的建築家」という呼称を与えている。それでは、彼はどのようにして「まち医者的建築家」を自らの職業規範として掲げるようになったのだろうか。それについて

L氏はそうした方向へと舵を切るきっかけとなった出来事を語ってくれた。ある時、古い団地の一室に住む年配の女性からリフォームの相談がしたいと言われ、彼女の住む部屋を訪ねた。年配の女性は長年住み続けたその団地の一室についての思い出を滔々と話し続けた。L氏も夢中になってその話に耳を傾け、気がついたら三時間も経っていた。L氏はこの経験から、家が単なる物理的なシェルターではなく、個人のアイデンティティと密接に結びついたかけがえのない場所であることを痛感したという。もともと「建築家に相談するのは敷居が高い」「建築家はセンスがない一般人など相手にしないのだろう」といった話を聞くにつけ残念に思っていたL氏は「作品」を創る建築家ではなく、どんな小さな依頼でもクライアントに寄り添いつつ仕事をしていくことを決めたという。それは時には自ら施工も行うことを意味する。大学と大学院で建築を学んだ建築家であるL氏に、「施工もするのは建築家としての倫理規定に違反するのでは」という質問を投げかけた。すると彼は「そんな事よりも今すぐ困っている人がいて、僕は建築家だから施工はしません、というのはちょっと違うと思う」という返答を返してきた。そうした考えの延長上にあるのが「参加型リノベーション」であった。

6　「まち医者的建築家」の職業実践

本章では、「まち医者的建築家」としてのL氏の実践を「参加型リノベーション」の二つの事例を通じて検討していく。依頼者や対象となる建物の用途がL氏の職業実践に与える影響を検討するために、依頼者と建物の用途が異なる二つの事例を検討していきたい。

6-1　店舗リノベーションの事例

本章でとりあげる事例は、X市東部に位置する商店街で計画された店舗併用住宅のリノベーションの事例である。

商店街の一角に廃業した漬物店があり、その店の事業を引き継ぐ四〇代の夫婦からの依頼である。今回のクライアント夫婦と建築家のL氏はNPOが企画する起業家セミナーで知り合った。オーナー夫妻は、漬物店を開業する理由を、市場に出回っている「添加物まみれ」の食品への不信感があること、そして、そのような食品の蔓延に不満をいだいている人たちに、自分たちがこだわり抜いた地元産の作物を使った漬物を提供していくことで貢献したいという思いを語った。L氏もそのようなオーナー夫婦の思いに共感し、報酬を漬物の現物支給で受け取ることに合意した。

ここで「参加型リノベーション」を改修工事全体の枠組みの中に位置づけておきたい。①解体工事の実施。床・壁・天井を取り壊し、キッチンなど水回りの設備も撤去する。②室内の間仕切り等の位置決めを行う「墨出し」作業や、水回りの配管工事や電気の配線工事を実施する。③大工工事によって間仕切りや床下地を貼る工程が行われる。壁の下地材としてプラスターボード（石膏ボード。住宅の壁や天井の下地として一般的に用いられる）が貼られていく。④扉や窓といった建具枠の取り付けや棚板などを設える造作工事と壁にペンキや珪藻土を塗布する塗装工事が行われる。⑤キッチン、ユニットバスなど設備の組立てと取り付け、床板貼り等が実施され概ね完成となる。

「参加型リノベーション」とはいえ、参加する人々がこうした工程の全てに関わるわけではない。柱や梁を触る建物の躯体工事や設備工事などの専門性が高い工事は、工務店の専門スタッフのみで工事が進められることがほとんどである。「参加型リノベーション」においては④の工程を中心としたワークショップが行われることが多い。多くは壁面や建具の塗装、清掃などの軽作業であるが、現場によっては解体作業や棚などの造作作業や床板張りなどの施工を手伝う場合もある。今回、参加者に求められたのは壁面に塗料を塗布していく作業であり上述した工程でいえば、④に当たるパートである。

現場は店舗兼住宅であり、一階が漬物店と飲食スペース、二階が居住スペースとなっている。一階の店舗部分には、乾燥すると黒板として使える特殊な塗料を、二階の居住スペースには、白いペンキを塗っていく作業を行う。

手袋や刷毛といった道具は現場で用意されているので、参加者は身一つで参加できる。ワークショップの参加者は、基本的にSNS（フェイスブックのイベントページ）によって募集される。当日朝の時点で、SNSで参加を表明した複数組の親子を含む総勢二〇名ほどが集まった。近隣の参加者が多いが、電車で一時間かけて参加した親子もいた。参加者の多くはL氏と面識がなく、またオーナーとも面識がない者も少なくなかった。つまりL氏が発信するSNSの情報だけを頼りに参加しているのである。作業時間は特に設定されておらず、参加者は午前九時頃から午後五時頃までのイベント開催時間に合わせて、自由に参加時間を設定できる。L氏から簡単な塗り方のレクチャーを受けた後は、さっそく壁に向かって刷毛を走らせていく。子供は低い場所、大人は天井近くなど難易度の高い場所をそれぞれ担当しながら作業が進んでいく。単純に見える壁面の塗布作業であるが、塗りムラのないように仕上げようとするとかなりの熟練を要する。しかし、リノベーションの現場では、むしろ刷毛の痕跡や塗りムラなどがあるほうが手作り感が出て施主に好まれることも多い。L氏は常に現場を見回りながら、参加者の動向に目を凝らしている。危険はないか、作業が滞っている箇所はないかを入念にチェックしているように見える。その一方で、参加者の子どもたちに積極的に話しかけたりして場を和ませることにも余念がない。そうした現場の雰囲気は「フラット」であり、現場監理者としての建築家と施工会社の現場監督を頂点とした指揮命令系統が前景化する一般の工事現場とは大きく異なっている。

正午過ぎに午前の部の作業が終わると、空き部屋に集まって昼食の時間となる。食事は施主によって提供されることが多い。この日の食事は施主が用意したおにぎりと、各自が商店街で購入し持ち寄った惣菜であった。一〇名ほどが食卓代わりの合板を組んで造られた作業台を囲み食事が始まると話は自然と住宅や内装の話になる。「あそこの壁は上手に塗れた」「難しかった」などといった施工をめぐる感想も話題の中心を占める。食事の時間は、それまでほとんど体験したことがなかった建物の施工プロセスに関わったことに対する新鮮な驚きや楽しさを語り合い共有する場になっていた。午後からも同様に塗装の作業が続き、一七時前に全ての作業が終了した。L氏は「参加型リノベーション」の意義と成果を以下のように述べている。

もともと器用でものづくりが好きな人であっても、住宅の設計や工事を始める際には、基本的なことをすごく不安そうに聞いてこられるんです。でも、住宅のリノベーションが終わった頃には、大抵のことは何でも自分で作ることができるようになっているんです。今までお施主さんになっていただいた方々では、自分で照明をつくったり、壁一面の収納棚をつくったり、ボイラー室を倉庫に変えたり、床を張ったり、部屋中塗装したり、自分で家に手を入れる人がどんどん増えています。

L氏にとって、「参加型リノベーション」の成果とは、参加者に家造りの楽しさを体感してもらうことである。そうすることで建物は専門家だけが触れるものという思い込みを改めさせ、自由に能動的に建物に関わろうという人々を増やそうとしているのである。「まち医者建築家」としてのL氏にとって、「参加型リノベーション」は人々と住宅、あるいは「住む」という行為を結び直すための「対処療法」の臨床現場そのものなのである。

6-2　公共空間における「参加型リノベーション」の事例

続いての事例は、西日本のZ市で実施されたコミュニティセンターのリノベーション案件である。この仕事はZ市の社会福祉協議会（以下社協）の若手スタッフと筆者が懇談をしているときに、Z市が市内の地区ごとに設置しているコミュニティセンターの整備事業に関してアイデアを求められたことがきっかけであった。当該センターは近隣の老人や子どもが気軽に集える地区の憩いの場として位置づけられている。そうした場所の性質もあって、ワークショップ形式での開催を提案してみたところ若手スタッフが熱心に推してくれたことも奏効し、その提案は採択された。

後日、筆者は建築家のL氏を伴ってZ市の社協の事務所を訪れた。事務所でコミュニティセンターの整備事業の目的と、どのような施設にしたいのかについての話し合いがもたれた。その後、車に分乗して現地確認に向かった。目的の建物は公園の片隅に建てられた築四〇年ほどの木造の平屋である。鍵を開けてもらい、中に入ると二〇畳ほどの二間続きの畳の間が現れた。その畳の間とキッチン、トイレという簡単な間取りである。社協の希望は、畳を張り替えて板の間にし、机と椅子を設置することで、足の悪い老人が利用しやすくしたいこと、またキッチンとトイレを使えるようにすること、さらには建付けが悪くなって開かなくなった南面する掃き出し窓を修理して、開閉できるようにすること、といったものである。

しかし、社協から提示された予算は一〇〇万円余りであった。それは本格的なリノベーションを実施するには厳しい金額である。そこで、L氏はできるところとできないところを明確に切り分けて、コンクリートの打設や水回りなど工事を発注しなければならない箇所を除き、施工はできるだけ地域住民の参加を得る「参加型リノベーション」の方式で行うことを提案し了承された。もっとも、その方式で実施するには、地区会長をはじめとした地域の顔役の人々の了承が必要であった。それらの人々に対する説明は後日、現場の下見を兼ねた場で行われることになった。

現場の下見を兼ねた説明会当日、筆者も社協の車に分乗して現場に向かった。現場に到着し、しばらくすると地区会長が自転車に乗って現れた。七〇歳を越えていることを推測させる風貌であるが、身長も高く声も大きく張りがある。まさに偉丈夫といった出で立ちである。地区会長は、知り合いの工務店に依頼をしたが予算の面で折り合わずそのまま放置されてしまっていること、一日でも早くオープンさせて地元のお年寄りに役立てたいという旨を語った。L氏は地区会長に挨拶して建物の現状とこれからの仕事の予定について説明をはじめた。

とりあえず、今日現地調査が終わったので、これから事務所に帰って図面を描きます。それを工務店に渡して、見積もりを出してもらって、予算内で折り合う工務店に工事を請け負ってもらいます。

そのようなL氏の説明に対して、地区会長は意外な反応を示した。

設計だけをするとはどういうことや。あんたら学生がボランティアでやってくれるのとは違うのか。あんた達が予算の一〇〇万円で、全て施工を含めてやってくれるのとは違うのか。どうなっとんのや。ようわからんわ。もう一度説明してくれ。

恐れていた事態が起こった。L氏や筆者を学生のボランティアだと勘違いしているようだった。社協のスタッフは気まずそうにお互い目を合わせる。地区会長の許可が降りないとこの計画は立ち消えになる。L氏は毅然とした態度で、ゆっくりと言葉を選ぶように説明をはじめた。

僕は建築士として、専門家の立場からこうして現場を調査して予算の中で、できるところ、できないところを見極めているところです。僕は建築士なので図面を描くのが仕事です。施工は、難しいところは工務店に任せて、みんなでできるところはみんなでやります。

L氏の説明を受けた地区会長は以下のような返答を述べた。

あなた、建築士さんですか。すみません。専門家に対して失礼なこと言いましたわ。なんや、学生のボランティアが自分たちで全部してくれるもんやと思ってましたわ。

L氏が述べた建築士という言葉に反応した地区会長は、怒気の抜けた言葉遣いで非礼を侘びた。L氏の説明に納得し、ようやくそこから話は前に向かって進み始めた。その後も「ワークショップ」を「遊んでいる」と見なし、それについて論難してくる近所の初老の男性の姿もあったが、L氏がその都度、丁寧に説明し理解を求めた。そうしたトラブルを経ながらも、三カ月後に無事に建物は完成し、自治会へと引き渡された。

7 新しい職能で報酬を得ることの難しさ

前節における公共空間の事例では、建物は無事に完成したものの二つの難点が前景化した。一点目は複数の利害関係者が関わる建物の計画の難しさであり、二点目は報酬の問題である。本章では専門職にとって重要な問題である報酬について詳しく検討していきたい。

建築家の報酬は「言い値」ではなく建築士法に基づいた正当な報酬規定が存在する。もっとも、それは新築の住宅設計の場合でも遵守されることは少ないのであるが、それでもある程度慣例化した報酬体系が存在していることは第5章で述べたとおりだ。それではなぜ、L氏が実施した「参加型リノベーション」において報酬が曖昧にされてしまったのだろうか。

まず、挙げられるのは公共空間のリノベーションの現場では「参加型リノベーション」の試みが仕事として正しく理解されなかったという点である。地区会長の言葉には「学生のボランティア」という文言が含まれていたし、後日イベントに参加した近隣住民には「遊び」であると見なされていた。こうした事態は「参加型リノベーション」という形態を取らなければ一般的な設計監理業務として認識され、こうしたトラブルは回避できた可能性が高い。これに加えて、「参加型リノベーション」にまつわる「公共」「参加」「協働」といったキーワードが「善行イデオロギー」とでもいうべき状況を引き寄せてしまったことである。「善行イデオロギー」とは地域のために役に立つことの実践（この場合は施設の整備）が倫理的、道徳的に「善い」ことであり、それに「参加」することは「善行」であるという理解が共有され、まちづくり計画がそうした「空気」によって支配されてしまうことと定義しておく。本事例でも社協の若手スタッフの姿勢は最後まで「市民意識の高い建築家が、地域のために一肌脱いでくれた」というものであり、建築家による有償の専門職サービスであるということを認識している様子は感じられなかった。

結局、打ち合わせの最終段階まで一度もＬ氏の「設計料」に対する言及はなかった。Ｌ氏は自らが材料の選定を工夫することで僅かに浮いた予算の数万円を設計料とする事でかろうじて報酬を確保した。また施工を依頼した工務店に対しても「Ｚ市の子どもや老人のためになる場所だから安くしてくれるはず」などという発言が随所にみられた。

筆者はプロジェクトが実施されるまでの間、数回にわたる打ち合わせに同席したが、そこでは、当該施設の客観的な必要性に加えてその施設を整備し提供することがどれほど「善い」ことであるかが盛んに訴えられていた。その「善い」ことの実現のためには、専門職である前に一市民として「参加」する姿勢が求められ、そうした空気の中で「善行イデオロギー」は醸成されていった。コリンズ（Collins 1979=1984）が述べるように、専門家に対する報酬については、専門家が排他的に囲い込んだ専門知・技術の希少性、そしてそれを所有している彼らの権威・威信を背景とした専門家とクライアントとの絶対的な非対称性によって価格の正当性が担保されてきた。

しかし、依頼者や地域の人々との協働を基盤とする「参加型リノベーション」では、建築家は技術や知識をオープンにし、また、専門家とクライアントの非対称性も希薄になる。そのような状況では専門職サービスの報酬価格の設定は厳しく査定されるようになるのである。

8　まとめ――「脱エートス」の建築家像と後期近代

Ｌ氏は、賭け金となる作品を創り卓越化を競い合う建築家として生きていくことよりも、「まち医者的建築家」としてクライアントの住宅に関する小さな要望や悩みに丁寧に耳を傾け、場合によっては自らも手を動かして要求に応えることに建築家として働く意義を見出している。そして、そうした職業実践の重要な部分に「参加型リノベーション」は位置づけられていた。それは結果として「設計施工兼業」という建築家としての職業倫理を侵すことを意味するが、「まち医者的建築家」の規範によって行動するL氏にとっては、建築家の兼業禁止という規範は、あくまでも建築家という職能それ自体にとって重要なものであり、クライアントの利益には全く関係がないことであると考えている。

L氏が規範の読み替えという行為を可能にしているのは「建築家のエートス」を強く内面化していないからであるといえよう。L氏は「有名な建築家には特に興味も関心もありません。彼らは僕とは別の世界の人たち。彼らの作品は素晴らしいと思いますし、力量もあると思いますが、僕の実践とは何の関係もないです」と喝破する。L氏は建築家の最新作が掲載される建築雑誌は、何年も読んだことがないという。こうした語りから、L氏が建築家界の動向に対して全くの関心を向けていないことが読み取れる。

本章では一人の建築家が新しい独自の職業規範を内面化しつつ、建築家の存在意義とも深く関わる職業規範を踏み越えていく職業実践を検討してきたが、最後に、こうした建築家の事例が後期近代における空間の再編成という問題系の中に位置づく可能性について言及しておきたい。後期近代と空間の再埋め込み(5)をめぐる議論を端的に要約すれば「個別具体的な『状況付けられた解釈（situated interpretation）』の実践」（柄本 2016: 75）であるといえる。つまり脱埋め込みが進行すればするほど人々は慣れ親しんだコミュニティに根ざした安心感や親密感を担保してくれる空間に包摂されたいと望むようになる。つまり「場所とアイデンティティの結びつきが、ますます重要になっている」（吉見 2003）のである。例えば、最近ショッピングモールの一角に木組みの無造作な屋台を作り、そこで地元で採れた野菜や畜肉を販売する「産直市場」を散見するが、そうした「申し訳程度の実践」であれ、空間的な再埋め込みが希求されるようになってきた一つの証左である。その延長上に「参加型リノベーション」の実践がある。

こうした再埋め込みメカニズムが有効に機能するためにはギデンズがいう「顔の見える専門家」の存在が重要になってくる。それは抽象的な専門知システム（本章の場合は建物に関する専門知）への「アクセスポイント」となることを期待されるのであるが、専門職の中でも独立自営の業態が多く、人数も多い建築家はそのような「アクセスポイント」としての機能を十分に発揮できる態勢が整っている。抽象的システムと人々の生活をつなぐ「アクセスポイント」としての建築家には、脱埋め込みが進行する地域の中に特定の場所をつくりあげていくことが期待されている。こうした専門性のあり方は、希少な専門知を排他的に独占することで報酬を得てきた既存の専門家＝建築家像とは異なる。「建築家のエートス」はそうした建築像を守り、再生産していくために建築家が広く共有してきたものである。

L氏の実践はこれまで本書で確認してきたような「建築家のエートス」とは無縁であるかのようなものであった。そうした後期近代的な空間の利用ニーズに、L氏のような建築家像が必要とされている事実は、従来の建築家像が、もはや後期近代と呼ばれるわれわれの生きるこの時代にそぐわなくなっているという現実を照射していくのである。

注

（1）二〇一三年の調査によると空き家数は八二〇万戸と五年前に比べ六三万戸（八・三％）増加している。

（2）こうした動きは、ギデンズらが唱えた後期近代論と響き合う。ギデンズらは後期近代社会を駆動させる巨大な力として、時間と空間の分離、制度的再帰性と並んで脱埋め込みメカニズムをあげている（Beck, Giddens, Lash 1990=1997: 135–136)。「脱埋め込みメカニズムは、社会的活動をローカルな文脈から『引き離し』、社会関係を時空間の広大な隔たりを超えて再組織していく」（Giddens 1993=1997: 73）ものである。脱埋め込みは再埋め込みを伴いながら進行していくが、再埋め込みとは「脱埋め込みを達成した社会関係が（いかにローカルな、あるいは一時的なかたちのものであっても）時間的、空間的に限定された状況のなかで、再度充当されたり、作り直されていく」（Giddens 1993=1997: 102）ための諸活動である。本章は「参加型リノベーション」による空き家再生をそうした諸活動の一つとして位置づけている。

（3）『新建ハウジングプラスワン』新建新聞社。

（4）例えば『建築学生のハローワーク』（五十嵐 2009）には、建築学科で建築を学んだ学生がその知識と技術を活かせる仕事が、直接建築に関わっていなくても多岐にわたって存在することが示されている。

（５）　ギデンズは、再埋め込みは脱埋め込みを補完する概念としか見なしていない（柄本 2001）。しかし本章では「ファスト風土」や中心市街地の空洞化といった状況を招いた空間の脱埋込みが問い直されている現在、再埋め込み過程こそ重要であると考える。

終章

後期近代と建築家のゆくえ

1 日本における建築家

1-1 消費社会における建築家の生成

本書の課題は建築家の職能の生成と変容を検討することを通じて、後期近代と呼ばれる現代の日本社会のなかに建築家がどのように位置づけられ、どのように生きられ、そしてそれがどのように変容しているのか、という課題を明らかにすることであった。

そうした課題に応えるために、建築家・建築士に対する聞き取り調査や参与観察といった質的調査を行い、そこで得た実証的なデータに加え、書籍、雑誌、映像等のメディアから抽出した言説や表象を分析した。

第Ⅰ部では日本における建築家の生成と発展、そしてその特徴について検討することで、曖昧で見えにくい建築家という職能の輪郭を明らかにすることを目的とした。日本における建築家はまず、国家に奉仕する職能として明治時代の近代化とともにイギリスから導入された。日本人建築家は、近代国家として離陸しようとしていた国家の付託に応えるためにその能力を存分に発揮した。それは裏を返せば、市民社会によって支えられ市民の付託に応える職能が期待されている西欧（とりわけイギリスやアメリカ）の建築家とはその出自も、期待されていた役割も異なっていたことを示している。

建築家という職能が少しずつ社会に認知されるにつれて、その制度的な整備が急務となった。そこで戦前の建築家たちは、国家に職能を認めさせるためのロビイング活動を積極的に展開したが、それは失敗に終わった。そして戦後、設計と施工が一体となり、且つ、建築にまつわる様々な職能を抱合した形で建築士という国家資格が誕生し、アーキテクトとしての建築家もそのなかに含まれた。戦後の建築家の歴史は、設計施工という業態が「お墨付きを与えられた」かたちのなかで、いかに設計という職能を際立たせ、位置づけていくかという試みであった。

建築家は終戦直後、戦後復興のため需要が高まった小住宅のモデルの提示にその職能を発揮した。彼らが提示した住宅は量産化、商品化の目処が立った後、当時育ち始めていた住宅メーカーに引き継がれていった。その後も、多くの建築家が住宅を主戦場とし、商品化住宅に対して個性的、前衛的なデザインの住宅を提示することで、その職能を確立してきた。

その後、住宅メーカーのデザインが建築家のデザイン力にキャッチアップすることで、建築家の設計する住宅との差異化が成立しなくなったが、その一方で、建築家自身のブランド化という方向性を定めていった。そして、建築家の署名入りの住宅として、メディアに牽引されながら、消費社会の中でますますその価値が高まっていく仕組みを生み出したのである。「周辺」の建築家が住宅を主戦場にしながら活躍できた背景には人口ボーナスによる旺盛な住宅需要があったことも付け加えておく。二〇〇〇年代前後以降にデビューした若手は、本格的な人口減少時代の中で、そのようなブランド化を目指す回路はほぼ閉ざされており、多くの建築家はローコスト住宅の設計を主戦場に「カジュアルなアーティスト」を志向しながら活動を展開している。

第Ⅱ部では、実証的な調査に基づいて、建築家の現状について記述分析を行った。

序章において、建築家は説明根拠となる「最終審級」が不在であるということが、建築家という職能の明確な定義や一義的な理解を阻んでいると述べた。たしかに、解像度を上げて建築家の定義を突き詰めていけば、定義の混乱は避けられないが、俯瞰した観点から建築家という存在を眺めてみれば、ある一定のまとまりをもった職能であるということが見えてくるのである。そのまとまりを与えるものを本書では「建築家のエートス」と定義した。それは建築家憲章が掲げる「制度的命令」として明文化されてはいるものの、多くは慣習化された規範として建築家に内面化されていると考えた。

第3章はそうした「建築家のエートス」を内面化するための場として、大学教育に着目した。「建築家のエートス」を有する者たちの多くが大卒であることや、建築家と大学というアカデミズムの密接な関係に着目することで、大学という教育機関が、「建築家のエートス」の涵養、建築家のハビトゥスの形成、建築家という職能を再生産するという潜在的な機能を有しているのではないか、というリサーチ・クエスチョンのもとに、筆者自身の建築学生としての数年間の学修を振り返ったセルフエスノグラフィと、授業や講評会への参与観察、そして在学生や卒業生に対するインタビュー調査から得られたデータを分析した。

大学前半期には文化的恣意の受容を主体的に行わせる「支配的ハビトゥス」を学生に形成させるという「隠れたカリキュラム」が存在していた。そこで十分にハビトゥスを形成した学生は、「標準化されない技術」を多分に含んだ文化的恣意としての指導を「価値のあるもの」「意味のあるもの」として主体的に学修するようになるのである。つまり、大学における建築教育は「建築家のエートス」を涵養し建築家界に適合的な「建築家のハビトゥス」を形成させ、建築家界が必要とする人材を育てる「文化的社会化」という潜在的機能を有していることが明らかになったのである。

第4章～第6章にかけては、「周辺」の建築家三九名に対するインタビュー調査を実施し、「建築家のエートス」に従った職業実践の実態について検討した。具体的には、第4章で、独立初期のキャリア形成時期の実践、第5章で、独立後の職業実践にそれぞれ着目し、彼らの職業アイデンティティの管理や、承認の調達の仕方、クライアントの開拓の仕方などを検討した。インフォーマントである建築家の多くが、クライアントが絶対的に少ない地方での活動に苦戦していた。建築とは関係のない別の仕事をしながら、建築家としての仕事が来るのを待っている者の実践や、金銭的な報酬が少ない仕事から、建築家の承認を調達するために仕事の意味付けを変える実践等を確認した。

その一方で、地方でも経営的に成功している二人の建築家（C氏とF氏）の実践を検討した。二人とも「建築家のエートス」とは適度な距離を取りながら、職業実践を展開していた。C氏は少ないが確実に存在するクライアントに向かって、建築家というブランド的イメージを柔軟に使いこなしながら、自らのブランド化を成し遂げ、ピンポイントでクライアントに訴求することに成功していた。

一方のF氏は、あえて、天然の木材という雨漏り等のリスクが高い建材を積極的に使うことで、「本物志向」のクライアントに訴求することに成功し、県内外からクライアントが集まってくる状況を作り上げていた。彼の活動は、専門家が全てを引き受けるのではなく、手の内をさらけ出して、クライアントとリスクを共有し、クライアントと協働で家造りを行う、というスタンスであった。こうした専門家の姿勢は、リスク社会における新しい専門職像としても注目に値するものであった。第6章では、住宅会社に勤務する建築士や、設備設計者、構造設計者といった非意匠系の建築設計者を対象としている。住宅会社にいる建築士は建築家界に属していない。彼らのつくる住宅は建築家界では賭け金＝評価の対象とはならない。彼らは建築界の下位界である住宅産業界に属しており、そこでの卓越化の賭け金は建築家界とは全く異なっている。一方、本書でとりあげた構造設計者や設備設計者は、建築家のエートスを持ちながらも、建築家界で通用する賭け金としての作品をつくる機会がなかった。しかし、賭け金としての作品を設計する建築家と協働することで、間接的に建築家界へと参与していることが明らかになった。彼らは、建築家の不完全な賭け金を十全なものへと整えていく仕事の重要性を強調することで、自らの仕事を建築家界に不可欠な仕事として位置づけていたのである。

1‐2　後期近代の諸相と建築家の変容

つづく第Ⅲ部では、専門職としての建築家に照準して後期近代の時代的な特徴と専門職の変容について、先行研究において析出されている諸概念、すなわち脱専門職化（Deprofessionalisation）、階層降下化（Proletarianization）、ポスト専門職主義（Post-professionalism）といった三つの文脈を念頭に置きながら検討を行った。

第7章では、建築家の職能の変容を、後期近代における「空間」の変容と関連付けながら、とりわけA・ギデンズが述べる脱埋め込み／再埋め込みとの関連で論じた。

脱埋め込み化は、まず「時空間の分離」を促進する。それは慣れ親しんだ「場所」を均質で無色透明な「空間」へと変えていくプロセスでもある。さらに、それは専門家システムを前景化させ、象徴的通票を生み出すのである。一九九五年の阪神・淡路大震災から二〇一一年の東日本大震災を経るなかで「安全・安心」という「象徴的通票」が創造され、アーキテクチャを司る専門家システムが前景化されていく一方で、戦後を通して確立していった「個」としての建築家への期待が後景に退いていくというプロセスが進行していった。

そのような状況において、再び「個」としての建築家の存在感を示し、その職能を発揮せしめることはできるのかについて、阪神・淡路大震災における坂茂の教会再建プロジェクト、東日本大震災における伊東豊雄の「みんなの家」そして建築家のネットワークである「アーキエイド」の試みについて検討した。坂や伊東の試みは「個」としての有名性や実力があったからこそ成り立った例外的な支援であり、坂や伊東のような知名度を有する若手建築家が少なくなっている現状では、このような活動が今後も展開できるかどうかは極めて不明瞭である。

その一方で、アーキエイドの活動は、個々の現場において「顔の見える専門家」として住民にコミットしている。そうした実践は、震災後の再埋め込み化のプロセスへの加担であり、後期近代社会における建築家の貢献としてその可能性を見いだせる活動であった。

第8章では、建築家の「製図労働のコンピュータ化」に着目し検討を行った。CADが普及し始めた当初、建築家たちの懸念は設計がコンピュータに代替される、あるいは建築家が豊富に有しているとされる創造性が失われていくというものであった。しかし、現実にはそれが失われるということではなく、建築家の信頼構造が問い直されるようなさらに深刻な事態を招き寄せる結果となっている。

その理由を明らかにするために、本章では手描きの図面は建築家の職能をシンボリックに支えてきたのではないかというリサーチ・クエスチョンを設定した。建築家の手描きの図面はアウラがあると信じられ、建築家の権威を担保するシンボルとして機能したのではないかと考えたのである。

やはり、CADをはじめとするコンピュータ技術の普及は建築家の製図労働の合理化・効率化に多大な貢献をした一方で、建築家の描く図面を職能のシンボルから単なる情報伝達メディアへと変える「副作用」を有していた。それは「標準化されない技術」によって支えられた建築家の職能の基盤を掘り崩していく結果を招いたのである。その結果、住宅を求めるクライアント＝消費者にとって、建築家は特権的な地位を失い、住宅という商品を供給する主体として住宅メーカーと横並びにされた選択肢の一つに過ぎなくなったのである。

さらに、CADを中心としたコンピュータ・テクノロジーの進歩は建築家の職業実践から秘儀性や神秘性を奪うだけでなく、クライアントにとっての監視のツールとして機能しはじめていることを指摘した。一九九五年の阪神・淡路大震災、二〇一一年の東日本大震災を経た日本は、後期近代におけるリスク社会の側面を前景化させている。クライアントはそれまで専門家に対して抱いていた「信仰に似た信頼」を捨て、リスクを前提とした職能の監視を行う主体へと態度を変容させているのである。そのような状況では、もはや知識ギャップを前提としていた一方向的な専門職／クライアント関係は成立しなくなってきている。そのような状況を乗り越える事例として第8章では「リスクの共有」という概念を提示した。それは、クライアントと専門職が住宅に対する価値観を共有し、共にリスクを負うというものである。そのためにはあらゆるリスクを公開し、それに対処するための技術も開示していく必要がある。つまり、ここにはコリンズが述べるような「標準化されない技術」が持つ神秘性や秘匿性などは存在しない。ここにあるのは、ひたすらオープンに、包み隠さず情報を開示し、建築家とクライアントが、それらを共有していくプロセスなのである。

そして第9章では、建築家のローカルへのコミットメントを脱埋め込み／再埋め込みという枠組みの中に位置づけ、とりわけ再埋め込み化に着目して検討した。ギデンズが述べるように再埋め込み化は専門家システムのアクセス・ポイントを必要とし、そこでは「顔の見える専門家」が必要とされる。それは独立自営のソロ・プラクティスという業態が多い建築家にうってつけの役割であった。しかし、設計・監理という建築家の職能を逸脱する実践は、「建築家のエートス」と相容れない活動である。二〇〇〇年代以降に活動を開始した若い世代の建築家たちは、そうした「建築家のエートス」が希薄であり、それゆえに、設計・監理にとどまらない多様な職業実践が可能になっていたのである。

しかし、問題もある。地域社会学や都市社会学における先行研究が指摘するように、ローカルなものへのコミットメントは新自由主義的な権力との共振関係も指摘されている。本書におけるフィールド調査においてもその様相は確認された。地域への市民の積極的な関与が推奨される状況下において、コミュニティにまつわるものを無条件に「善」とする「善行イデオロギー」が醸成されており、専門職の有償の業務も、ボランティアによる無償の奉仕も市民参加という活動一般に平準化されていたのである。さらに活動の平準化という力学は、「素人」の専門職化とも形容できる状況を促し、地域づくりの現場に「素人建築家」を数多く招き寄せている。彼らは「協働」をさらに推し進める形でクライアントの信頼を獲得し、確実にその存在感を増してきている。このように「ローカル」の現場は、建築家の職能だけでなく、専門家／素人、労働／活動といったあらゆる境界を溶解させていくのであり、知識や技術を専有し、特権的な立場を確保しながらサービスを提供する専門職は後景に退き、その影響力が大幅に低下している。

2　職業としての建築家——再埋め込みプロセスと「プラスのプロフェッション」

さいごに、本書のテーマである「職業としての建築家」について総括を行っておきたい。現実として「職業としての建築家」は現代日本社会に「定着」しているとみてよいだろう。しかし、その実態については、これまで検討してきたように、多くの問題を抱えている。その最大の理由は「説明根拠としての最終審級」が不在のまま、発展と拡大を続けてきたことにある。建築家が、不安定ながらも、その統一的な職能イメージを保持することができたのは、「建築家のエートス」の存在と、それを建築家が積極的に内面化しつづけてきたからである。

ある程度普遍的・固定的な性格を持つエートスは、時代的、社会的要因を超えて永続していく。それは長い歴史の中で建築家の職能イメージの統一的な継承を可能にした。とりわけ、高度経済成長時代において旺盛な住宅需要を背景に、建築家＝芸術家としての活路を見出した建築家にとって、エートスに裏付けられた統一的なイメージの「(再)生産」は適合的であった。

しかし、高度経済成長時代を経て、時代が後期近代社会の様相を強めていくにしたがって、普遍的・固定的な建築家像をエンパワメントする「建築家のエートス」は、建築家それぞれの職業実践において足かせとなっている状況は否めない。本書においてとりあげた事例でも、「建築家のエートス」に適合的であろうとすることに少なくない時間と労力を注ぎ込んでいる様相を提示した。仕事を得られるようになるまでの時間が長く、また賭け金としての作品は、マネタイズが難しい「長期的な生産周期の事業」であることが多いため、建築家として卓越化しようと努力すればするほど経済的な困難を生じるというジレンマを抱えるのである。このように建築家としての知名度をある程度得た後でも、その経営基盤は脆弱であるという厳しい現実が明らかになった。これは、「建築家のエートス」に適合的な建築家像は、決して持続可能なものではないことを示唆している。

また、空間を扱う仕事である建築家は、後期近代という時代の特性が促してくる、脱埋め込み／再埋め込みの終わりなきプロセスのなかに、自分の位置を確認し、求められている役割を柔軟にこなしていくことが求められている。二〇一〇年以降の状況は、「かつてのような安定した人生の羅針盤を所有しにくくなった」（土井 2012: 30）時代であり、それゆえに、「現在の日本では、とりわけ若者の間では伝統的な共同体に再埋め込みされたいという願望が強まりつつある」（土井 2012: 31）という傾向が示されている。こうした心的な傾向に加えて、空間的にも、リノベーション、ＤＩＹブームに見られるように再埋め込みフェーズが強くなっているといえるだろう。

二〇〇〇年代以降に建築家としての活動を開始した若い世代は、こうした時代の潮流を読み、そこにうまくコミットすることで、次々と新しい仕事を生み出し、その存在感を示し始めている。彼らの多くは「建築家のエートス」を内面化することなく、参照もしていない。そして建築家界への参加意識も希薄である。そのかわりに、彼らは、自らの特性と活動する場所、クライアントの希望を仔細に検討することで、状況に応じた柔軟な建築家像を打ち立てている。

専門職全体を俯瞰すれば、とりわけ冒頭で触れた「プラスのプロフェッション」がこうした再埋め込みフェーズにおいて活躍の場を拡げていくだろうと推測できる。「プラスのプロフェッション」は、その職能においてクライアントの主観的な安心に奉仕することが期待されている。それゆえ、脱埋め込み化に伴う不安感をケアし、人々が存在論的な安心感を得られるような「場」（共同体であれ、物理的な場所であれ）を提供したり、それを構築したり、あるいはそれをともに創り上げるといった職能のニーズはますます高まっているといえるだろう。

3　今後の課題

それでは、最後に今後の課題と長期的な研究課題を述べておく。まず今後の研究の展開としては三つの方向を想定している。

まず一点目は第9章で言及した「建築家のエートス」に囚われない柔軟な職業実践を行う建築家の動向についてさらなる調査を実施していくことである。彼らが建築家界の機序を変えていく存在になるのか、それとも、建築家界とは異なる下位界を形成していくのか。引き続き継続した調査を行い、本書の続編として提示したい。

二点目は、建築家と組織の関係である。藤本昌代が指摘するように、現在、建築家をはじめとする多くの専門職が、企業に雇われている「組織内専門職」である（藤本 2005）。建築家は独立自営のソロ・プラクティスの形態が比較的多い業態であるが、景気の後退や建築基準法の運用の厳格化など独立自営が比較的困難になりつつある[1]。したがって、今後はゼネコンの設計部や大手組織設計事務所が企業内建築家を抱え、主だった建築物は彼らの集団的な営為の下に設計され創り上げられていくという傾向がますます主流になっていくと考えられる。

それでは、企業内建築家はどのようなエートスを持ちながら働いているのか。彼らも「顕名的」な建築家を一つの理想とする大学教育を受け、「建築家のエートス」を内面化し、自己研鑽を積み重ねてきたはずであるが、その「個」としての建築家のアイデンティティと、集団製作の中に埋め込まれることの「折り合い」はどのようにして付けているのか。あるいは建物の設計が、「個」としての建築家が統括する仕組みから、集団的なフローの中で行われていくようになれば、彼らはそれでも建築家といえるのだろうか。こうした問いを明らかにするための調査を行っていきたい。三点目は、建築家とジェンダーというテーマである。本書で取り上げた建築家や設計者の中には女性も複数登場している。インフォーマントのジェンダーバランスを意識することは、正直あまりなかったのだが、結果的に、女性のインフォーマントのデータが本書では重要な役割を果たすことになった。とはいえ、基本的に「男社会」と言われている建築業界において、女性が位置づけられている状況はまだ厳しいものがある、という厳然たる現実があることは否定できない。今後はそうした実態を踏まえて、建築家とジェンダーという視角からさらに研究をすすめていく予定である。

本書は労働社会学、文化社会学的な見地から、建築家の職業世界を明らかにすることを目的とした研究、つまり職業として建築と向き合う者たちを対象とした社会学的研究であった。しかし、今後は、職業人だけでなく、一般の人々が建築（建物）と主体的に関わる局面が増えていくと予測される。なぜなら、近年、少子高齢化が一段と進み、高度経済成長時代に大量に供給された建物群が余剰となり、それらが空き家、空き店舗、空きオフィスとして空間の中に現前し始めているため、われわれは、このような「課題としての建築」に向き合わざるを得ない局面を、今後、ますます多く迎えることになるからである。こうした人と建築（空間）との関係性から生じる諸課題について総合的に問うていく研究枠組みとして、筆者は「建築社会学」の可能性を探求している。

奇しくも、コロナ禍におけるテレワーク、在宅ワークの普及はｎＬＤＫタイプの住宅の間取りの硬直性を顕在化させたり、都心のオフィスの必然性に疑問が投げかけられたりしている。コロナ禍は、一般の人々の建築観、空間意識の変容のスピードを加速させている。また、少子高齢化や晩婚化、未婚化といった風潮は、家族観やコミュニティ観を変容させ、シェアハウスやアドレスホッパー、住み開き等、新しい居住の方法を次々と生み出している。建築が余剰になる時代を迎えて、人々が主体的に建物に向き合う機会が増えていくことは、もはや当然の成り行きではないだろうか。そうした時代において、人々と建築が取り結ぶ新しい関係性の実態を調査・分析するために社会学にできることを考えていきたい。

注

（1）　さらに象徴的な出来事として、東京オリンピックのメイン会場として使用される新国立競技場の設計者をめぐる問題も挙げられよう。前衛的なデザインで世界の建築界をリードしたザハ・ハディドのデザインが、建設費の高騰や選考プロセスの不透明さ、また周囲の景観との不調和などの「不備」を突かれ、ハディド案の採用は白紙撤回された。その後の再コンペでは設計・施工一括発注方式である「デザインビルド方式」が採用され、選出されたのは建築家の隈研吾と大成建設・梓設計の共同企業体であった。

おわりに

本書は二〇一七年三月に関西学院大学大学院社会学研究科に提出した博士学位請求論文「現代日本における〈建築家〉の社会学的研究：後期近代社会における専門職の位置づけとその変容をめぐって」を大幅に加筆修正し、全体を再構成したものである。

博士論文からの最も大きな改変は、ブルデュー社会学の知見の参照である。博士論文執筆時には、意図的に避けていたブルデュー社会学の知見を本書では参照している。ブルデュー社会学の怖いところは、浅い理解で分かった気になってしまうところにある。そのため誤読や誤解に基づく援用が少なくなく、研究に導入するには十分な理解と細心の注意を要する。

院生時代は、ブルデュー社会学の知見であるハビトゥス・界・資本といった概念を導入することで、建築家の込み入った世界に一定の見通しを立てることができそうだと直感していたが、上記のような理由から積極的に参照することを避けてきた。

その結果、博士論文は専門職研究の枠組みで執筆した。しかし、資格が最終審級ではない建築家を専門職研究の枠組みだけで研究することには無理があった。専門職の側面に光を当てた分析は行えたが、建築家の総合的な研究にはなり得なかった。専門職研究では芸術家であり、文化人であり、技術者でもある建築家の多様な側面をしっかり検討する事ができなかった。

博士論文の提出後は改めてブルデューのテクストを読み始めた。筆者が再びブルデューを読み始めたのには、ブルデュー理論に精通された研究者である磯直樹氏（慶應義塾大学）の影響もあった。

筆者は磯氏の論文やTwitter上での発言にエンパワメントされた。磯氏の論文や発言が画期的だったのは、ブルデューを援用する研究者が陥りがちな誤読や誤解を先回りして例示されている点である。また、ブルデュー社会学を援用した優れた研究を随時紹介して下さったのも参考になった。

こうした背景もあり、もう一度ブルデューを読み直し、当初は博士論文で導入する予定だったブルデュー理論を本書で取り入れることにした。ブルデューの知見を援用することで、建築家の実践が立体的に見えてきた。

彼らの職業世界は、個別の職業実践をみていてもわからない。理解するためには、建築家界という建築家が参与しているゲームの存在に関する理解が不可欠である。彼らを建築家界における卓越化のゲームのプレイヤーとしてみることで、彼らの諸実践が意味づけられていくのである。例えば、彼らがときに赤字でも仕事を請けるのは、それがゲームの賭け金になりうるからである。地方には建築家のクライアントは少なく、賭け金としての作品をつくれる機会はなかなか巡ってこない。建築家界での位置が上昇すれば、設計料の安い仕事を断ることができるようになる。しかし、建築家界の「周辺」に位置づけられている建築家は、仕事を選ぶ余地は少ない。金銭的に不利でも少ないチャンスを積み上げていくしかないのだ。

世の中にあふれている建築家の表象はこうした現実を捨象している。華やかな作品集や自伝からはこうした現実は見えてこない。それらはゲームに勝ち続けた勝者の表象だからである。

もっともゲームというメタファーは少々語弊があるかもしれない。彼らは真剣に、人生をかけてこのゲームに参与している。そこは改めて強調しておきたい。

本書の各章の初出は以下のとおりである。なお、本書に採録するにあたって大幅な加筆修正を行った。

序　章　書きおろし
第1章　書きおろし
第2章　「建築家を社会学的な研究対象として位置付けるために：建築家隈研吾の言説と作品をめぐって」『関西学院大学先端社会研究所紀要』七号、二〇一二年、四九―六六頁。
第3章　「一戸建て住宅建築の文化的価値をめぐる〈界〉の生成と構造：一九五〇年代以降の住宅作品と言説の分析を通して」『関西学院大学先端社会研究所紀要』一二号、二〇一五年、一七―三〇頁。
第4章　「働きすぎる建築士とその労働世界：愛他性とクリエイティビティはどのように過剰労働を導くのか」『労働社会学研究』（一四）、二〇一三年、三七―六九頁。
第5章　「建築設計専門職におけるエートスの作用とその獲得過程：文化的社会化の場としての大学教育」『ソシオロジ』六〇巻三号、二〇一六年、三九―五七頁。
第6章　「パフォーマティヴに構築される職業的アイデンティティ：ある女性建築家を事例として」『ソシオロジ』五八巻二号、二〇一三年、九三―一〇八頁。
補　論　書きおろし
第7章　「高コスト化する専門職の資格取得をめぐって：一級建築士受験の『自分史的』エスノグラフィー」『関西学院大学社会学部紀要』一一四号、二〇一二年、二七五―二九〇頁。
第8章　「建築家を社会学的な研究対象として位置付けるために：建築家隈研吾の言説と作品をめぐって」『関西学院大学先端社会研究所紀要』七号、二〇一二年、四九―六六頁。
第9章　書きおろし
　　　「後期近代における専門職の職能拡張をめぐる一考察：『参加型リノベーション』における建築家の実践から」『ソシオロジ』六四巻一号、二〇一九年、八一―九八頁。

本書の出版にあたっては、関西学院大学研究叢書の出版助成、並びに一般財団法人住総研の二〇二〇年度出版助成を受けた。併せて御礼を申し上げたい。

本書の調査のために、インフォーマントとして多くの建築家の方々にお世話になった。喜んで時間を割いていただき、貴重な話を聞かせて下さった。研究に協力していただいた建築家の方々のご協力があって本書は完成した。改めて御礼を申し上げたい。

本書を書き上げるまでに、実に多くの方々にお世話になった。宮原浩二郎先生には学部、大学院と長年に渡ってご指導いただいた。院生の自主性を尊重してくださる指導方針は、マイペースな自分の性格と相性が良く、のびのびとした院生生活を過ごすことができた。

三浦耕吉郎先生（関西学院大学）、藤本昌代先生（同志社大学）、五十嵐太郎先生（東北大学）は、本書の元になった博士論文の副査をご担当いただき、重要な指摘や貴重なコメントを賜り、それが本書へとつながっていった。竹内孝治先生（愛知産業大学）には、本書の執筆に際して、建築家の写真が掲載された貴重な雑誌を貸与いただいた。また、久山敦氏（株式会社建築家不動産）は、アトリエ系の建築家の事情に詳しい立場から草稿に目を通して下さり、適切なアドバイスをいただいた。

本書のベースとなる研究を遂行していくに当たっては、関西学院大学大学院社会学研究科の先生方にも多くのご教示を賜った。三五歳で入学した関西学院大学大学院社会学研究科は、五〇人近い専任教員を擁するまさに人材の宝庫と呼ぶに相応しいところで、様々な専門分野を持つ先生方の指導を少人数で受けられる夢のような環境であった。筆者は、そうした恵まれた環境を最大限に利用し、できるだけ多くの先生方のゼミや授業に参加させていただいた。社会学理論については、高坂健次先生、荻野昌弘先生、阿部潔先生のゼミや授業で学ばせていただいた。

フィールドワークや質的調査に関しては、古川彰先生、佐藤哲彦先生、島村恭則先生、鈴木慎一郎先生のゼミで学ばせていただいた。また、量的調査に関しては大谷信介先生、渡邉勉先生、中野康人先生にお世話になった。また、学内研究発表会では、今井信雄先生に毎回のようにコメンテーターをお引き受けいただいた。

また、非常勤講師として関学で講義を持たれていた三上剛史先生（追手門学院大学）、森真一先生（追手門学院大学）、足立重和先生（追手門学院大学）、また集中講議で関学に来られていた好井裕明先生（日本大学）からも多くを学ばせていただいた。

二〇〇九年の入学当時、大学院GPプログラムの下で、多彩なプログラムが開催されており研究科は活気にあふれていた。筆者もさまざまなプログラムに積極的に参加し、貴重な経験の数々を積ませて頂いた。当該プログラムで特任助教として仕事をされていた白石壮一郎氏（弘前大学）、川端浩平氏（津田塾大学）には、論文の書き方や学会発表での作法に至るまで、研究者としての初歩から応用まで様々なことをご教示いただいた。またプログラムコーデイネーターをされていた中川千草氏（龍谷大学）には初めての海外での学会発表を助けていただいた。

関西学院大学大学院社会学研究科では、先輩・後輩・同期と多くの研究仲間に恵まれた。宮原ゼミのメンバーとして、一〇年近い長い時間を一緒に過ごさせて頂いた平田誠一郎氏（関西学院大学）、尾添侑太氏（大阪国際大学）、吹上裕樹氏（関西学院大学）には、毎週水曜日二限に開講されるゼミで、リラックスした雰囲気の中で有意義で建設的なコメントをいただいた。とりわけ、尾添氏には本書の元になった博士論文の校閲を何度もしていただくなど大変お世話になった。

筆者が在籍当時の大学院は皆で切磋琢磨し、助け合いながら学ぶアットホームな雰囲気に包まれていた。院生同士、誰がどのような研究をしているのかはもちろん、執筆中の論文の中身までおおよそ共有していた。壁にぶつかり、樹海の中を彷徨い、何度も遭難しかかった筆者の研究が、こうしてなんとか単著として形になったのも、院生時代の恵まれた研究環境があってこそであった。研究に行き詰まった時には、きまって林梅氏（大阪経済法科大学）に相談に乗っていただいた。

また、大学院で長い時間を共に過ごさせていただいた皆さん、稲津秀樹氏（鳥取大学）、前田豊氏（信州大学）、福田雄氏（ノートルダム清心女子大学）、金太宇氏（関西学院大学）、松本隆氏（関西学院大学）、濱田武士氏（大阪市立大学）、山森宙史氏（共立女子大学）、仲修平氏（東京大学）、伊藤康貴氏（長崎県立大学）、矢崎千華氏（関東学院大学）、笹部健氏（関西学院大学）の各氏からは、研究に対する有用な助言や励ましをいただいた。皆さんの存在が、「読んで書いて」をひたすら繰り返す終わりなき日常を、刺激と活力に溢れた日々に変えてくれた。

また、時折、大学でお会いする機会のあった社会学研究科ＯＢの先輩方、石田賀奈子氏（立命館大学）、荒木康代氏（大阪経済法科大学）、白波瀬達也氏（桃山学院大学）の諸氏も、筆者のことを気にかけてくださり、いろいろと助言を賜った。

二〇二〇年からは関西学院大学社会学部の任期制教員に採用していただき、いっそう研究に打ち込みやすい環境に恵まれることになった。現在、様々な研究者の方々、行政、民間企業の方々にも声を掛けていただき、共同研究や研究会などをご一緒させていただいているが、それらが順調に進んでいるのも、恵まれた研究環境を与えて下さったおかげである。こうした素晴らしい研究環境を用意して下さった学校法人関西学院と、末席に加えて頂いた関西学院大学社会学部の先生方に心より感謝を申し上げたい。

本書の企画は、二〇一七年に神戸学院大学で開催された関西社会学会第六八回大会における筆者の発表を聞いて下さっていた晃洋書房編集部の阪口幸祐氏に声をかけられたところからスタートした。当初の企画から出版まで長い時間がかかったにもかかわらず最後まで伴走してくださった阪口氏にも感謝を申し上げたい。時折、共通の趣味であるファッションやサブカルチャーの話題に脱線したのも楽しい思い出である。

また、面識のない筆者・編集者からの依頼に快く応じていただき、本書の装幀をご担当いただいたデザイナーの三森健太さんにも感謝を申し上げたい。

また、学生時代から二〇年にわたる長い期間、下宿に住まわせて下さった原田ご夫妻にも御礼を申し上げたい。「いつか松村さんが立派な学者になってＴＶに出演される姿を見るのが夢」とよくおっしゃってくれていた茂さん。「立派な学者」には程遠いが、遠大な道のりの第一歩として本書を出版することができた。本書を天国の茂さんにささげたいと思う。

叔父の中石博己氏、叔母智枝氏は、学生時代から関西で一人暮らしを続けている筆者を物心両面で支えて下さった。二人の支援がなければ大学院に進学することは難しかった。心からの感謝の意を表したい。

最後に、モラトリアムが長かった自分を温かい放任主義で見守ってくれた父、母、妹に感謝の意を伝えたい。ありがとう。

二〇二一年二月

松村　淳

事項索引

アルファベット

あ

か

さ

た

な

は

インフォーマント一覧

整理番号	本書における記号	年齢	性別	勤務先	勤務形態	資格	学歴
K1	G	30代	女	住宅会社設計	勤務	二級建築士	工業高校
K2		50代	女	住宅会社設計	勤務	二級建築士	工業高校
K3		60代	男	建築設計事務所	経営	一級建築士	高専
K4		60代	男	建築設計事務所	経営	一級建築士	高専
K5		40代	女	建築設計事務所	勤務	二級建築士	工業高校
K6		30代	男	建築設計事務所	経営	一級建築士	大学
K7		50代	男	建築設計事務所	勤務	一級建築士	大学
K8		50代	男	建設会社	営業	無し	大学
K9		30代	女	建築設計事務所	勤務	無し	大学
K10	H	30代	女	建築設計事務所	勤務	二級建築士	大学
K11		30代	女	工務店	勤務	無し	大学
K12		40代	男	建築士事務所	経営	一級建築士	専門学校
K13		30代	女	建築士事務所	勤務	無し	大学
K14		30代	男	工務店	勤務	無し	専門学校
K15	I	50代	女	建築設計事務所	経営	一級建築士	専門学校
K16	J	40代	男	建築設計事務所	経営	一級建築士	高等学校
A1	A	50代	男	建築設計事務所	経営	一級建築士	大学
A2	E	30代	男	建築設計事務所	経営	一級建築士	大学
A3	B	30代	男	建築設計事務所	経営	一級建築士	大学
A4		60代	男	建築設計事務所	経営	一級建築士	大学
A5	C	40代	女	建築設計事務所	経営	一級建築士	大学
A6		40代	男	建築設計事務所	経営	一級建築士	大学院
A7		30代	男	建築設計事務所	経営	一級建築士	大学院
A 8		30代	男	建築設計事務所	経営	一級建築士	大学院
A9	D	30代	男	建築設計事務所	勤務	無し	大学院
A10	F	40代	男	建築設計事務所	経営	一級建築士	大学院
A11	K	40代	男	建築設計事務所	勤務	一級建築士	大学
A12		30代	男	建築設計事務所勤務	無し	無し	大学
A13		30代	女	建築設計事務所	勤務	無し	大学
A14	M	30代	女	建築設計事務所	経営	一級建築士	大学院
A15	N	30代	男	建築設計事務所	勤務	無し	大学
A16		30代	男	建築設計事務所	経営	一級建築士	大学
A17		20代	男	建築設計事務所	経営	無し	大学
A18		20代	女	建築設計事務所	経営	無し	大学
A19		30代	男	建築設計事務所	経営	一級建築士	大学
A20		30代	男	建築設計事務所	経営	一級建築士	大学
A21		30代	男	建築設計事務所	経営	一級建築士	大学
A22		40代	男	建築設計事務所	経営	一級建築士	大学
A23	L	30代	男	建築設計事務所	経営	一級建築士	大学院

※Kは建築士アイデンティティ、Aは建築家を自認している者、建築家アイデンティティの持ち主である。
※高専は工業高等専門学校を意味する。

参考文献

阿部潔・成美弘至，2006，『空間管理社会：監視と自由のパラドックス』新曜社.
阿部真大，2006，『搾取される若者たち：バイク便ライダーは見た！』集英社.
天野正子，1984，「本間康平著 教職の専門的職業化」『社会学評論』34: 459-462.
安藤忠雄，1980，「住吉の長屋」『建築雑誌』Vol. 95，No. 1168: 63-64.
――――，1989，『旅：インド・トルコ・沖縄』星雲社.
――――，1999，『建築を語る』東京大学出版会.
――――，2001，『連戦連敗』東京大学出版会.
――――，2005，『建築手法』エーディーエー・エディター・トーキョー.
――――，2008，『建築家安藤忠雄』新潮社.
――――，2011，『安藤忠雄　住宅』エーディーエー・エディター・トーキョー.
東浩紀・北田暁大，2007，『東京から考える：格差・郊外・ナショナリズム』NHK 出版.
東浩紀・大山顕，2016，『ショッピングモールから考える：ユートピア・バックヤード・未来都市』幻冬舎.
坂茂，［1998］2016，『紙の建築行動する：建築家は社会のために何ができるか』岩波書店.
Basil Bernstein, 1996, *Pedagogy, Symbolic Control and Identity: Theory, Research, Critique,* Taylor & Francis.（＝2000，久冨善之・長谷川裕他訳，『〈教育〉の社会学理論：象徴統制，「教育」の言説，アイデンティティ』法政大学出版局.）
Beck, Ulrich, Giddens, Anthony and Lash, Scott, 1994, *Reflexive Modernization: Politics, Tradition and Aethetics in the Modern Social Order,* Polity Press.（＝1997，松尾精文・小幡正敏・叶堂隆三訳『再帰的近代化：近現代における政治，伝統，美的原理』而立書房.）
Bourdieu, Pierre, 1977, *Outline of a Theory of Practice,* Cambridge: Cambridge University Press, 1979, *La Distinction,* Paris: Editions de Minuit.（＝1990，石井洋二郎訳『ディスタンクシオンⅠ・Ⅱ』藤原書店.）
――――, 1980, *Le Sens Pratique,* Paris: Editions de Minuit.（＝1988，今村仁司・港道隆訳『実践感覚１・２』みすず書房.）
――――, 1992, *Les régles de l'art: Genése et structure du champ littéraire,* Paris: Éditions du Seuil.（＝1995-96，石井洋二郎訳『芸術の規則』Ⅰ・Ⅱ，藤原書店.）
Bourdieu, Pierre et Passeron, J. C., 1970, *La reproduction: éléments pour une théorie du système d'enseignement,* Paris: Minuit.（＝1991，宮島喬訳『再生産：教育・社会・文化』藤原書店.）
Bourdieu, Pierre and Wacquant, Loïc J. D., 1992, *An Invitation to Reflexive Sociology,* Polity.（＝2007，水島和則訳『リフレクシヴ・ソシオロジーへの招待：ブルデュー，社会学を語る』藤原書店.）
Cohen, Laurie, Wilkinson, Adrian, Arnold, John and Finn, Rachael, 2005, "Remember I'm the bloody architect! 'Architects, organizations and discourses of profession", *Work, employment and society,* Vol. 19(4): 775-796.
Collins, Randall, 1979, *The Credential Society: An Historical Sociology of Education and Stratification,* Academic Press.（＝1984，大野雅敏・波平勇夫訳『資格社会――教育

と階層の歴史社会学』有信堂高文社.）
Crossley, Nick, 2001, *The Social Body: Habit, Identity and Desire*, Sage.（＝2012, 西原和久・堀田裕子訳『社会的身体：ハビトゥス・アイデンティ・欲望』新泉社.）
――――, 2005, *Key Concepts in Critical Social Theory*, SAGE publication.（＝2008, 西原和久監訳『社会学キーコンセプト：「批判的社会論」の基礎概念57』新泉社.）
土井隆義, 2012,「『再埋め込み』の時代：生活満足度の高さが意味するもの」『社会学ジャーナル』37号：21-46.
柄本三代子, 2001,「身体知へ回帰する専門家システム」『社会学評論』51(4): 430-446.
――――, 2016,『リスクを食べる：食と科学の社会学』青弓社.
藤井恵介・玉井哲雄, 1995,『建築の歴史』中央公論社.
藤井正一郎・山口廣編, 2011,『復刻版　日本建築宣言文集』彰国社.
藤森照信, 1993,『日本の近代建築（上）：幕末・明治編』岩波書店.
藤本昌代, 2002,「『プラスのプロフェッション』と組織の関係：科学技術分野における研究組織の分析」『同志社社会学研究』No. 62002: 11-25.
――――, 2005,『専門職の転職構造：組織準拠性と移動』文眞堂.
藤村龍至・山崎亮, 2012,『藤村龍至×山崎亮対談集：コミュニケーションのアーキテクチャを設計する』彰国社.
藤村龍至, 2009,「グーグル的建築家像をめざして：『批判的工学主義』の可能性」東浩紀・北田暁大編『思想地図 Vol. 3 アーキテクチャ』NHK出版.
ふくしま地域づくりの会記念誌出版会編集委員会企画・編集, 2009,『地域力再生：人が人らしく生きられる地域に』北土社.
福屋粧子, 2013,「アーキエイド，復興支援ネットワークから見えてくる建築的能力の拡張」『建築雑誌』Vol. 128, No. 1651.
布野修司, 1985,『スラムとウサギ小屋』青弓社.
――――, 1989,『住宅戦争：住まいの豊かさとは何か』彰国社.
――――, 1998,『布野修司建築論集Ⅲ　国家・様式・テクノロジー：建築の昭和』彰国社.
――――, 2000,『裸の建築家：タウンアーキテクト論序説』建築資料研究社.
Gehry, Frank O., 1999, *Gehry Talks: Architecture+Process*, New York: Rizzoli.（＝2008, 繁晶朗・山口祐一郎訳『フランク・O. ゲーリー：アーキテクチュア＋プロセス』鹿島出版会.）
Giddens, Anthony, 1990, *The Consequences of Modernity*, Polity Press.（＝1993, 松尾精文・小幡正敏訳『近代とはいかなる時代か？：モダニティの帰結』而立書房.）
Harvey, David, 2012, *Rebel Cities*, London: Verso.（＝2013, 森田成也ほか訳『反乱する都市：資本のアーバナイゼーションと都市の再創造』作品社.）
長谷川公一・浜日出夫・藤村正之・町村敬志, 2007,『社会学』有斐閣.
橋本紘市, 2006,「専門職の『量』と『質』をめぐる養成政策：資格試験と大学教育」『東北大学大学院教育学研究科年報』第54集第2号：111-135.
――――, 2009,『専門職養成の日本的構造』玉川大学出版部.
橋本紘一編, 2015,『専門職の報酬と職域』玉川大学出版部.
橋本喬行, 1992,『論評建築界を考える』日刊建設通信新聞社.
橋爪紳也, 1999,『ニッポンバブル遺産建築100』NTT出版.
八田利也, 1961,『現代建築愚策論』彰国社.

速水清孝，2011，『建築家と建築士：法と住宅をめぐる百年』東京大学出版会.
林昌二，1975，「その社会が建築をつくる」『新建築』4月号：139-142.
————，1994，『二十二世紀を設計する：建築論集』彰国社.
平山洋介，2003，『不完全都市：神戸・ニューヨーク・ベルリン』学芸出版社.
————，2009，『住宅政策のどこが問題か〈持家社会〉の次を展望する』光文社.
本田由紀，2005，『多元化する「能力」と日本社会：ハイパーメリトクラシー化の中で』NTT出版.
本間義人，2004，『戦後住宅政策の検証』信山社.
五十嵐太郎，2005，『現代建築のパースペクティブ：日本のポストモダンを見て歩く』光文社.
————，2010，『建築はいかに社会と回路をつなぐのか』彩流社.
————，2015，『忘却しない建築』春秋社.
五十嵐太郎編，2006，『見えない震災』みすず書房.
————，2009，『建築学生のハローワーク』彰国社.
五十嵐太郎・山崎亮，2011，『3.11以後の建築：社会と建築家の新しい関係』学芸出版社.
飯島洋一，2014，『「らしい」建築批判』青土社.
稲垣栄三，1966，「日本における建築士法の歴史」『建築年報』12-20.
————，2007，『稲垣栄三著作集六：近代建築史研究』中央公論美術出版.
井上章一，2014，『現代の建築家』エーディーエー・エディター・トーキョー.
石井美和，2008，「アカデミック・プロフェッション養成における制度と政策：専門職論の視点からの一考察」『東北大学大学院教育学研究科年報』第57集第1号：133-151.
石村善助，1969，『現代のプロフェッション』至誠堂.
石岡丈昇，2012，『ローカルボクサーと貧困世界：マニラのボクシングジムにみる身体文化』世界思想社.
石山修武，1998，『建築はおもしろい：モノづくりの現場から』王国社.
石塚雅明，2004，『参加の「場」をデザインする：まちづくりの合意形成・壁への挑戦』学芸出版社.
磯直樹，2008，「ブルデューにおける界概念：理論と調査の媒介として」『ソシオロジ』53(1): 37-53.
————，2020，『認識と反省性：ピエール・ブルデューの社会学的思考』法政大学出版局.
磯崎新，1959，「建築家教育はどうあるべきか」『建築雑誌』vol. 94, No. 1153: 5.
————，1984，『建築の解体』美術出版社.
————，1996，『建築家の仕事術』王国社.
————，［1996］2005，『建築家捜し』岩波書店.
伊東豊雄，2000，『透層する建築』青土社.
————，2012，『あの日からの建築』集英社.
————，2016，『「建築」で日本を変える』集英社.
伊東豊雄・山本理顕，2011，「建築家の思想」『思想』2011年5月，No. 1045: 6-45.
岩崎信彦，2016，「災害資本主義とリスクマネジメント：阪神大震災20年と東日本大震災4年からみえてくること」『地域社会学会年報』第28集：45-60.
JIA『建築家の本まちへ』編集チーム（柴田知彦・永松暁・山下昌彦・与謝野久），2006，『建築家の本まちへ：都市・景観を考える』日刊建設通信社.

JIA 20 年史編集会議編，2007，『建築家って』日刊建設通信新聞社.
住宅産業新聞社編，編集協力：国土交通省住宅局住宅政策課，2010，『住宅経済データ集』住宅経済産業新聞社.
梶浦恒男編，2004，『ストック時代の住まいとまちづくり：スクラップ・アンド・ビルドをのりこえて』彰国社.
片岡栄美，2019，『趣味の社会学：文化・階層・ジェンダー』青弓社.
加藤晴久，2015，『ブルデュー闘う知識人』講談社.
河上眞理・清水重敦，2015，『辰野金吾：美術は建築に応用されるべからず』ミネルヴァ書房.
建築学大系編集委員会，1976，『建築学大系 4－1 日本建築史』彰国社.
菊竹清訓，1970，『人間の建築』井上書院.
木下勇，2007，『ワークショップ：住民主体のまちづくりへの方法論』学芸出版社.
桐敷真次郎，2001，『近代建築史』共立出版.
神代雄一郎，1974，「巨大建築に抗議する」『新建築』 9 月号：179–182.
近藤民代，2003，「日英米の参加型建築・まちづくりにおける専門家の支援活動：日本における専門家支援システムの成立条件」『住宅総合研究財団研究年報』第 30 号：41–52.
————，2005，「全米大学の地域貢献活動実態と学生に対する参加型建築・まちづくりの専門家教育」『日本都市計画学会学術研究発表会論文集』No. 39-3: 337–342.
香山寿夫，1999，『建築家の仕事とはどういうものか』王国社.
隈研吾，［1986］1990，『10 宅論』筑摩書房.
————，1989，『グッドバイ・ポストモダン』鹿島出版会.
————，1994a，『新・建築入門：思想と歴史』筑摩書房.
————，1994b，『建築的欲望の終焉』新曜社.
————，2004，『負ける建築』岩波書店.
————，2006a，「風土が作る建築：場所の固有性を復活させる」三浦展編『脱ファスト風土宣言』洋泉社，243–272.
————，2006b，「パドックからカラオケへ：新建築住宅設計協議 2006 課題『プランのない家』について」『新建築』 4 月号：51–55.
————，2009a，『反オブジェクト：建築を溶かし砕く』筑摩書房.
————，2009b，『スタディーズ・イン・オーガニック』TOTO 出版.
————，［2013］2015，『建築家，走る』新潮社.
前島賢土，2006，「住宅会社社員の働きすぎ：働きすぎの住宅会社社員の働く動機と住宅業界の業界イデオロギー」『現代の社会病理』No. 21: 121–135.
曲沼美恵，2015，『メディアモンスター：誰が黒川紀章を殺したのか』草思社.
槇文彦，1997，『記憶の形象――都市と建築の間で』筑摩書房.
丸山和昭，2008，「Andrew Abbot の専門職論：カウンセラーを中心に」『社会年報』No. 37: 71–81.
松葉一清，1985，『都市のジャーナリズム：東京ポストモダン』三省堂.
————，1991，『現代建築ポスト・モダン以後』鹿島出版会.
————，1995，『失楽園都市：20 世紀の夢と挫折』.
松原隆一郎，2012，『失われた景観：戦後日本社会が築いたもの』PHP 研究所.
松村秀一，1999，『住宅という考え方：20 世紀的住宅の系譜』東京大学出版会.

――――，2013，『建築新しい仕事のかたち：箱の産業から場の産業へ』彰国社.
――――，2016，『ひらかれる建築：「民主化」の作法』筑摩書房.
Merton, Robert K., 1949, *Social Theory and Social Structure*, Free Press.（＝1961，森東吾ほか訳『社会理論と社会構造』みすず書房.）
三上剛史，2008，「信頼論の構造と変容：ジンメル，ギデンズ，ルーマン：リスク論と信頼と監視」『国際文化研究：神戸大学国際文化学研究科紀要』31: 1-23.
――――，2013，『社会的ディアボリズム：リスク社会の個人』学文社.
三浦展，2004，『ファスト風土化する日本』洋泉社.
宮台真司，2007，『宮台真司 Dialogues Ⅰ』イプシロン出版企画.
宮島喬，1994，『文化的再生産の社会学：ブルデュー理論からの展開』藤原書店.
宮原浩二郎，2006，「『復興』とは何か：再生型災害復興と成熟社会」『先端社会研究』5号：5-40.
水野英莉，2020，『ただ波に乗る　Just Surf：サーフィンのエスノグラフィー』晃洋書房.
森川嘉一朗，2003，『趣都の誕生：萌える都市アキハバラ』幻冬舎.
森本信明，1993，「技術論からみた設計労働過程」，巽和夫編『現代社会とハウジング』彰国社，528-546.
村松貞次郎，［1997］2005，『日本近代建築の歴史』岩波書店.
内藤廣，1999，『建築のはじまりに向かって』王国社.
――――，2009，『建築のちから』王国社.
中野秀一郎，1981，『プロフェッションの社会学：医師，大学教師を中心として』木鐸社.
――――，1981，『専門職の社会学：医師，大学教師を中心として』木鐸社.
難波和彦，1999，『戦後モダニズム建築の極北：池辺陽試論』彰国社.
南後由和，2006，「アンリ・ルフェーブル：空間論とその前後」，加藤政洋・大城直樹編著『都市空間の地理学』ミネルヴァ書房，190-209.
――――，2007，「丹下健三の建築と有名性：1950-60年代の専門誌：一般紙誌の分析を通して」『年報社会学論集』Vol. 29: 143-157.
――――，2008，「有名性と『界』の形成：建築家の事例分析に向けて」『ソシオロゴス』No. 32: 216-234.
名和田是彦，2004，「自治体内分権と地域社会」，白藤博行・山田公平・加茂利男『地方自治制度改革論』自治体研究者社.
仁平典宏，2005，「ボランティア活動とネオリベラリズムの共振問題を再考する」『社会学評論』56(2): 485-499.
日本建築学会編，［1972］1992，『近代日本建築学発達史』丸善.
日本建築学会編著，2014，『まち建築：まちを生かす36のモノづくりコトづくり』彰国社.
日経アーキテクチャ・松浦隆幸編，2008，『住宅アンソロジー1981-2000』日経ＢＰ社.
西兼志，2015，「『ハビトゥス』再考：初期ブルデューからの新たな展望」『成蹊人文研究』(23): 27-61.
西山夘三，1974，『すまいの思想』創元社.
似田貝香門編著，2008，『自立支援の実践知：阪神・淡路大震災と共同・市民社会』東信堂.
岡澤憲一郎，1981，「エートス概念の社会学的考察」『社会学評論』31(4): 75-90.
大野雅敏，1984，『教育制度変革の理論』有信堂高文社.
大野勝彦，1998，『地域住宅工房のネットワーク』彰国社.

大澤真幸・吉見俊哉・鷲田清一編，2012，『現代社会学事典』弘文堂.
大塚英志・東浩紀，2008，『リアルのゆくえ：おたく／オタクはどう生きるか』講談社.
大月敏夫，2010，「まちなみ図譜：文献逍遥其の一三—佐野利器『住宅論』」『いえとまちなみ』62: 63-68.
大淀昇一，2009，『近代日本の工業立国化と国民形成』すずさわ書店.
Sacks, Harvey, 1979, "Hotrodder: A Revolutionary Category," in Psathas, G. ed., *Everyday Language: Studies in Ethnomethodology*, N. Y.: Irvington, 23-25.（= 1987，「ホットロッダー：革命的カテゴリー」山田富秋ほか訳『エスノメソドロジー——社会学的思考の解体』せりか書房，19-37.）
齋藤純一編著，2010，『公共性の政治理論』ナカニシヤ出版.
佐幸信介，2011，「郊外空間の反転した世界：『空中庭園』と住空間の経験」，鈴木智之・西田善行『失われざる十年の記憶：一九九〇年代の社会学』青弓社，26-54.
里井レミ・大川三雄，2013，「日本電建株式会社の出版活動に関する研究：月刊誌『朗』を中心とした考察」『平成 25 年度 日本大学理工学部 学術講演会論文集』569-570.
Sennett, Richard, 2008, *The Craftsman*, Allen Lane.（= 2016，高橋勇夫訳『クラフツマン』筑摩書房.）
渋谷望，2003，『魂の労働：ネオリベラリズムの権力論』青土社.
進藤雄三，2006，『近代性論再考：パーソンズ理論の射程』世界思想社.
————，1994，「専門職の変貌：医師と弁護士」『法社会学』46: 211-216.
篠原一男，1970，『住宅論』鹿島出版会.
住田昌二，1996，『現代住まい論のフロンティア：新しい住居学の視角』ミネルヴァ書房.
鈴木博之・難波和彦・源愛日児・長倉威彦，1989，『現代建築の発想：アール・ヌーヴォーから CAD まで』丸善.
鈴木成文，1999，『建築ライブラリー 5 住まいを読む』建築資料研究社.
鈴木成文・上野千鶴子ほか，2004，『「51 C」家族を容れるハコの戦後と現在』平凡社.
多木浩二，［1976］2001，『生きられた家：経験と象徴』岩波書店.
高田光雄，2009，「『ひと』と『まち』の関係性とコモンズの視点」，上町台地コミュニティ・デザイン研究会『地域を活かすつながりのデザイン：大阪・上町台地の現場から』創元社.
高松伸，2001，『建築と私』京都大学学術出版会.
竹内洋，1971，「専門職の社会学：専門職の概念」『ソシオロジ』16(3): 45-66.
田中良平，1999，『神戸．苦渋のまち並から：建物とまち並と人間の，再建・再起ドキュメント』ドメス出版.
丹下健三，［1970］2011，『人間と建築：デザインおぼえがき』彰国社.
————，［1985］1997，『一本の鉛筆から』日本図書センター.
丹下健三・藤森照信，2002，『丹下健三』新建築社.
立石裕二，2012，「素人専門知（素人専門家）」『現代社会学辞典』弘文堂，684.
巽和夫編，1993，『現代ハウジング用語事典』彰国社.
時井聰，2002，『専門職論再考』学文社.
栃澤麻利ほか著・フィルムアート社編集部編，2013，『やわらかい建築の発想：未来の建築家になるための 39 の答え』フィルムアート社.
内井昭蔵監修，2000，『モダニズム建築の軌跡：60 年代のアバンギャルド』INAX 出版.

ウダール，ソフィー・港千尋，加藤耕一監訳，桑田光平・松田達・柳井良文訳，1996，『小さなリズム：人類学者による「隈研吾」論』鹿島出版会.
上田篤編，1997，『建築家の学校：京都精華大学の挑戦』住まいの図書館出版局.
植田一豊，［1958］2013，「建築家は住宅設計で生きられるのか」RIA 住宅の会編『疾風のごとく駆け抜けた RIA の住宅づくり［1953-69］』彰国社.
上野千鶴子，2002，『家族を容れるハコ，家族を超えるハコ』平凡社.
山梨知彦，2011，『20 代で身につけたい プロ建築家になる勉強法』日本実業出版社.
吉田研介編著，1997，『建築家への道』TOTO 出版.
吉原直樹，2011，『コミュニティ・スタディーズ：災害と復興，無縁化，ポスト成長の中で，新たな共生社会を展望する』作品社.
吉見俊哉，2003，『カルチュラル・ターン，文化の政治学へ』人文書院.
吉村靖孝，2003，「動物化する建築」『10 ＋ 1 』No. 32: 152.
財団法人阪神・淡路大震災記念協会編，2005，『阪神・淡路大震災 10 年翔べ フェニックス：創造的復興への群像』財団法人阪神・淡路大震災記念協会.

ウェブサイト

http//www.jia.or.jp/guide/about_jia/history_jia.htm（2017/03/21 取得）
http//10plus1.jp/monthly/2012/04/1-1.php（2017/02/10 取得）
孤立する学生を包み込む「大学の保健室」http//news.yahoo.co.jp/feature/514（2017/03/11 取得）

雑誌

『新建ハウジングプラスワン』2018 年 8 月号，vol. 802，新建新聞社.